国家文化发展国际战略研究院学术文库

中国文化贸易经典案例研究

（第三辑）

主编　秦淑娟　张佑林

中国商务出版社
CHINA COMMERCE AND TRADE PRESS

图书在版编目（CIP）数据

中国文化贸易经典案例研究. 第三辑／秦淑娟，张佑林主编
. —北京：中国商务出版社，2020. 11
ISBN 978-7-5103-3502-0

Ⅰ.①中… Ⅱ.①秦…②张… Ⅲ.①文化产业—国
际贸易—案例—中国 Ⅳ.①G124

中国版本图书馆 CIP 数据核字（2020）第 162061 号

中国文化贸易经典案例研究（第三辑）
ZHONGGUO WENHUA MAOYI JINGDIAN ANLI YANJIU
主编 秦淑娟 张佑林

出　　版：中国商务出版社
地　　址：北京市东城区安定门外大街东后巷 28 号　　邮　　编：100710
责任部门：国际经济与贸易事业部（010-64269744　bjys@ cctpress. com）
责任编辑：张高平
总 发 行：中国商务出版社发行部（010-64266119　64515150）
网购零售：010-64269744
网　　址：http：//www. cctpress. com
邮　　箱：cctp@ cctpress. com
排　　版：翟艳玲
印　　刷：北京建宏印刷有限公司
开　　本：787 毫米×1092 毫米　1/16
印　　张：19　　　　　　　　　　字　　数：292 千字
版　　次：2020 年 11 月第 1 版　　印　　次：2020 年 11 月第 1 次印刷
书　　号：ISBN 978-7-5103-3502-0
定　　价：58. 00 元

中国文化贸易经典案例研究

（第三辑）

主　编　秦淑娟　张佑林

编委会　（按姓氏笔画排序）

马争婧　方小军　方梦悦　王　凡　王学茹

王宇琛　史晨曦　李春霞　刘珂岩　陈梦瑶

陈晓菲　宋思琴　胡　歆　项惠琴　赵丽琴

赵晓慧　袁雪梅　廖婷婷　僧颖蒙　霍廷然

前　言

　　当今世界，文化与经济、政治相互交融、相互渗透，在综合国力竞争中的地位和作用越来越突出。文化竞争力已经成为一国软实力的重要因素。文化产业和文化贸易作为一种新的业态得到迅猛发展。上海作为国际化发展程度较高的城市，在经济社会快速发展的同时，文化产业和对外文化贸易也得到了长足发展，已成为中国文化走出去的先行者和示范区。但是，随着对外文化贸易的进一步发展，懂专业、高水平、综合性人才奇缺的问题，成了上海市对外文化贸易进一步发展的桎梏。为大力贯彻国家和上海关于推进"大众创业、万众创新"、深化创新创业教育改革的战略部署，积极落实《中共上海市委上海市人民政府印发〈关于加快本市文化创意产业创新发展的若干意见〉的通知》第36条"提升贸易服务能级"的任务，上海对外经贸大学、国家对外文化贸易基地（上海）联合发起并创建"上海市文化贸易人才培养项目（上海外贸）实验班"，其目的是联合培养上海文化贸易产业急需的高水平人才，以更好地推进上海市文化企业走出去，实现上海市文化贸易的可持续发展。

　　作为一种新型的现代服务贸易行业，文化贸易发展的历史不长，涉及的学科与产业门类较多，加上上海市文化贸易产业发展的特殊性，目前还没有形成一套完整的人才培训方面的教材。这就要求我们根据上海市文化贸易发展的需要，通过理论研究与实践总结，制定出一套切合上海市文化贸易产业发展的、成体系的教材与案例体系。其具体设想是通过对国际、国内文化贸易企业与成功案例进行总结研究，出版《中国文化贸易案例》与《国际文化贸易案例》两本案例集，为以后的文化贸易科学研究奠定基础。

本书是上海市教委上海文化创意产教融合引领项目《上海市文化贸易人才培养项目（上海外贸）实验班》（项目编号：2019 高教 5-27）、2019 年教育部高校示范马克思主义学院和优秀教学科研团队建设项目（思想政治理论课教学方法改革项目择优推广计划）"思想政治理论课社会实践教学方法创新研究"（项目批准号：19JDSZK145）的主要研究成果。

本书为第一部《中国文化贸易案例》的调研成果，是在课题组负责人张佑林、秦淑娟主持下，课题组成员艰苦奋斗、通力合作完成的。课题组成员主要由上海对外经贸大学国际经贸学院和马克思主义学院的研究生组成。近一年来，为了完成本书的写作工作，在项目合作单位国家对外文化贸易基地（上海）的协调和大力支持下，课题组成员在上海市范围内先后赴中国航海博物馆、上海艺术品博物馆、上海国际贸易促进委员会、上海东方网文化产业发展有限公司、游族网络股份有限公司、上海鸣徽文化传播有限公司、阅文集团、古凡机构等十余家知名的国际文化贸易知名企业进行了深入的调研，掌握了大量的第一手资料，这为本书的完成提供了保证。但由于我们的研究能力和水平有限，书中定有不完善之处，欢迎广大读者指正探讨。

　　本书是课题组负责人统筹规划、课题组成员通力协作的结果。在本书写作过程中，我们吸取和引用了国内外许多文化学者的相关研究成果。需要特别提到的是，在本书的写作过程中，得到了合作单位国家对外文化贸易基地（上海）任义彪董事长、办公室主任于梦逸以及吴昊先生，还有调研单位的大力支持，在此一并表示诚挚的谢意！

秦淑娟　张佑林

2020 年 8 月于上海

目 录

CONTENTS

网络文化

影视戏剧

文化创意产品

网 络 文 化

WANGLUO WENHUA

借助成功运营模式　推动网络文学出海

一、背景

伴随着网络技术的发展，数字内容的文化产品在国际商品服务贸易中的比重逐年上升，欧、美、日、韩等发达国家和地区不断强势进行全球文化输出。顺应我国经济发展以及全球经济新形势，我国网络文学也迅速发展，并走出国门。2016年8月中国互联网络信息中心发布的《第38次中国互联网络发展状况统计报告》显示，截至2016年6月，我国网民规模达7.10亿，其中PC端网络文学用户超过3.08亿，占网民总体的43.3%；移动端网络文学用户2.81亿，占手机网民的42.8%。随着融资渠道的拓宽，文学网站作品数量不断增加，文学网站平均日更新总字数达2亿字，文学网页平均日浏览量达15亿次①。近年来，网络文学用户更是增长迅猛，2018年中国网络文学用户规模达4.32亿，较2017年增加5427万，市场规模达到90.5亿元②。

网络文学行业源自1998年兴起的电子书籍分享网站。从2000年开始，中国的网络文学就已经开始在大陆外市场传播，其传播路径是从我国港台地区，向东南亚、韩国、日本等亚洲文化圈辐射，之后逐步走向欧美国家和地区。近年来，党中央提出将文化产业打造成为国民经济支柱产业，多部委联合推动中华文化走出去。尤其是2015年1月，国家新闻出版广电总

---

① 网络文学走出去，让流行文化走出国门 http://www.huanqiu.com
② 中国网络版权产业高速增长去年市场规模7423亿元 http://www.cmr.com.cn

局印发《关于推动网络健康发展的指导意见》，明确提出"开展对外交流，推动走出去，鼓励网络文学作品积极进入国际市场"。在这一背景下，中华文化走出去的步伐加快，其中网络文学走出去是一大特色。2018年网络文学网站依托优质内容加大海外市场布局力度，采取自营海外网站、自建翻译团队的方式，将中国网文精品内容翻译成十余种语言输出给全球读者，海外读者对中国网络文学的关注空前高涨。截至2018年年底，近70部中国网文作品外语版本的点击量超千万，累计吸引访问用户超过2000万个。这些读者遍布20多个国家和地区。目前，我国网络文学走出去的势头方兴未艾！

二、阅文集团走出去的运作实践

（一）集团概况

阅文集团成立于2015年3月，由腾讯文学（成立于2014年4月）与原盛大文学（成立于2008年7月）整合而成，是引领行业的正版数字阅读平台和文学IP培育平台。旗下拥有中文数字阅读强大的内容品牌矩阵，包括创世中文网、起点中文网、起点国际、云起书院、起点女生网、红袖添香、潇湘书院、小说阅读网、言情小说吧等网络原创与阅读品牌；中智博文、华文天下、聚石文华、榕树下等图书出版及数字发行品牌；天方听书网、懒人听书等音频听书品牌。此外，还包括移动阅读App、起点读书App、QQ阅读App以及移动创作App作家助手等。

2016年，中国网络文学改编的娱乐产品数量，阅文集团排名第一。票房排名前20的电影中的13部（份额为65%），收视率排名前20的电视连续剧中的15部（份额为75%），播放量排名前20的网剧中的14部（份额为70%），下载量排名前20的网络游戏中的15部（份额为75%），以及播放量排名前20的动画中的16部（份额为80%），均源自通过阅文集团平台发布的网络文学作品[①]。

阅文集团是中国网络文学市场的先锋，运营领先的网络文学平台。从

---

① 阅文集团：引领行业的正版数字阅读平台 http://www.sohu.com/a/296133399_ 117373

作家、读者及提供文学内容的规模及质量上来看，截至 2017 年 6 月 30 日，公司平台共有 640 万位作家和 960 万部文学作品，占网络文学市场作家总数和文学作品总数的份额分别为 88.3% 和 72.0%；平均月活跃用户达 1.92 亿，包括 1.79 亿手机用户和 0.13 亿电脑用户。成熟的品牌价值、大部分独家付费的内容库、强大的知识产权管理能力、吸引精英作家群体和巨大黏性客户基础，为网络文学内容的变现模式及商业化带来强大的增长潜力。2017 年 11 月 8 日，腾讯旗下的阅文集团在港交所挂牌上市。

在文化贸易方面，经过不断的尝试和探索，阅文集团不断推动企业走出去。截至 2018 年 9 月，阅文集团已经向海外多个国家和地区共计以 7 种语种输出 300 余部网络文学作品，海外注册作者已超过 2000 人。其中起点国际已上线 200 余部翻译作品，近 9 万章，覆盖东方幻想、言情等 13 个热门品类。阅文集团正积极稳健推进海外传播 2.0 发展战略，从原来的内容输出，向文化输出升级。在阅文集团的主导和引领下，我国网络文学文化出海模式已经从过去的以出版授权为主转向以线上互动阅读为核心，集合版权授权、开放平台等举措于一体，全方位展现网文出海等模式转型升级。

（二）丰富的内容储备，为网文出海奠定良好的基础

阅文集团究其根本是一个"内容公司"，致力于满足大众的阅读需求，坚守做一个"正版图书馆"的理念。阅文集团拥有作品近千万部，占据中国网络文学原创作品大半壁江山，作品覆盖了 200 多种内容品类，包括文学、社科、教育、时尚、玄幻等内容，同时也在不断拓展多元题材，如二次元、都市、军事等各种品类。阅文集团目前已经与 2000 多家出版单位合作，进行版权引入，同时进行版权授权，2018 年对外 IP 授权超过 130 部作品，IP 改编作品全网点击量超千亿人次，有 1000 多万元单部作品的周边销售量，1200 多万册漫画单行本销量，1500 万册的单行图书出版，有 1 亿多元改编游戏的总流水，有 3 多亿改编动画总点击量，以及 16 亿多元的改编电影总票房，这些都是阅文集团旗下的文学 IP，丰富的内容储备为网文出海奠定了良好的基础。

（三）深入调研，拓展海外市场

阅文集团注重对市场的观察，在摸索中前进，他们观察市场，走进市场，了解市场，分析市场，并且观察海外网站。例如，为了与不同国家的读者进行深入交流，阅文集团定期举办海外粉丝会，倾听已注册读者的反馈意见，与未注册读者进行深入对话，了解他们对于网络文学的需求，对阅读平台的建议和取向，完善平台内部运营。为了扩大文学作品的影响力，传播优秀网络文学，阅文集团举办海外书展，吸引当地读者，找准交流的契机，建立沟通的平台，深入了解读者的诉求，从而调整阅文集团旗下的起点国际这一海外阅读网站的相关内容，使其更符合当地人的阅读习惯。

（四）注重版权输出，扩大作品影响力

阅文集团在版权输出方面主要是出版授权和影视改编授权。在出版授权方面，注重网络文学作品在海外市场的实体出版。例如，改编自《从前有座灵剑山》《全职高手》等网络小说的动漫、图书等已进入日本市场；《鬼吹灯》的英文版实体图书已由美国兰登书屋出版；泰文版《将夜》《凤囚凰》《鬼吹灯》《扶摇皇后》等接连上市；在欧美地区，自发翻译和分享中国网络文学的社区和网站已达上百家，英文、法文等电子版权的需求近年来激增，俄罗斯、土耳其等国也成为新增输出国，如《盘龙》《星辰变》《全职高手》等已经授权出版了土耳其语版图书。在影视改编授权方面，阅文集团也加快走出去步伐，比如阅文集团签约作家"囧囧有妖"的作品《许你万丈光芒好》的影视剧改编权，已授予越南知名文化企业越南河内白明股份公司，其他影视剧的改编权的海外合作正在紧锣密鼓地进行中，为海外喜欢中华文化的受众提供不同的文化产品。

（五）招募组建一批高水平的翻译团队和创作团队

为了扩大网络文学的海外市场，必须解决语言障碍和文化差异问题。对此，阅文集团推出了"翻译孵化计划"，该项目由起点国际统一组织对

网络文学译者进行培训考核，对翻译工作实行标准化、规范化和持续优化等。此外，阅文集团和中国图书进出口（集团）有限公司就网络文学翻译达成战略合作，共享海外翻译出版领域优势资源。为鼓励和培养相关人才，阅文集团在第二届中国"网络文学+"大会"网络文学走出去"论坛上宣布，正式启动"新时代网络文学出海激励计划""网络文艺英才国际研究计划"以及"星创计划"等。其中"星创计划"是阅文集团携手韩国第一原创品牌 Munpia 共同打造的人才培养计划，旨在共同培养作家，打造有潜力的原创文学作品，发布具有权威性的原创作品榜单。在各方的共同努力下，网文海外人才培育将拥有更好的发展环境，从而迈入长效化、精英化的发展远景。

三、阅文集团走出去的经验

（一）创新 VIP 原创付费模式

阅文平台采取付费阅读，对于读者来说是按章付费，一方面能不断激励作家创作动力，保障平台稳定的作品来源；另一方面，读者也可以较低廉的价格得到不断更新的作品，为平台留住粉丝群体。对于作家来说，则是按照千字计费，平台和作家对读者所付的费用进行分成，保证双方都有稳定收益，因此作家能专心写作。阅文平台作为出版方，负责打理合同、进行宣传、了解市场等，各司其职，保证作品的产业化输出和运行。对于一些名气小的作家，只要作品质量高，有受众群，可以低门槛进入阅文平台，进行创作，获得收入，激励所有有兴趣的人参与原创作品的生产，这构成了阅文集团独特的商业运行模式。

（二）形成作家读者双向激励机制

阅文集团为鼓励读者阅读，建立了读者"月票打赏"机制。每年年底会和电视台合作发布"中国原创文学风云榜"，即表彰成绩好的作家和作品，并且对外进行推广。同时，增加明星效应，让明星去讲述 IP 故事，引起大众关注，吸引潜在的大量消费群体。

阅文集团为鼓励作者创作，每年票选平台男频、女频 Top10，组成最受读者喜爱榜单，完全由读者自己决定，表达读者对于作家的支持。这个榜单是业界公认的榜单，为线下 IP 改编带来参考作用，因为这个榜单意味着上榜的作品有最高的粉丝黏性和大量的粉丝基础，后续下游开发商可以以此为基础进行购买和开发，会有一定的收益保证。这样基于"粉丝打赏"和投票所获得的大数据，能筛选出最优质的作品，打造出最具中国特色的文学 IP，带来更多优质的动漫或者影视作品，形成良性循环。

（三）培育专业的创作者阵营

阅文集团制定了完善的作家福利制度，付给作家的稿酬是非常丰厚的。阅文集团和创作者签约合同，对稿酬都有明确的规定。在阅文集团平台下的作家只要有优质的作品，就有稳定的收入来源，因而有继续写文章的动力，形成立体化的"作家孵化"机制。作家们在平台上有资深编辑的指导跟进，有大量读者支持陪伴，有完善的 IP 培育体系，旗下有新丽集团制作公司，可以售卖给下游企业，也可以参投优质 IP。阅文集团是一家全产业链公司，作家的作品在阅文集团平台下可变成多种形态，也可改编成多种形式。

阅文集团的高管团队中的核心成员是起点中文网创立时的工作人员，其中就有很多作家，他们了解作家创造作品时的背景、心情以及遇到的相关问题，能与作家随时进行沟通交流，对作家的工作进行支持和培育；还有专门的战略规划师和团队，专门负责运营组、编辑部等，IP 孵化组则负责 IP 一系列的开发，他们分开运作，各司其职，有良好的分工体系。

（四）打造橄榄型人才结构

随着网络文学中的顶尖作家和新进作者不断增加，阅文集团不是金字塔式的人才结构，而是橄榄型模式，旗下中坚力量强劲，创作风格与创作品类丰富，中坚力量的存在生成很多优质内容，且给下游 IP 商提供很多优质作品。在网络文学新生力量中，90 后作家超过七成，阅文集团每年都会推出"新人作家十二天王"评选，为集团输送优秀人才，他们充实的创作阵营，也叫 IP 活水库。新生力量的迅速崛起也带来了更多的贴近大众生活、满足人们需求的优质文学作品。比如有一位名叫"会说话的肘子"的作家，是在企业里工作的一名普通工人，他的作品有上百万读者的互动，非常接地气，且和大家的生活紧密联系。另外，还有一名叫"我会修空调"的作者，他的网名和创作灵感都来自日常的工作，他写的玄幻灵异类小说深受读者欢迎。这些人执着追求，白天工作、晚上写作，他们不辜负读者的期待，不断地创造出读者喜爱的好作品。

（五）全方位产业链运营

阅文集团的全面服务不是简单地、粗放地售卖给下游企业，它有前置和后置服务，既给下游企业介绍情况，如读者喜爱程度、读者画像、特质分析，又会在售后观察了解开发情况，保证和产业商跟进合作，做到全方位跟进服务。如阅文集团旗下的《鬼吹灯》就是和企鹅阅读合作出版纸质图书，吸引众多海外读者。阅文集团和近 50 家平台做分发频道合作，包括腾讯、QQ、微信，手机百度等社交平台，还在中图公司支持下，全力开拓 Amazon、kindle、Apple iBooks、Google 书城等渠道，并结合以上平台的推荐资源，在海外地区实现更大程度的分销，尽可能多地使更多人看到旗下作家的作品。

阅文集团旗下的 IP 共赢合伙人制度保证了开发 IP 不是一个独立的过程，是一种合作模式，共赢一体，做全产业链，包括版权销售、参投开发等，对 IP 的后续有一个全面的把控。"在线阅读业务"与"IP 开发业务"双轮驱动运营模式形成了以文学为核心，辐射和覆盖一系列产业，如话剧、音乐、影视、动漫等，覆盖人包括作家、玩家、媒体、明星等，是一个全产业链公司。

（六）推动文学作品走出去和商业模式走出去相结合

随着网络文学向海外传播的范围越来越广，阅文集团旗下的起点国际不满足于仅仅将作品带入国外，他们希望把阅文集团这种原创的互联网、文化与商业相结合的运作模式带出去。2018 年 4 月，平台上线"原创"功能，让全世界的人一起感受中国原创文学模式带来的益处，上线一年来就有 16000 名海外作者，审核后上线 23000 多部作品。这样的中国品牌吸引了各种职业的人无门槛创作，和全世界的读者进行交流，并通过原创付费模式得到收益，支持其进行新一轮的创作。

阅文集团的商业运行模式，即让当地的作家用当地的作品与当地的读者进行交流，在世界市场上具有复制效应。例如，西班牙有一位有名的作家，只是当地一名普通工人，写作是他的业余爱好，很多西班牙当地读者就是读他的作品、了解阅文集团在海外的网站，并在起点国际这个平台上进行阅读的。当这个平台在海外落地后，一些海外作家也会不自觉地模仿中国小说的写作风格，在人名、物名上有相似性，会使用拼音等，形成了潜移默化的文化影响。随着阅文集团海外商业模式探索初显成效，起点国际的付费阅读制度覆盖范围已从翻译作品扩大至海外原创作品，为广大国内外网文作者带来更大收益，激励其持续输出原创精品。贴合全球作家、读者需求，打破出海壁垒，在国内外爱好者、创作者的推动下，阅文集团的网文国际化之路无疑将会走得更远。

四、面临的问题

中国网络文学出海在呈现可喜成绩的同时，仍然面临一些问题，主要表现在以下几个方面。

（一）中华经典作品走出去的难度较大

目前，在成功出海的网文中，科幻小说、武侠小说、悬疑小说、推理小说、盗墓小说、谍战小说是最受关注的类型。例如，体现中国武侠文化的金庸小说系列，有中国传统元素的电视剧《琅琊榜》、描述热血青年生活奋斗的动漫《全职高手》、带有历史厚重感的爱情玄幻小说《扶摇皇后》等。由于外国人不了解中国深厚的文化底蕴，许多具有深刻的思想性、丰富的文化价值的作品，如《茶馆》《红楼梦》等中华经典作品走出去的难度往往较大。

（二）版权保护力度不够

在网文出海的过程中，各个国家版权保护有所差异。在国内，虽然政府重视打击盗版，但盗版图书生成的便捷性和获利大的特点，让这种市场乱象难以完全根除。网络文学是中国数字内容产业中盗版问题最严峻的领域之一，同时，由于版权具有分散性，作品在改编过程中要受到导演、编剧、制作方等各个环节的影响，在一定程度上无法保证作品的完整性；早期 IP 运营的不成熟还会在版权上出现划分边界不清等问题，在一定程度上出现版权纠纷。

（三）文化差异明显

各国文化差异是客观存在的，例如欧洲文化历史相对悠久，形成了固有的精英阅读模式，对外来文化的接受度较低；法国文化多元，但是英语普及度没有那么高，阅读也受限。文化差异是文创出海最需要跨越的障碍，怎样把我国的传统文化更好地与时代结合，且富有更强的可读性，让其他国家的读者更易接受，是我国的文化企业需要着眼解决的主要问题。

（四）竞争环境激烈

随着越来越多的各类平台涌入，阅文集团面临着更多的竞争对象。现在的文学作品不仅仅是横向比较，更多的是纵向比较，比如要和游戏、影视剧等竞争，如何保证稳定、吸引作家和读者，在竞争中立于不败之地是阅文集团发展面临的一个主要问题；如何使文学作品既保持具有不同于游戏、影视剧的特色，又要以一种轻松娱乐的方式走出国门，是网文出海亟待解决的问题。

（五）翻译与运营人才匮乏

尽管我国网络文学出海成绩斐然，但在欧美区域的总体规模不大，部分原因是兼通中国文化与欧美阅读习惯的高质量翻译人才匮乏。因为网络文学是我国本土化的文学类型，如同古诗词翻译，网络文学作品中的很多语句，在翻译时如何准确地传达原著的精髓和语境，具有较高的挑战。另外，网络文学作品往往篇幅较长，有的十几万字，有的多达数百万字，翻译成本非常昂贵。正是由于翻译人才的稀缺，网络文学大规模走出去受限。由于目前优秀的翻译人才太少，理解国外用户心理的运营人才也比较稀缺，从市场来看，网络文学在海外还处于推广初期，资金和运营成本压力是比较大的。

五、解决的路径

（一）加大宣传力度，创新宣传方式

我国是有文化、有故事的国家，应该在宣传上下功夫，要激发更多的作家讲述好中国的文化和故事。例如，印度尼西亚宣传标语"一万七千个梦想的岛屿"，吸引了众多游客。我们可以借鉴这些做法，将具体的实物和其文化内涵相结合，将中国传统经典文化与具体海外国家的风土人情相结合，吸引读者的兴趣，增加海外读者的认同，从而达到传播优秀文化的目的。

（二）坚决打击盗版，构建良好网络生态

首先，在国家层面，应继续深入推进"剑网行动"等专项工作开展，加强行政、司法治理联动，严厉打击新型侵权盗版行为；适当提高侵权法定赔偿上限，加大司法临时禁令的适用力度，针对情节严重的恶意侵权行为实施惩罚性赔偿。其次，在企业层面，急需唤起并集聚更多行业主体的力量，包括权利人与网络平台方都应尽快适应网络版权"主动保护"的特殊要求，坚决打击恶意网络盗版侵权行为，关注早期海外市场的特殊情况，通过版权合作、联合运营等方式培育与发展海外用户。最后，在个人层面，要强化对正版付费的引导、管理和扶持，加强"保护正版，人人有责"的宣传教育，推动建立良好的版权秩序和运营生态。

（三）发展优质原创作品，加大政府扶持

优秀原创平台与优质原创内容是我国网络文学走出去发展的最根本支

撑因素，国家应制定相关政策法规，扶持优质原创作品，构建支持行业内优质原创作品源源不断诞生的体系。充分发挥地方优势，为小微文化企业和创业企业提供低成本资源支持，加快数字内容产业各环节的集聚，促进产业集群化发展；完善原创人才培养体系，依托市场化的互联网平台，通过线上、线下多种方式交流，发掘培育精品 IP 与优秀作者，为行业繁荣持续发展提供原作作品。

（四）吸纳高水平翻译人才，形成高质量翻译团队

高质量的翻译人才是网络文学走出去的重要前提条件，企业要汇聚翻译资源、培养优秀翻译人才、增大翻译补贴力度。例如，根据网络文学走出去的需求，与国外相关企业和高校合作开展类似"优秀翻译人才培养计划"。在高等院校中，培养对于中国文化有较深研究的域外人才，设立翻译专项补贴以吸引优秀翻译人才，帮助网络文学行业更好地将中国网文翻译成外国人能够理解的语言文字，将传统中华文化传送至国外，逐步让外国人接受喜爱中华文化，增强中华文化的认同感。

（五）立足现实需要，符合市场发展规律

任何文学艺术都是来源于现实的，企业想要更好地走出去，必须深入了解读者的需求，深入挖掘市场经济的运行规律，将企业的发展与社会实际相结合。只有受人民群众欢迎的、反映人民群众现实生活的、体现民族特色的中华优秀的文学作品才有广阔的市场空间，才有长久的生命力和旺盛力，才能在国际舞台上绽放中华文化的风采。

马克思主义学院　马争婧

打造第三方平台
助力移动互联网走向世界

一、移动互联网的发展背景

移动互联网，实际上是将移动通信与互联网两者相互结合，使之成为一体，是互联网的技术、平台、商业模式和应用与移动通信技术结合并实际应用的活动的总称。4G 时代的普及和 5G 时代的开启以及移动终端设备的快速更新，必将为移动互联网的发展注入巨大的能量。

移动互联网是移动和互联网互相融合而产生的，拥有移动随时、随地、随身和互联网分享、开放、互动的能力，是继承两者优势的"升级版本"，即运营商提供无线接入，互联网企业提供各种成熟的应用。

近年来，移动通信和互联网成为当今世界发展最快、市场潜力最大、前景最诱人的两大业务。截至 2018 年年底，全球移动用户已超过 51 亿，互联网用户规模已逾 40 亿，中国移动互联网市场则超过 8 亿。互联网创造的经济对于国家来说，是一个国家的文化与创新能力的结合，市场是衡量创新价值的主要标准，而企业是一个国家创新能力的主要体现者。对于个体来说，人们希望在移动设备中高速接入互联网，获取信息，完成想做的事情，移动与互联结合的趋势是必然的。移动互联网正逐渐渗透到人们生活、工作的各个领域，短信、铃图下载、移动音乐、手机游戏、视频应用、手机支付、位置服务等丰富多彩的移动互联网应用迅速发展，正在深刻改变着信息时代的社会生活。

中国移动互联网呈现出两次出海大潮：2010 年全球进入移动互联网时代，伴随着智能手机出货量的大幅增长，移动应用市场迅速崛起。相对于 PC 时代，App 推广与网页相比较为便捷。早期移动出海以巨头类互联网企业国际化为主，将国内的成功经验复制到海外市场，出海 App、企业数量均呈现稳步上升趋势，并于 2011—2015 年形成以工具类应用为主的第一轮移动互联网企业出海大潮。代表企业有 SHAREit（国内茄子快传）、猎豹移动、UC、APUS 等，经过数年海外运营都已拥有数亿甚至超过十亿用户。

SHAREit 于 2015 年正式拆分出海，长期占据了印度、印度尼西亚、菲律宾、俄罗斯、沙特阿拉伯、南非等 36 个国家的 Google Play 热门工具榜首位，位居 64 个国家 App Store 效率榜第一位，用了两年时间全球用户规模就超过 10 亿，接近中国移动互联网用户总量，成为第一轮移动互联网出海大潮中增速最快的中国移动互联网企业。

整体来看，第一轮出海的移动互联网企业的目标大都集中在印度、印度尼西亚等具备规模人口红利的主要新兴市场国家，经过数年打拼都已成为当地移动互联网重要的流量入口，也意味着通过工具类应用海外规模"收割"人口红利的窗口期基本结束，游戏出海已经逐渐开始替代工具出海占据主流。2013 年我国自主研发的游戏增长率高达 219%，随后开启了年均 10 亿美元以上的增长时代。

从 2016 年下半年开始，中国移动互联网企业开始发起第二轮规模出海，此次出海面临着不同的外部环境和发展趋势，因此与首轮出海有着不同的特点：一是 BAT 巨头出海收购加速，如阿里巴巴投资东南亚领先电商平台 Lazada、印度尼西亚最大电商 Tokopedia，腾讯 10 亿美元注资印度尼西亚打车软件 Gojek，百度发布移动广告变现平台 DU Ad Platform 等；二是"一带一路"倡议促使移动互联网出海企业开始转向内容应用类 App，如欢聚时代旗下的 BigoLive 进入印度尼西亚视频直播市场、王者荣耀推出海外版等，正给中国移动互联网企业带来相比国内数倍的巨大人口红利市场，其中包括之前壁垒较高的俄罗斯、中东，以及智能手机刚刚启动的非洲市场，中国移动互联网迎来第二轮出海大潮。

第二轮出海在类别投放趋势上，内容类和游戏类 App 匀速增长，工具类相对保持平稳。中国工具类 App 出海时间较早，已度过用户快速扩张阶段，逐渐将注意力转向商业变现。而游戏产品不断推陈出新，且商业变现能力较强，因此快速吸引用户为游戏类 App 的长期诉求。当前的出海模式已经从之前单纯的产品输出（工具类产品），到现在商业模式与运营经验输出，整体产业升级，跨入新的阶段。受出海历史经验和类别影响，东南亚与中国文化背景相似度高，出海难度相对较小，是出海 App 的主流选择；另外，东亚、北美人均消费水平较高，用户付费意愿较大，成为出海 App 的重要选择。

二、移动互联网出海实践的第三方平台：AppsFlyer 公司

AppsFlyer 是全球最早做移动追踪与归因业务的公司之一，为游戏、娱乐、电商、旅行、金融安全等多个行业的用户提供移动安装和应用内活动、电视广告归因、数据监测等服务，利用其数据导向型洞察力来提升营销效果。AppsFlyer 技术已覆盖全世界98%的智能手机，成为全球移动广告归因与数据分析的领军企业，数据驱动型营销人士依赖 AppsFlyer 提供独立的数据追踪解决方案及创新工具增长移动业务。AppsFlyer 每天都能处理数十亿个移动端操作，最大化移动营销人员和开发的营销投资回报。凭借 NativeTrack™归因、营销分析数据、OneLink 深度链接功能和主动防欺诈技术 DeviceRank，AppsFlyer 已经成为全世界最成功的移动应用的首选资源。

AppsFlyer 公司创立于 2011 年，总部位于以色列，是目前全球市场份额最大的第三方移动广告监测公司。迄今为止，AppsFlyer 已在全球五大洲 15 个城市开设分部，服务来自不同行业的 12000 多家移动 App 广告主，同时是 Facebook、Google、AdWords、Twitter 等顶级渠道官方推荐的第三方移动监测平台。2015 年 1 月 1 日，AppsFlyer 中国区办公室成立，如今，AppsFlyer 已成为中国出海领域最大的第三方移动监测公司，占据了 85%的市场份额。

AppsFlyer 坚持在移动应用领域探索科学营销方式，并取得不断的进步

和丰硕的成果，目前成功对接全球 4600 多家媒体平台，占据全球近 75% 的市场份额。每年评估广告花费达到 190 亿美元，在全球范围内有来自 75000 名 App 的营销人员正在使用 AppsFlyer 的产品和服务。2017 年 12 月，凭借行业领先的创新能力和全球移动营销市场的领导地位，由景盛集团承办的以"创新、智能、新经济"为主题的中关村论坛评选 AppsFlyer 为"2017 景盛全球创新大奖 TOP21"。

从 2015 年建立中国区办公室以来，AppsFlyer 服务了中国超过 1000 家的客户，绝大多数都是移动应用的创业公司，专注在移动应用的开发，他们会更多地在中国之外拓展全球的用户。AppsFlyer 见证了许多出海公司在短时间内从小到大快速成长为行业翘楚。基本上，中国广告出海的四大行业，每个行业都出现了全球范围内的知名公司。

而在全球范围看来，AppsFlyer 公司自成立以来在移动营销归因领域已经占据超过 70% 的市场份额，从公司成立到现在已经覆盖了超过 67 亿的移动设备。从经营的收入来讲，从获取第一笔收入到经常性的收入，也就是 ARR 超过 1 亿美元花了 4 年半，每 12 个月增速高达 100%，在全球比较知名的 SaaS 公司中，AppsFlyer 达到这个收入的速度目前是排名第二。

三、路径分析

（一）多平台合作保证监测数据的准确性

AppsFlyer 在出海板块有 85% 的市场份额，通过与 Facebook、Google 和 Pinterest 等广告平台合作，提高其监测数据的准确性，优化分析工具及技术创新，同时减少流量作弊等方面来完善数据。

2015 年，AppsFlyer 与 Instagram 重磅整合，所有 AppsFlyer 客户可使用其平台上的独立公正的报告来优化 Instagram 安装活动，以获得最优的投资回报。Instagram 是当时全球最大的移动平台之一，每天有 3 亿用户分享超过 7000 万张照片和视频到其平台。合作之后，Instagram 宣布允许移动广告投放，为应用营销人员提供了获取活跃有价值的移动用户的平台，推出业界领先的 Instagram 归因分析追踪工具。

2016 年 11 月，AppsFlyer 与 Facebook 进行了深度整合，完成了新一轮的技术升级。除了启用可配置的归因期限、自动化展示、点击、成本、ARPU 和 ROI 报告功能外，AppsFlyer 还支持针对 Facebook 和 Instagram 营销活动的跨设备和跨平台展示归因，帮助营销人员监测用户在安装移动应用之前浏览了哪些广告，即使用户没有点击广告也能够准确监测。通过引入跨平台和跨设备展示归因，AppsFlyer 客户可以获得全面的数据报告，不仅增强了 Facebook 和 AppsFlyer 后台的一致性，而且对多触点归因的洞察更加深入。

AppsFlyer 通过与 Google 密切合作，不断改善移动数据的准确性、安全性和全面性，以改善移动应用营销的绩效。通过准确地监测点击至激活时间（CTIT）、下载开始至激活时间以及激活至整个用户上线体验，营销人员、产品经理和开发人员就能够有效提高用户转换率和用户体验。AppsFlyer 能够监测到真实的下载开始时间，使移动营销人员能够识别在下载开始之后发生的虚假点击，并可以参照点击至下载开始时间（CTIST）和点击至激活时间（CTIT）来进行进一步分析。通过和 Google 紧密合作，联合开发了新的 Google Play API，新的数据流能够与 Google Play 直接同步，从而提高了数据的完整性和安全性。

AppsFlyer 还与全球最热门社交网站之一的 Pinterest 达成协议，正式成为 Pinterest 的官方数据追踪合作伙伴。作为 Pinterest 的合作伙伴，AppsFlyer 可提供针对 App Pins 广告形式的全程追踪，帮助市场营销人员优化其 ROI。Pinterest 与 AppsFlyer 的合作增强了市场营销人员对用户的洞察，从而更好地利用付费及原创移动内容。

（二）独特的核心价值观念保证第三方监测平台的中立性

AppsFlyer 能够占领中国乃至世界市场相当大的比重，离不开 AppsFlyer 的核心价值观念。正是这样独特的价值观念形成的优势，使得广告主与广告平台的对接简洁化，投放的效果最优化，成为广告主出海必不可少的工具。

AppsFlyer 独特的核心价值包括三个方面：第一，通过一次对接就可以让广告主和广告平台实现无缝对接，合作所有渠道；第二，提供所有广告效果实时归因的分析以便优化，AppsFlyer 每个月追踪到的数据总量超过一万亿次，并且在不断增加；第三，作为中立的第三方，数据既不会偏向于广告主，也不会偏向广告平台，两边都可以采信。

移动营销行业在第三方出现之前，移动广告获取用户的渠道比起以前的 PC 互联网时代更加分散。广告主为了达到营销目标，往往要合作几十个平台，每个平台各有所长，所以一般需要跟多家平台开展合作。在过去，广告主要和每一个合作的平台做一次技术对接，并且把数据对接给平台。平台角度也是一样，需要跟每个广告主做一个单独的对接，所以面临的问题主要有两个：一是技术成本，维护对接、归因分析的技术成本很高，特别是在广告主合作了很多渠道之后，其成本和渠道的数量是成比例增加的，这并不是每个企业的主营业务，而且在广告主投放渠道较多时，很难一目了然地在一个统一的界面了解各个渠道的真实投放效果，尤其在前期对接时期需要和渠道做 S2S 的对接，配置大量的推广链接；二是广告主和广告平台之间往往通过移动归因的数据做营销的结算，但可能的情况是广告主发送这些数据给广告平台，平台会认为有扣量，而反过来广告主会认为平台有虚报。

以上这两个问题在第三方平台出现之后都得到了解决，通过 AppsFlyer，广告主可以在统一的界面，看到所有投放渠道的各项数据，甚至细化到每一个广告素材带来的下载安装。因为 AppsFlyer 已经帮广告主对接好全球 4600 多家广告平台和渠道，且配置好 tracking link，所以能帮助广告主省去和渠道一一对接的麻烦，保证两边合作是无缝的。AppsFlyer 是介于广告主和流量方之间的独立公正的第三方监测平台（裁判角色），帮助广告主来监测不同流量渠道的投放效果和质量，不存在任何既能帮助广告主推广 App，又能帮助广告主监测投放效果的第三方，这是解决移动营销最核心的问题。此外，AppsFlyer 强大的流量反作弊功能可以帮广告主拦截和分析各种假量的困扰，从而节省大量投放开支。

（三）原始监测数据分析为移动营销人员提供可信的行业报告

AppsFlyer 基于庞大的数据基础，为移动应用广告主带来了综合性的数据参考，如《广告平台综合表现报告》《2018 年游戏应用营销现状》，还有通过数据分析的移动营销分析指南、地区性的应用营销趋势及行业预测等。

自 2015 年第一版《广告平台综合表现报告》发布以来，AppsFlyer 已经连续发布七版报告。AppsFlyer 发布堪称行业标准的《广告平台综合表现报告》，2018 年下半版即第八版报告涵盖了 370 个媒体广告平台、超过 11500 个应用程序的 200 亿次安装和 390 亿次应用程序打开数据，是迄今为止最全面的移动营销数据报告。报告通过解析移动营销领域的最新趋势，帮助移动营销人员优化商业决策。

《广告平台综合表现报告》包括广告平台综合表现、增长指数、全球 ROI 表现和访客找回表现等多项排名，从安装数量、留存率、作弊率、平台投放成本，每用户平均收入和访客找回转化等多维度呈现了全球 11 个垂直行业的广告平台综合表现。

移动应用行业中的游戏行业近年来呈现爆发式的增长，目前已经成为应用商店中安装量和占比最大的一类应用。根据游戏情报研究机构 Newzoo 数据，随着全球手游玩家数量超过 20 亿，2018 年游戏应用全球总收入已超过 700 亿美元，占据应用商店总收入的四分之三以上。

为了解这个竞争激烈领域的动态，AppsFlyer 最新的《2018 年游戏应用营销现状》报告深度剖析了格局变化的关键因素。通过对 2018 年全年不同时间段来自 5500 个应用程序共 21 亿次的非自然安装量（NOI）、2500 个监测应用内购买的应用程序数量、1110 个监测应用内广告收入的应用程序以及来自 1200 个应用程序的 3000 万次安装的成本数据的监测，全面分析了 2018 年中核与策略类、休闲类、超休闲类和博彩类游戏应用的营销现状与趋势，从游戏行业发展的地区增长数据、不同市场用户的付费比率、不同应用系统的安装成本和用户留存率等方面对全球游戏行业的发展进行对比，为游戏行业出海发展提供了数据支持和趋势。

AppsFlyer 数据解读了关于 2018 年应用营销趋势及 2019 年的行业预测报告。伴随手机用户快速增长的需求，移动广告花费也在不断增长，在 2018 年增长约 30%，达到 1840 亿美元。在移动广告花费中，比重越来越大的是应用安装广告，应用程序逐渐成为培养品牌忠实度和参与度的最主要平台，导致广告花费大幅增长。根据 AppsFlyer 的预测，应用安装广告花费在 2020 年将不少于 641 亿美元，增幅为 65%。但是这种增长也会导致市场竞争加剧，使应用营销营利变得更加困难。所以 AppsFlyer 通过对 2018 年不同类型的应用程序的自然和非自然安装量、非游戏类应用的 IAP 收入数据、应用程序的营利情况和各区域作弊情况等进行统计分析其市场状况，以及预测 2019 年的市场走向来帮助依赖数据的应用营销人员。

（四）通过大量的合作交流活动进行品牌营销

AppsFlyer 从进入中国的先发优势到占领国际市场份额，取决于其每年大量的线上和线下行业交流与营销会议。

从公司创立初期，通过与 Google、Facebook 等大型的广告平台联合召开线上研讨会，讨论进行后台配置优化与数据分析来发现营销机遇，到目前通过与国内移动应用的在线研讨会，讨论如何实现应用内事件作为优化目标、分析应用内事件助力广告效率提升及应用内事件回调的数据洞察。

从全方位的移动应用营销，到游戏行业的精细化出海营销，参与各类游戏出海沙龙、台北电玩展等，分享移动游戏时代；从新用户安装到老客户激活，从获取客户成本对比到付费用户转化，从核心数据出发深度分析解读，从游戏营销现状到在竞争中取得优势，全方位的数据分析和各方面技术细节为移动应用行业发展提供支持。

从国内的交流和合作到 2019 年巴塞罗那的世界移动通信大会，与各移动应用领域的营销人员进行交流和提供帮助，了解最新潮的移动应用趋势和最有效的移动营销策略，提升营销 ROI 等。AppsFlyer 通过大量的合作交流活动，不断完善追踪数据和技术，通过对移动行业各细节方面的分析解读，预测各类应用的发展趋势，从多方面为移动应用行业提供支持。

四、面临的挑战

（一）"本土化" 极其重要

企业出海地区的考察重点除了经济数据、业务数据之外，了解其文化是非常重要的，包括当地的文化、语言、用户习惯、当地政策和宗教差异等。例如，印度各邦分治，人种、语言文化环境复杂等问题突出，非洲市场的语言、文化相对统一；印度各个宗教互相水火不容，长期发展差异很大，南非很多国家以白人文化为主，经济比较发达，移动互联网发展处于领先地位；不同地区的气候也是影响因素之一，如俄罗斯寒冷漫长的冬天导致依赖温暖环境展开服务的应用"遇冷"，而炎热的东南亚不适合户外运动类的应用推广。

了解不同地区文化背景的同时，也要了解出海地区的用户习惯。支付方式层面，美国用户更喜欢使用信用卡和 PayPal，而在东南亚有许多创新的方式进行支付；对于多数西方用户来说，避免使用复杂的界面和交互设计、非必要的系统权限，因为权限甚至会成为竞争对手 PR 和运营的攻击点；还有未经授权的 IP 和恶意推广，最重要的是本地化创作，从界面、功能到运营、ASO 优化、PR 推广必须尊重并符合本地用户的习惯。

移动互联网并非简单地进行海外市场发行，是需要进行多方面的调研和考量，需要为不同平台、不同语言设计不同界面并且紧跟最新设计规范，对于不同出海地区用户进行本地化定制，这在一定程度上会增加企业的成本，所以对于每个区域细分地挖掘，专注于某一个区域就会很有潜力。

（二）反作弊挑战

由于大量预算不断涌入移动广告业，因此不可避免地会出现作弊性，从某种意义上说，作弊行为已然污染了市场环境。相比 2017 年，2018 年 Q1 移动营销人员面临的作弊风险增加了 30%，全球范围内暴露于风险中的金额值高达 7 亿至 8 亿美元；作弊性安装的份额也增长了 15%，占所有营销驱动型安装量的 11.5%；目前出现了新型的机器人刷量作弊取代之前的设备工厂，造成超过 30% 的作弊性安装；虽然监测平台会有新的防护措施，但作弊者也会采取新的应对方式。实际上，22% 应用的作弊安装率都超过了 10%，而至少 12% 的应用存在不低于 30% 的作弊安装，其中高支出和大规模的垂直行业如购物应用遭受的损失最为严重。

受攻击的主要地区是亚太地区（其中包括东南亚和印度）和拉丁美洲，北美的攻击率相对较低。高花费可能并不是吸引作弊分子选择将特定地区作为目标的主要因素，相反，脆弱的防作弊措施尤其是在非游戏应用程序中，才是主要因素。

总体而言，游戏应用相对于非游戏类应用的作弊率也存在显著差异，非游戏类应用的作弊率要高得多，因为游戏营销人员通常比非游戏营销人员在防作弊技术的采用上更加先进，而且这种优势转化为了更有效的作弊保护。所以，如何降低作弊数据，研发新的反作弊技术也是移动互联网和第三方监测平台面临的挑战。

（三）精细化的发展趋势

尽管国内应用在出海领域的部署可谓百花齐放，但精细化运营依然是整个行业的痛点所在。很多广告主在做广告效果追踪的时候，只会追踪从安装到激活的效果，在得知用户激活后就不再继续追踪下去，这样就会导致广告主对于广告投放效果的认识非常片面，相当于只关注用户数量，而不关注更深层次的用户质量。另外，从投放的角度来看，获取新用户依然是广告主的一大目标，一些广告主已经开始从单纯地获取新用户，转到激活老用户，或者对已有的用户做更多的定制化投放，但是这个比例还不是很高。AppsFlyer 从全球的角度能看到的痛点首先就是 remarketing，其次是更深层次的追踪。从这两个方面就可以看出，精细化运营会是以后的发展趋势。

五、AppsFlyer 出海成功的经验分析

（一）"小而美，小而强"的创新精神

对于 AppsFlyer 总部而言，在以色列这块仅有 800 万人口的创新热土，培养出了 3.8 万名科研人员，打造了近 6000 家科创公司。阿里巴巴创始人马云评价以色列的创新文化："大多数人为了成功而创新，但以色列是为了生存而创新。"在以色列，无数小而美、小而强的企业们聚集起来，迸发

出无穷的力量。

AppsFlyer 便是这样"小而美，小而强"的一股力量，与以色列的创新文化与冒险精神，有着不言而喻的契合。目前，AppsFlyer 的技术已应用于近 70 亿台移动设备。与此同时，AppsFlyer 在反作弊解决方案领域持续创新，每天处理数十亿个移动端操作，拦截约 650 万美元的广告作弊，为广告主节约了大量开支。

这一切得益于 AppsFlyer 在产品和创新上的巨大投入，拥有行业中规模最大的研发团队（行业平均规模的 2.5 倍），以及每年在研发创新上大量资金的投入。处在行业的前端，面对变幻多端的碎片化传播环境，AppsFlyer 需要具备更远、更深的行业眼光。AppsFlyer 在持续不断地为广告主推出营销数据、报告，包括移动应用诈骗、全球用户获取、中国移动应用现状、企业出海、国内行业洞察等。在 AppsFlyer 看来，在放眼创新时，需要秉持前瞻和创新意识，不是顺应趋势，而是要引领趋势。

（二）数据的准确性与多方利用

在现代营销中，归因数据是每个决策的基础。AppsFlyer 的 NativeTrack™ 专有的启发式算法结合了统计分析和机器学习，协同多项归因技术，提供了世界上准确度最高的归因解决方案。

对于营销人员来说，每个团队有权按照自己喜欢的方式使用数据。因此，AppsFlyer 提供完整的原始数据报告，可供随时通过 Push API 或邮件下载，适合线下进行分析、基于绩效向广告平台支付酬劳、识别潜在假量或测试的设想。

对于整个行业来说，AppsFlyer 可通过其庞大的数据基础，为移动应用广告主带来综合性的数据参考。通过数据分析发布移动营销指南、地区性的应用营销趋势及行业预测，例如《广告平台综合表现报告》《2018 年游戏应用营销现状》等。

（三）AppsFlyer 的行业洞察力

当 AppsFlyer 国际化的全栈优势，碰上中国市场的巨大需求时，Apps-

Flyer 要在更高的跳板上迎接新机会，积极拓展国内业务。但 2015 年进入中国市场伊始，AppsFlyer 也遇到了三大挑战。第一，国内的移动流量商业化走的是粗放路线，因此在初期，多数平台并没有较强的与第三方移动追踪平台对接的商业需求和意愿；第二，国内广告主很难适应在海外市场成熟且完善的数据传输功能；第三，国内安卓市场的碎片化给广告效果追踪带来了诸多疑问和不确定性。

为了适应国内移动归因领域的"中国特色"，AppsFlyer 不断推动广告转化的精细化运营，普及国际效果广告监测知识，尽可能地使中国市场向全球市场看齐，为广告主推出适合国内追踪需求的创新解决方案，并成功地将在国内市场遇到的挑战转化为机遇与优势。

目前，AppsFlyer 已对接国内所有主流广告平台，包括腾讯广点通、今日头条、UC 头条、百度推广、微博超级粉丝通、爱奇艺、快手、小米应用商店等，已成为中国出海领域最大的移动归因与营销分析公司，占据了 80% 的市场份额，这意味着广告主能一次性完成与所有媒体渠道的技术对接。此外，AppsFlyer 的中国"朋友圈"还包括百度、阿里巴巴、字节跳动、腾讯等多家互联网巨头。面对海外市场，AppsFlyer 拥有了包括 Google、Facebook、Twitter 等在内的 4000 多家合作平台，遍布全球各个角落。这意味着，当广告主想将自己的产品推广至其他国家时，他们能够以非常低的成本接入海外各个国家的流量，同时免去了数据迁移的麻烦。对 AppsFlyer 来说，一家具备格局思维和创新基因的公司，不能只着眼于自身产品，而是要站在整个生态链的角度洞察行业。

国际经贸学院　史晨曦

搭建网络平台　传播中国文化

一、背景

文化作为一个国家软实力的重要组成部分，已成为国家间合作与竞争的核心内容之一。文化不仅是展示一个国家形象和内涵的载体，它作为一种产业，也会带来强大的经济效益。因此，越来越多的国家更加重视文化产业的发展，以及寻求如何实现更好的文化输出。我国历来非常重视开展对外文化交流，充分认识到对外文化交流的意义和作用。随着改革开放的不断深化和扩大，对外文化工作的领域也在不断扩大，对外文化交流的形式日趋多样，文化走出去的步伐不断加快。截至 2017 年年底，我国已与157 个国家签署了文化合作协定，累计签署文化交流执行计划近 800 个，初步形成了覆盖世界主要国家和地区的政府间文化交流与合作网络。例如举办各类文化活动，以讲好中国故事为主线，2017 年"欢乐春节"在全球 140 多个国家和地区的 500 余座城市举办了 2000 多项文化活动，"欢乐春节"品牌效应逐步形成；海外中国文化中心建设顺利推进，随着 2017年希腊雅典、越南河内、保加利亚索非亚、以色列特拉维夫、缅甸仰光等5 个海外中国文化中心揭牌或启用，海外中国文化中心总数达 35 个。2017年经文化系统审批的对外文化交流项目 3054 起，63961 人次参加，扩大了中华文化的国际影响力。

上海作为对外文化交流和对外文化贸易发展的先行者和排头兵，近年来，不断丰富国际传播的方式方法，多渠道、多层次、立体化地推进文化走出去，让国外民众在审美过程中感受中华文化的魅力，提升城市文化软实力。

二、企业走出去的运作实践

（一）企业概况

上海东方网股份有限公司，简称东方网，成立于 2000 年，是全国重点新闻网站。该公司拥有 120 余个频道，中、英、日三个语种版本，业务涵盖新闻发布、舆论交互、数字政务、电子商务、市场广告、技术运营、投资业务等多个领域，并通过互联网、报纸、手机、移动电视、互动电视、楼宇电视、电子站牌等传播载体，实现影响力的立体覆盖。东方网具备大型网站所有互动功能、多媒体新闻传送能力和直播能力，是上海最具影响力、权威性和公信度的网络媒体之一。东方网的基本定位是地方重点新闻网站，上海市主流媒体之一，也是一家大型综合性网络文化公司。

在中央、上海两级主管部门的指导下，目前东方网正按照网络文化、金融、民生合一的产业布局加快发展，努力把东方网建设成为全国最具影响力的新型主流网络媒体之一和互联网文化上市公司。在中央网信办主管的《网络传播》杂志发布的"中国新闻网站传播力 2017 年 12 月榜"中，东方网位列第五；地方省级新闻网站排名第一。在中国互联网协会、工业和信息化部信息中心联合发布的 2015 年"中国互联网企业 100 强"排行榜中，东方网连续三年进入榜单，是地方新闻网站中唯一入榜网站。

东方网积极进行海外战略布局，东方网的目标受众立足上海、辐射全国，并依托上海的城市影响力积极拓展海外市场。自成立以来，东方网从最初一个语种简体、繁体两个版本的网站发展到拥有中、英、日三个语种的网站。2014 年，东方网在美国、加拿大两地设立分站，将新闻、文化和商贸等信息内容在北美地区落地。2017 年 2 月成立海外经济文化交流中心，简称"东方海外"，设立中、英、日多语种"采编播"新闻团队，开通美国站、日本站、加拿大站、中东站等海外资讯频道，多渠道、多形式开展对外经贸及国际化文化项目，积极投身于国际文化交流和跨境商贸业务。

(二) 多语种新闻"采编播",向外国人传递中国新闻

新闻舆论传播的目的就是服务受众,关系切身生活利益的新闻节目无疑成为他们日常新闻消费的必需品。上海作为一座国际化大都市,有众多来自不同国家和地区的人在这里工作和生活,这为上海地方新闻提出了满足多语种受众获取新闻和生活服务信息的需要。东方网在建网时即拥有中文、英文、日文的多语种"采编播"新闻团队。现已开通了美国站、日本站、加拿大站、中东站等海外咨讯频道。根据多层次、多语种、不同语言文化背景的受众,在新闻内容选取上多倾向于国际性的大事和一些当地热点的民生消息,以独特的新闻视角展现新闻内容,吸引不同语种受众的兴趣,在传递信息过程中,培养越来越多的外国受众喜欢中国文化,认同中国文化。

(三) 开展对外文化交流,扩大中华文化影响力

对外文化交流是指以文化的形态开展的非营利性的对外宣传和交流活动。开展这些活动旨在宣传本地优秀的传统文化和民间艺术,树立对外形象,扩大国际知名度。东方网通过形式多样、内容丰富的文化交流活动,有效促进了中华文化走向世界。东方网连续多年承接"欢乐春节"活动,例如,2017 年,在文化部外联局和上海市文广局的指导下,由东方网组织的第 36 届华人工商大展"欢乐春节·中国印象馆"在美国洛杉矶隆重开幕。东方网联合国内的贸易促进机构与文化机构,以经贸与文化并重为导向,组织了众多生产制造企业、文化企业及其产品亮相"中国印象馆",涵盖了中华的饮食文化,服饰文化、茶文化、传统编织技艺等多种特色文化。同样,2018 年在美国纽约、2019 年在巴拿马首都巴拿马城的"欢乐春节·上海文化周"活动均受到了当地民众的热情关注和参与,活动让众多当地民众通过现场交流与体验,加深了对中国文化的了解。

(四) 举办国家建设成果展览,增强对中华文化认同感

国家建设成果国际展览主要是向全世界展现改革开放 40 年发展成果、

新中国成立 70 年建设成绩，让更多国家了解中国、认同中国。2018 年，由上海市人民政府外事办公室主办、东方网和上海市对外人民友好协会联合承办、上海市对外文化交流协会支持的"春华秋实四十年——中国上海改革开放成就图片展"先后在古巴、巴拿马和秘鲁举办，近百幅图片见证了上海改革开放 40 年的足迹。在当地展出的近百幅图片，分成"概述""开放的上海""人文的上海""绿色的上海""宜居的上海"和"结语"六大板块，从上海视角看中国发展，用独特的镜头语言展示了 40 年来上海在经济社会、城市建设、生态环保、科技教育、文化体育、民生保障等方面取得的辉煌成就，展现了上海努力打造"上海服务""上海制造""上海购物""上海文化"四个品牌，建设国际经济、金融、贸易、航运、科技创新"五个中心"的生动实践。

2019 年，由上海东方网和上海市现代上海研究中心主办的"辉煌历程——上海庆祝新中国成立 70 周年图片展"在巴拿马城揭幕，开启海外巡展第一站。中国驻巴拿马大使魏强、巴拿马城代理市长瑞莎·班菲尔德、巴拿马城公民文化和教育局局长亚历山德拉·施杰德普、上海市文化和旅游局副局长金雷等中外嘉宾和社会各界人士、民众参观了展览。他们在一幅幅记录了上海变化、中国发展和时代新貌的照片前驻足。两个主题展览在当地民众当中形成了良好的传播效应，加深了古巴、巴拿马和秘鲁的民众深入了解上海、了解中国，增强了当地民众对中华文化的认同。

（五）搭建服务平台，推动文化产品走出去

科技创新推动文化产业转型升级和提质增效，催生了新的文化业态，改变了文化产业的商业模式和贸易方式，带来了文化贸易新的增长点。在中国，互联网技术和数字技术成果带来的商业进展已从蓄势待发进入群体迸发阶段。全业务流程的智能化、线上线下的融合以及消费的场景化与个性化，使中国文化产业发生了质的飞跃。

近年来，东方网海外经济文化交流中心努力搭建文化产品和文化服务出口项目的平台，与上海老字号产品的企业合作，提供电子商务的解决方案，拓展网售渠道，为其产品提供全网运营的代理业务。在近年举办的

"欢乐春节"主题活动中，东方网组织中国传统民乐团、上海老字号产品企业组团赴海外表演、展示具有上海特色的文化产品，如昆剧、大白兔奶糖等，并推动其与当地企业交流，签订了一系列传统文化产品和文化服务的对外贸易合同，使得中国传统文化进一步拓展其海外市场。此外，东方网电子商务聚焦跨境贸易，以跨境电商、营销服务为业务抓手，致力于将商品销售与营销服务强势整合，打造一体化运营服务模式。

三、企业走出去的成功经验

（一）良好政策助力海外文化交流

2014年以来，国务院出台了《关于加快发展对外文化贸易的意见》，商务部印发了《对外贸易发展"十三五"规划》等政策文件，从加大财税金融支持力度、降低企业成本、培育经济发展新动能、改善营商环境等方面出台了一系列针对性、可操作性强的支持文化贸易发展的政策措施，强化了文化贸易的顶层设计。

在推动中华文化走出去、讲好中国故事的过程中，上海市委、市政府及相关部门充分发挥主导作用，强化顶层设计，在近些年的文化改革发展规划中，重点部署了指导上海文化走出去的相关任务。同时，出台了一系列关于促进文化走出去的政策，统筹推进对外文化传播、交流和贸易的发展，如2014年的《关于加快发展本市对外文化贸易的实施意见》和上海文化出口重点企业认定标准，积极鼓励本市文化企业参与国际竞争与合作。

东方网作为上海市政府门户网站之一，紧紧抓住国家和上海有关对外文化交流政策，积极主动承接相关项目，开展对外文化交流主题活动，连续多年在海外各地举办中国传统文化节日、国家建设成果及地方特色文化交流展览活动，吸引了大量国际友人，加深了他们对中国文化的了解和认识。

（二）先期海外布局，优化文化产品

东方网的目标受众立足上海、辐射全国，并依托上海的城市影响力积

极拓展海外市场。东方网在建网时即拥有中文、英文、日文的多语种"采编播"新闻团队。建网 19 年来，相继开通了美国站、日本站、加拿大站、中东站等海外咨讯频道，作为网站对外交流的基础。东方网以海外中国文化中心为依托，积极与当地华人媒体和文化机构合作，并组建驻外工作站，以保证其在海外举办的各种对外文化交流活动能够顺利有序地进行。

在大力布局海外站点的同时，东方网积极按照现代企业制度要求，努力构建以新闻传播为特色优势、以新媒体为核心、以海派视角为风格的内容"中央厨房"。目前，东方网的内容"中央厨房"建设已初具雏形，拥有相对较为完备的基于互联网的图、文、视音频等多媒体内容信息制作和发布能力，并按照国家相关政策法律法规，探索出一套行之有效的互联网传播管理制度，培养了一支年轻、高效、专业的互联网采编队伍。通过信息"中央厨房"的建立，实现东方网内部各种信息资源的共建共享，使信息做到集中管理与分布实施相结合，使整个集团指挥功能高度信息化，指令下达、进程控制、统计反馈高度数字化，从而提高东方网整体的运作效率。

（三）推动线上线下文化贸易发展

近年来，由于信息技术与网络的发展，商务活动的内容发生了质的变化。电子商务作为网络经济商务往来的重要交易模式，正日益成为信息经济发展的动力和新的经济增长点。随着互联网经济的高速发展，跨境电商正快速成为新的全球经济增长引擎，在为全球各国的经贸合作带来更广阔的商业机会的同时，更成为全球各国文化交流和共享的重要载体。

东方网利用自身搭建的电子商务平台积极与海外电商融合，在开展对外文化交流活动的同时，将本土的传统文化产品在当地进行网络销售，在文化展览的同时开发对外文化贸易。值得注意的是，东方网在平台搭建的初期规划阶段就同时融入了 B2B 和 B2C 两种模式。一方面，依靠其在国内的关系网络和国外的驻外机构获得能够与国内外文化与贸易企业合作的渠道，既可以使国内文化产品企业有机会直接与国外贸易企业进行接触，开展对外文化贸易，也可以利用相反路径将国外文化产品与国内贸易企业完成对接，实现文化产品的双向交流；另一方面，东方网直接建设了面向普通群众的 B2C 平台，可将中国文化产品以零售形式带入海外。通过线上网站和线下主题活动，海外群众可获得近距离地了解和接触中国文化产品，推动了中国文化产品的推广和销售。

四、企业走出去面临的困境

（一）难以"走进去"

文化认同是指对人们之间或个人与群体之间的共同文化的确认。不同民族文化的差异必然造成文化信息真实性、准确性的耗损，尤其是西方国家对我国在意识形态上的偏见更加剧了这种耗损，使我国的文化形象大打折扣，极大影响着他国受众对我国文化的认同感。所以，我国文化在对外传播中，使受众真心接纳、由衷认可，这是一个十分艰难的过程。

（二）走出去的文化产品质量有待提高

当前，我国文化产品和服务的技术含量有待提升，文化与科技的融合度还需加强，依托技术创新的高附加值文化产品和服务占比较小，影视、动漫的制作技术与发达国家尚有差距；文化产品创意不足、原创性不够，有影响的拳头产品、品牌产品不多。联合国文化发展报告每年都会向外界发布影响世界历史进程的 100 个人和影响世界历史进程的 100 本书，中国的孔子和《论语》曾作为有影响力的人物和书籍出现过，此后再未上榜单。这也说明我们输出的文化质量有待提高，尤其是既具有中国文化特色，又能满足外国读者需要的文化产品还不够多，中国的文化作品与国际市场需求仍有一定差距。

（三）对外文化服务贸易有待提高

近年来，中国对外文化贸易保持了良好的发展势头，已成为国际文化贸易领域的一支重要力量。根据商务部公布的数据，2017 年，我国文化产业进出口总额达到 1265 亿美元，其中文化产品和文化服务总出口额为

943.6亿美元，文化产品出口额为881.9亿美元，文化产品贸易顺差为792.6亿美元。在中国文化产品出口多年以来持续高速增长的同时，中国的文化服务出口却一直徘徊不前。2017年，我国文化服务进口为232.2亿美元，出口为61.7亿美元，不到文化产品出口额的十分之一，逆差达170.5亿美元。文化服务出口需要加速发展。

五、对策建议

(一) 要"走进去"

文化走出去的要义是建构国家形象与传播价值观，在价值共享中促进民心相通。中华文化要走出去，更要"走进去"，向世界传递中华民族的精气神和价值理念。因此，需要斟酌中华文化走出去的内容，扩大朋友圈和粉丝圈，讲究中国故事的国际表达，塑造融通中外的新概念、新范畴、新表达，形成富有吸引力和感染力的中国话语体系，让外国人不仅听得到、看得到，而且听得进去、看得明白。

要使中国文化能够成功"走进去"，最重要的是坚持内容制胜的理念。文化产品素以"内容"取胜，如果在国际市场中失去内容上的优势，必将如同一般工业品失去差异性一样，最终导致竞争乏力。具体来说，一是要不断增强文化创新能力。创新是文化的本质特征，是推动文化繁荣发展、提高国家文化软实力的不竭动力。要大力推动文化内容形式、传播手段创新，不断创造新的文化样式，催生新的文化业态，实现题材、品种、风格和载体的极大丰富，运用现代技巧增强文化的表现力，使我国的文化产品和服务更具吸引力和感染力。二是要积极整合文化资源。中华文化源远流长、博大精深，中国历史文化多姿多彩、人文荟萃。要积极采取现代方式整合传统文化资源，深入挖掘和弘扬传统文化有益价值，广泛吸收借鉴世界各民族文化的优势和长处，不断提高文化产品和服务的科技含量、文化含量和服务质量，把文化资源优势及时转化为国际市场上的竞争优势。三是要善于找准中外文化的契合点。坚持本土化与国际化、娱乐性与教育性相结合，积极探索不同文化之间存在的普世价值，使文化产品和服务的内容始终保持民族化与国际化的互动，既体现浓郁的中华文化特色和中国文化特点，又在内容和形式上贴近不同国家和地区的实际，为国外受众所喜闻乐见。

（二）要"卖出去"

中国文化走出去，除了要将我们的优秀文化"送出去"，更需要能将我们的文化产品"卖出去"。以文化贸易推动中华文化走进去，旨在更好地让世界了解真实的中国和本真的中华文化。提升文化贸易竞争力，需要充分利用国内市场优势，不断强化"内容为王"的文化产业特点，提升文化内容的品质和文化精品意识，逐步提高中国文化产品的国际市场份额；鼓励外向型文化企业提升国际化运营能力，配合国家"一带一路"倡议，向跨国公司转型发展；强化文化产业发展的融合驱动，带动相关产业发展。借助互联网技术的后发优势，实现互联网文化贸易和内容服务贸易率先突破，提升文化产业的国际竞争力；发挥中华民族优秀传统文化在国际市场的感召力，促进当代文化借势出海，扩大文化贸易的数量和规模。

（三）打造具有竞争力的中国文化品牌

当今国际市场的竞争已经跨越了产品竞争的阶段，进入了品牌竞争的时代，品牌带动的力量和作用不可忽视。努力打造一批具有自主知识产权和国际知名度的优势文化品牌，是中国文化提高自主创新能力、赢得国际竞争优势的必然要求。一是要树立和增强品牌意识。文化产品和服务要赢得国际市场的普遍认同和消费信赖，必须充分发挥品牌带动的龙头效应。要提高文化单位和文化企业对品牌带动效应的认识，充分认识文化品牌所带来的附加值将远远超出文化项目、文化产品和服务本身所具有的价值，充分认识文化消费在某种意义上就是品牌消费。二是要倾力打造自主文化品牌。要充分挖掘和整理中国社会文化发展中形成的传统文化资源和人文遗产，大力扶持和打造一批既具有中国文化的原创性又拥有知识产权的合法性、优势资源集成、带动力强、关联度大、可持续发展的自主创新项目和产品，在国内外打响中国品牌。三是要善于借船出海、借势出牌。要凭借名人效应，充分发挥中国历史文化名人在国际社会中的影响，塑造和提升中国文化品牌的国际形象。

（四）充分发挥平台作用

目前，以互联网为导向的跨境电商是电子商务平台发展的一个质的飞跃，其成功地实现了一种无国界的国际交易，引起国际社会对我国产品的认知。通过跨境电商能够提高企业知名度，尤其是能够将中国文化产品推向国际化，激发企业勇于创新的精神，为中国文化产品推向国际提供了新的机遇。

在努力发挥电商作用的同时，提升民间外交能力。以国家移民管理局成立为契机，大力扶持发展各类民间外交组织。建设国际传播人脉数据库，把海外华侨、外贸进出口企业、海外侨团、出境游客分类打造为文化输出的"自媒体"，成为文化二次、三次传播的"中继"和"桥接"。发挥文化名家、商业精英、演艺明星、体育健将等公众人物的文化传播优势，塑造一批中国文化形象大使，提升中国文化的内涵。

（五）政策助力与制度保障

文化产业的提质增效发展、文化贸易竞争力的有效提升，必须增强文化产业发展的内生动力，只有使自己强身健体有魂，文化产业才能有效支撑国家软实力的提升，真正成为国民经济支柱产业，所以政府的引导和扶持就显得更为重要。

政府的作用主要表现为：一是在组织协调方面，政府出政策、管导向，积极发动社会广泛参与，充分调动各部门、各地方、人民团体、社会组织和民间力量参与对外文化宣传和对外文化交流；坚持政府推动与民间实施相结合，并积极引入商业运作机制，逐步形成政府、民间、商业并举的新格局。二是在政策支持方面，政府要加强对文化交流和文化贸易的宏观调控，充分发挥在财政、金融、外汇和税收上的支持、引导和调节作用，建立健全促进制度，创造公平、公正、公开的市场竞争条件，优化与实施文化走出去战略相适应的外部环境。三是在强化服务方面，政府要深化管理体制改革，加强对文化走出去工作的服务和指导，放宽出境出口审批政策，减少出境出口审批程序，健全完善进出口数据统计分析等文化信息服务工作，梳理和编制关于文化产品和服务出口的招商指南和引导目录，加强对文化产品和服务的知识产权保护，为文化单位和文化企业考察市场、在境外投资、向海外输出版权、产品和服务出口通关等提供便利和优惠。

马克思主义学院　霍廷然　赵晓慧

影视戏剧

YINGSHI XIJU

加强跨国合作
拓展影视作品出口新渠道

一、简介

浙江华策影视股份有限公司（以下简称华策）创立于 2005 年 10 月，总部位于浙江杭州，是一家致力于制作、发行影视产品的文化创意企业。2010 年 10 月 26 日，公司于深圳证券交易所创业板上市，被誉为"中国电视剧第一股"，成为国内第一家以电视剧为主营业务的上市企业。华策获得了 2019 年十大头部出品公司的称号。作为中国最大的电视剧制作公司之一，华策每年出品精品电视剧超过 1000 集，电影十余部、大型综艺数部，代表作品有《微微一笑很倾城》《杉杉来了》《三生三世十里桃花》等电视剧以及《我的少女时代》《刺客聂隐娘》等电影，影视剧产量全国第一，全国卫视电视剧播出量和全国网络视频新剧点击量均排名全国第一。

二、成功拓展国外市场的经验

华策已经蝉联多届民营影视企业海外收入冠军，是全球最大、最重要的华语电视剧生产和供应商，并连续五届（10 年）被评为"国家文化出口重点企业"，成为国内民营影视公司出口的标杆企业。华策以"打造华人文化传媒旗舰，传播优秀中华文化"为宗旨，已经成功将中国影视作品出口到全球 180 多个国家和地区，其中出口到"一带一路"沿线国家和地区的影视作品时长超过 1 万个小时。

华策实现影视作品走出去的成功经验可以归纳如下：

（一）以市场为导向

华策走出去的一条成功经验就是对影视作品进行纯正的本土化翻译。华策和海外 15 个国家和地区的专业影视剧配音团队建立了合作伙伴关系，组建了 8 支翻译团队，覆盖语种包括哈萨克斯坦语、乌克兰语、西班牙语等。此外，公司不仅能承揽本公司的译制工作，还可为其他公司或者机构提供优质的译制服务，如华策与中国国际广播电台全资子公司国广传媒共同成立了海宁国广华策影视译制有限公司，还承担了原国家新闻出版广电总局委派的文化输出工程《婆婆来了》一剧的译制包装工作，获得了"中国优秀影视作品走进'亚非拉'贡献奖"。华策自 2006 年开始先后成立国际部、韩国办、美国办等，如在美国办成立了专门的内容策划部门，主攻国内 IP 的美剧模式开发，在中国故事和中国演员的基础上，在制作过程加入了美国特色和美剧的节奏。

（二）拓展渠道

华策致力于"华流出海"已有十几年的经验，成为中国影视走出去的有力支撑。华策投资 3 亿元，联合超过 10 家海外媒体，在全球范围内创建华语节目播出平台如电视频道，覆盖了东南亚、非洲以及欧美等地区的 30 个以上国家和地区，形成了遍布全世界的华语频道国际联播体网络。与 YouTube、Dailymotion 聚合传媒、Jungo TV、Now TV、Viki 等海外平台合作，自建海外"华剧场"，逐渐成为在海外认知度较高的中国娱乐内容品牌。从 2016 年起，华策每年在 Viki 上投放 10 部以上的跟播剧及几十部经典剧。"华策频道"也在美国 Simul TV 和 YouTube 两个播放平台成功上线，一个月内便发展了数万名订阅用户。自 2013 年建立以来，"华语联播体"已经在海外落地生根。2015 年《卫子夫》在日本银河频道播出，实现中国剧集在日本电视台播放的突破；《约会专家》成为第一部成功将模式输出到美国市场的中国剧集。2016 年上半年，华策就销售了长达 1292 个小时的影视剧作品，已经累计将超过 10000 个小时的中国影视作品授权发行至全球 180 多个国家和地区，谍战剧《解密》在海外平台的总点击量近 400 万人次，2016 年获得中美电影节"优秀电视剧金天使奖"。2019 年 9 月，串流娱乐平台 Netflix 将《天盛长歌》收购为全球独家的 Netflix 原创节目，并以十余种语言向全球会员推荐，不少海外观众表示改变了对华语电视剧的看法。

除了与世界各国的主流电视台、知名网站等平台合作推广华策剧集之外，华策还自主运营了 OTT 国际平台。2017 年，华策与华纳兄弟达成战略协议，在其旗下的专注亚洲剧集的流媒体平台 Dramafever 上线了《我的奇妙男友》《亲爱的翻译官》《柒个我》等剧集，播放数据超越同期知名韩剧和包括《Running Men》在内的韩国综艺节目。

（三）跨国合作

华策致力于建立全球娱乐合伙人联盟。自华策集团于 2014 年成立华策影业以来，积极开拓海外影视布局。近年来，华策先后与美国的华纳兄弟、索尼（美国）、福克斯，英国的 BBC、ITV，俄罗斯的 CTC、NMG 等国际影业巨头建立了全面战略合作伙伴关系。2015 年，华策投资了韩国最大的本土电影公司 NEW 13.03% 股权，并明确以后每年至少合作 2 部中韩合拍（合作）电影。此外，华策还与韩国 CJ E&M 在全网剧制作领域进行合作，整合、引进全球的优质内容资源。

值得注意的是，在人才合作培养方面，华策制订了影视产业高端人才培养计划。以电视剧为核心，注重剧本创作，全力打造编剧明星。2015 年 3 月，华策与浙江省新闻出版广电局、桐乡市人民政府、浙江传媒学院签约携手共建"浙江传媒学院华策电影学院"，实践"2+2"创新型人才培养方案，积极探索打造 IP 创作端、制作端和艺人培训端 O2O 模式人才孵化平台。与中国美术学院强强联合，学院教育与文化创意产业的互动发展，带动优秀教师的工作室及团队参与华策影视的项目合作。

华策还致力于探索影视教育培训新模式，如建立"华策克顿企业大学"作为公司人才培养和储备的重要途径，以合伙、创业构建激励机制，打造高端视觉创意等人才培养基地，面向优秀的从业人员、创意人员、研究人员及学生举办各类影视研究类的高端培训班，目前已培养出 30 多个优质创意团队和工作室，规模居行业第一。华策设立华策影视育才教育基金，从 2014 年开始每年选派一批影视产业人才前往美国、英国、中国香港等地进行学习，致力于培养一批具有世界眼光、熟悉国际前沿理念和技术的领军人才。如选送人才进入全球顶级艺术高校——美国艺术中心设计院进行深造，和美国艺术中心设计学院的学生一起创作开发本土原创但适合在全球传播的小说、剧本。总之，力求联合政府、高校、影视专业教育机构，通过国际交流合作来共同培养影视专业创新型高端复合人才。

（四）举办展会

华策是国内影视企业里最早走出国门到海外影视节展设台做买卖的企业。2012 年在法国戛纳春季电视节上，华策不仅与越南、泰国、格鲁吉亚等国家达成了 300 集影视剧的新合作，还成功进入中东、北非、格鲁吉亚、土耳其，成为国内首家将华语影视产品发行到中东国家的影视企业。2013 年成功举办"中国（杭州）电视剧节目推介会"这一国内影视行业最具影响力的节目交流、交易展会，吸引了 260 多家海内外影视制作与发行公司和 100 多家强势播出平台参展，2000 多名专业人士入场，成交金额超过 58 亿元。在 2017 年戛纳电视节上，华策总裁赵依芳女士荣获戛纳电视节荣誉勋章，成为首位获此奖项的中国影视传媒人。华策近几年在影视产品出口的基础上，也积极参与国内外国际影视节展，促进海外平台落地，开拓海外市场。

（五）国内合作

华策影视带头组建的中国（浙江）影视产业国际合作区（以下简称"合作区"）是国内唯一获原国家新闻出版广电总局批复成立、以文化出口为导向的国家级影视产业园区，集影视国际交流平台、国际影视人才培养平台、影视产业投融资平台、影视创意创作平台、影视外贸企业孵化平台和全球影视文化研究平台等六大产业支撑平台于一身。

华策影视、华谊兄弟、爱奇艺、京都世纪、大唐辉煌等 10 家中国影视文化产业龙头企业共同携手，正式成立中国电视剧（网络剧）出口联盟。出口联盟的发起单位囊括国内影视剧行业各龙头企业，总产值占中国影视产业的 15% 以上。联盟宣布，将每年征集 1000 部影视节目，打包推销到海外市场。借助平台的力量，各公司能够整合各自优势资源，中国电视剧呈现抱团出海的趋势。

华策与小米、百度等互联网公司共同探索电商、衍生品开发等商业模式，不断尝试更多的可能性。华策在 PC 端与百度合作，2014 年与百度旗下的爱奇艺视频网站进行战略合作，并且与爱奇艺共同成立华策爱奇艺影视（天津）有限公司，命名为 Hilledia，从事互联网影视剧和综艺节目制作业务，专注于创作互联网视听作品。在手机端，华策与小米公司合作，借助小米公司成熟的渠道布局优势，目前在新加坡、马来西亚等地区通过小米盒子可以付费看到华策影视的内容。

三、华策作品出口面临的问题

近年来，华策打造并出口了许多部爆款电视剧，但是华策影视的财务状况却止步不前。2017 年，华策的业绩增长陷入公司上市七年来的低迷期。华策影视发布的 2019 年半年度业绩预告显示，2019 年上半年净利润比 2018 年同期下降 119.01% ~ 120.74%，预计亏损 5500 万 ~ 6000 万元，2019 年全年亏损约 12.90 亿 ~ 12.95 亿元，而上年同期净利润为 2.11 亿元。目前，华策影视股价也与发行价 68 元相较甚远。2016 年，华策海外收入仅为 3791.63 万元，2017 年海外发行收入破亿元，约占总收入的 1%，尚未成为主要收入来源，作为华策影视的新的业务增长点带来的作用不大。华策影视作品出口遇到的主要问题如下：

（一）出口产品质量欠佳

随着出口剧集数量的一路增长，出口价格却未能得到同步上升。中国电视剧出口海外售价普遍较低，华策也不例外。以 2015 年数据为例，中国出口到美国、韩国、东南亚地区的电视剧均价分别为 65 万 ~ 66 万元/部、60 万元/部和 722 万元/部，单集在几百美元到几千美元之间，远远低于较早出海的欧美剧、日剧和韩剧。2017 年华策出品的《致我们单纯的小美好》，发行单集价格勉强和韩剧持平，但是这样的案例并不多。

华策选择出口国外的电视剧时，倾向于挑选那些已经在国内爆红的电视剧，即"中国爆款"。以 YouTube 为例，截至 2020 年 5 月的统计数据，播放量排名前十的国产剧集中 4 部为都市言情剧，6 部为古装偶像剧。排名前三均为华策出品，分别为《微微一笑很倾城》《三生三世十里桃花》和《杉杉来了》。这几部基本都是"一线流量明星+热门 IP"模式，在国内属于流量在 30 亿人次以上的头部剧集。这类电视剧已经在国内积攒了一波人气，华策从中获得了收益。出于求稳的心理，华策试图利用这些电视剧的名气开辟国外的电视剧市场。但是不可否认，这些所谓的爆款电视剧本身的质量不高，吸引力不足。

首先，题材单一。目前，华策出口海外的电视剧当中，古装剧、仙侠动作剧仍然是最受欢迎的题材类型，如《三生三世十里桃花》等，迎合了海外观众对中国独特的"仙侠"和"功夫"的喜好。2017 年华策出品的网剧《致我们单纯的小美好》正式登陆 Netflix，在全球超过 190 多个国家和地区播出，标志着国产青春偶像网剧首次出海。这些剧集在部分海外市场获得成功后，出于商业利益的考虑，大量复制、抄袭的同类型作品充斥着海外市场，这些作品中内容套路的重复容易引起海外观众的审美疲劳，极大降低了华策出口的影视作品的吸引力，从而降低华策影视作品在海外市场的占有率。

其次，国内影视行业的快速发展和市场的旺盛需求，带动了场景、道具等成本的上升，制作资金的分配严重不均，在中国影视行业已经成为一种普遍现象。高昂的演员明星出演费用严重压缩了编剧制作成本，如《三生三世十里桃花》两大主演被曝出每人上亿的片酬，在一些更倚重流量的 IP 大剧中，明星片酬在制作成本中的占比甚至升至 75%。这也导致了疯狂注水现象，因为拖长剧集能够降低单集的制作成本。种种原因导致了华策影视作品本身的质量有待提升，华策影视作品在国际市场上的竞争力不足。

（二）出口的国家和地区分布不均

回顾华策的出海路线，华策已经占据了东南亚国家市场，正在进一步拓展小语种国家市场。2014 年，电视剧《天涯明月刀》在土耳其播出，同年《天龙八部》登陆格鲁吉亚 Lberia TV 电视台。华策影视确实在不断深耕国际内容发行市场，但是不难发现，目前华策出口的电视剧产品只能在影视产业发展相对较弱的地区抢占一定市场，得到该地区观众的关注和喜爱，而在影视市场发展成熟的欧美地区反响平平，即使存在部分电视剧成功销售出口，数量也很少，且播出效果并不理想。原因如下：

首先，从大背景来看，文化折扣现象仍然存在并且不容忽视。中国电视剧出口市场已经初步形成以儒家文化圈为核心的市场格局，包括中国台湾、中国香港、日本、韩国、东南亚等国家和地区。这些国家和地区在地理位置上与中国相邻，有着极为相似的文化背景。而东西文化差异较大，西方国家有着和中国不同的价值观念、思维逻辑和行为方式，西方观众很难理解剧情和人物的情感表达，如人物的心理和做事动机，内容沉浸需要时间成本，因此西方观众并不买单。这无疑给华策影视出口带来了极大的障碍。

其次，语言问题是限制出口的重要因素。电影字幕翻译与文化传播有着密不可分的关系。语言是文化的载体，文化又是语言的土壤。因此，翻译不仅涉及语言问题，也涉及文化问题。华策影视作品在出口时面临着译制服务不够专业的问题。电视剧《三生三世十里桃花》的翻译就受到海外观众的吐槽，存在翻译速度落后、翻译言不达意、不统一等问题。亚马逊上线该小说时用的是陶丽萍的版本 *To the Sky Kingdom*（意为：天国之旅），陈星的译法为 *Life After Life*，*Blooms Over Blooms*（意为：生生世世，花开花落），电影版剧照上则译为 *Once Upon A Time*（意为：前尘往事）。值得注意的是，大部分华策出口剧集只提供外语字幕，不提供当地国家的语言配音。译制配套服务的不足使得华策影视作品在出口时面临着巨大的语言理解障碍，传播效果自然大打折扣。

（三）营销推广手段有限

近些年，华策影视企业的营销能力迅速发展，组建了业内顶尖的整合营销团队，成立了整合营销中心，与全球营销传播公司奥美集团达成战略合作。但还有很大的上升空间，远不及国际化平均水平，特别是在进入欧美的主流市场的过程中。华策影视作品虽然在国外视频平台上线，但是并没有大面积铺开，实现全球大范围内播出。目前，优酷自制的网剧《白夜追凶》通过 Netflix 在全球 190 多个国家和地区播出，是中国第一部正式在海外大范围播出的网络剧集。

值得注意的是，华策影视在营销方面的短板在电影领域尤其明显。2015 年的《刺客聂隐娘》是华策在电影宣发方面的试金石，华策从中获得不少启发。浙江华策影视集团副总裁傅斌星认为，虽然古装、动作、武侠这些题材更容易获得海外市场的优良口碑，但是向海外推出带有"中国基因"的题材类型影片难度仍然较大。由于电影行业的不确定性很大，风险可控性远不如电视剧。从 2018 年计划来看，华策影视主控投资、宣发的作品以中等成本制作的电影居多，华策在电影方面持有谨慎态度。

除了上述这些，从客观原因来看，我国的版权保护体制机制至今还不完善，盗版、侵权等行为屡有发生。随着互联网视频点播业务的发展，电视剧的版权保护越发显得重要。有一些网站通过盗版的方式播放电视剧，而且在国外也可以随时点击观看，这直接影响了华策影视产品的海外销售。

四、启示

我国作为世界上最大的电视剧制作和播出国家，在 20 世纪 90 年代就开始了电视剧出口，像《三国演义》《雍正王朝》等经典电视剧在海外都有较强的影响力。而华策影视公司要想在未来的海外市场中占有一席之地，进一步提高作品的质量和影响力，可从以下几点做出改善：

（一）因地制宜，影视产品再包装

随着海外市场观众对电视剧的需求不断变化，华策出口方需要以发行海外市场为方向，进行大量的调研工作，通过多种渠道了解播出地域的文化习惯、播出制度的差异性等信息，并根据这些信息调整创作思路。从选题策划到剧本创作、主创班底的搭建、拍摄直至后期制作、译制，每个环节都参照国际化要求，针对各国各地区对华语节目的观看需求的不同，因地制宜地制作并发行贴合当地观众期待的影视作品。例如，花儿影视出品的电视剧《甄嬛传》通过重新剪辑，从 76 集精简到 13 集，最终成品进入时代华纳等覆盖北美 1 亿用户的美国有线电视网络平台，让世界了解了中国故事。上海海润影视集团投资拍摄的电视剧《长恨歌》，发行目标直指海外市场，以"展现 20 世纪 40—70 年代上海风貌"为宣传重心。该电视剧不仅在美国和加拿大热播，连在全球电视市场颇具影响力的日本 NHK 电视台也与海润签下了购买价格高达每集一万美元的合同。

此外，华策应充分利用我国专业的影视译制人才资源，打破作品在国际传播中的语言壁垒，实现推广宣传的专业化。华策影视节目能在海外播出应考虑以下几点：母带要有分轨的国际声道、母带为无字幕版、有完整节目台词本和剧照，片头、片尾无字幕；配备英文（或当地语言）的台词本、英文配音版或字幕版母带；宣传方面，准备不同语种的节目内容介绍、宣传图册和配音板样带，让更多的国际观众能提前对影视作品内容有初步理解。例如，具有浓厚中国色彩的英文影片《末代皇帝》在美国上映时曾引发一股"中国热"，其中翻译起了不小的功劳，许多文化细节都通过合理恰当的翻译得到了很好的传播。

（二）加大与其他企业的合作，抱团出海

在国内，华策已经形成了和其他影视公司合作投资的模式，通过释放一定的投资份额来分散投资风险。很多知名电视剧，都采取多家公司联合投资的模式。《孤芳不自赏》由乐视视频、派乐影视传媒、花花草草工作室、华策克顿传媒 4 家公司出品，华策占比 50%；《射雕英雄传》由爱奇艺、东方卫视、完美建信、完美世界影视、华策影视 5 家公司出品，华策占比 50%；《三生三世十里桃花》由三昧火文化、嘉行传媒、华策克顿剧酷传播 3 家公司出品，华策投资占比 70%。同样地，华策在出口影视作品到国外时，也可以延续这一合作模式。华策已经建立或加入了不少影视联盟，影视企业之间抱团合作，避免单枪匹马，将大大提升文化产品出口的规模、品牌、专业性和议价能力，避免国际买家"各个击破"从而大幅度

压价，不利于中国影视作品走出去。

此外，中小企业的力量不能忽视。对中国的中小企业来说，来自华策这类大公司的资本和运作帮助能够大大降低其海外拓展的成本，提高其经济实力，提升其在对外交流中的弱势地位，发挥自身电视剧制作优势。任何影视内容，最终都需要经过消费者的检验。对于华策来说，投资中小影视公司或者和其合作项目能够挖掘优质作品，提升产品质量。因为近年来中小影视公司的高质量作品层出不穷，如刚刚成立两年的恒星引力传媒出品的电视剧《怪你过分美丽》和成立不足四年的万年影业出品的网剧《隐秘的角落》都大受好评。

目前，华策与国外影视相关企业合作的影视作品数量在不断增加，但深层次跨国制作、在世界范围内发行的作品乏善可陈。华策影视公司应该集中于扩大范围、加大力度实现全方位、多层次合作。原国家新闻出版广电总局电视剧司副司长杨铮早在 2017 年就提出："以合作合拍方式借船出海，是符合实际的一种有效方式，我们应当鼓励、扶持、引导。"事实证明，以合作合拍方式借船出海，不失为一种有效途径，如在 2001 年四川国际电视节首次亮相的《平地》就在整个制作环节上广泛实行了跨国合作。该片由美国鲁迪摩根电影集团和中国国际文化交流音像出版社联合摄制，广泛的合作为该片的质量提供了深厚保证，在市场发行上也得利于跨国制作带来的优势，轻松地进入美国主要商业电视网。中外合拍能够融合中国影视公司和外国影视公司双方的优势资源，在影视作品制作过程中投入更多的全球化制作意识，有利于华策主动探索海外观众对产品的喜好需求，制作出能够抢占国际市场的优质影视成品，同时借鉴国外影视公司已有的丰富经验，有益于影视作品在国外市场发行。

（三）多元化营销模式，充分利用互联网资源

为了提升影视作品的海外传播力，除了要在质量、水平上下功夫外，华策还需要在营销上发力。华策应将重心放在拓宽营销渠道上，聚合传播优质渠道，精准营销扩大效果。除了与世界各国的主流电视台、知名网站等平台合作推广华策剧集之外，华策还自主运营了 OTT 国际平台。但是，

日益兴起的短视频平台也是不容忽视的资源。正如快手科技副总裁余敬中所说："节目创作并非只能从大屏出发，以小屏为起点，深度打造垂直领域内容，也能实现小屏对大屏的带动与反哺。"截至 2018 年年底，印尼视频类 App 榜单前 12 名中，来自中国的 App 就占据了半壁江山。随着抖音和快手国际版在海外的流行，华策可以借助这两大视频平台，让华策的影视作品更好地接触到并吸引海外观众，提高影视作品的知名度。如最近由一名中国男子带火的歌词"雪花飘飘、北风萧萧"，歌词源于歌手费玉清的歌曲《一剪梅》，歌曲在外网爆红后引起了许多外国网友的关注，许多网友开始收听中国歌曲，这正是短视频潜移默化地传播中国文化的很好体现。

　　目前，网络观影已经成为行业趋势，很多电视剧播放渠道发生转变，观众不是从电视上获得，而是通过视频平台点播。对于一种新的传播媒介，必须提供符合其传播平台特质的产品。如今大数据分析技术已经渗透到影视产品整个创作环节，华策也应利用好自己手中强大的大数据分析工具，深入洞察互联网时代的新娱乐需求，从而有针对性地研发。如利用自有数据、搜索引擎、社交网站和视频网站等第三方提供的海量数据，可以详细并且精准化地分析出海外用户的消费习惯和消费能力，把握影视产品的海外市场需求，生产出符合受众群体需求的影视作品。对于优秀作品，华策在充分进行市场调研后，可以和海外视频平台合作，在目标国家或地区上线时采用付费观看模式。如 2019 年电视剧《长安十二时辰》在 Viki、Amazon 和 YouTube 上以付费形式在北美地区上线，这是出海国产剧首次进入包月付费状态。

（四）加强产业间联动和衍生产品开发

　　打通泛娱乐产业链，将业务扩展到电视剧、电影、动漫、影院投资、新媒体、演艺经纪等领域对于华策影视公司来说不失为一个好选择。在媒介市场，媒介产业链包括生产、发行、营销、院线及活动等各个领域。一种媒介产品的成功离不开这些环节共同合作、发挥联动效应。例如一部热门小说改编成电视剧，电视剧里面的情节、形象、故事可以衍生出商品，比如文具、服装等，都是巨大的商业机会。

华策在 2015 年启动了"SIP+X"战略，打造和延伸电视剧的产业链，切入旅游、电商、教育、体育等产业，实现多元化变现，但是还需加大开发力度，进一步拓展经营领域。因为只有打造真正的影视产业链，走出去才可能实现。比如借鉴美国和日本的经验，由电视剧衍生出游戏，如美剧《行尸走肉》由 Telltale Games 开发和发行成冒险类互动电影系列游戏，并随着电视剧剧情的发展而不断更新。音乐产业的潜力巨大，从歌曲制作、发行、艺人经纪到演唱会组织运作都有强大的营利空间。影视公司可通过与音乐平台的版权合作，录制制作电视剧原声带，如韩剧《孤独又灿烈的神——鬼怪》的插曲 *stay with me* 在中国音乐播放平台上的销量达到百万，动听的节奏吸引了各国听众。再比如与旅游业结合。被称为"21 世纪最伟大英剧"的《唐顿庄园》的拍摄地海克利尔城堡的房间以 159 美元的过夜价格对外开放，入住的宾客有机会与庄园主人卡纳文公爵和公爵夫人共进晚餐，一同游览城堡场地，体验迷人的英国庄园及贵族文化。

以《三生三世十里桃花》为例，华策可以从以下几方面做出尝试：主题曲《凉凉》运用了包括古筝、竖琴在内的多种中国传统乐器，带有浓厚的中国文化特色，华策可以全面在海外音乐平台上架并大力宣传该歌曲，通过该歌曲带动电视剧；该剧的拍摄地云南省文山市丘北县山水相衬、风景如画，华策可以宣传该地方的美轮美奂，将三月桃花作为电视剧的看点之一，同时与电视剧呼应。

总而言之，以华策影视公司为代表的中国影视公司出口还面临着一些亟待解决的问题。中国影视作品走向海外是提高中国的文化软实力、让中国文化在世界舞台上占有一席之地的重要一环，是一项需要影视行业所有相关方长期奋斗的事业。同时，真正实现"华流出海"还需要各个方面的支持，包括财政体系、税收体系及版权保护体系等多方的推动。

国际经贸学院　宋思琴

积极拓展国际市场
搭建国际话剧交流平台

一、中国话剧的发展背景

中国话剧在 20 世纪初产生,"五四"运动前后已臻成熟,由在美国学习西方戏剧的洪深所命名。中国话剧以广泛吸收西方现代戏剧的众多流派为起点,并据此加入大量的中国故事背景,逐步形成了富有中国特色的话剧风格。此后,出现了不少优秀作品,并不断有作品走向海外。公开资料显示,20 世纪 80 年代,北京人艺的话剧《茶馆》曾在德国、法国、瑞士三国演出,并获得较好的反馈。2009 年,随着话剧《这是最后的斗争》以朗读剧本的方式在纽约百老汇亮相,越来越多的中国话剧远赴国外演出。

国家话剧院是到海外演出比较多的剧院,先后到过 30 多个国家和地区,演出场次达百场。如根据中国民间传说改编的话剧《青蛇》,曾在南非和欧洲演出;根据著名作家张爱玲同名小说改编的话剧《红玫瑰与白玫瑰》到过法国演出。上海话剧艺术中心在海外的演出也不少,如怪诞色彩的黑色话剧《秀才与刽子手》曾经在俄罗斯演出,原创肢体话剧《人模狗样》曾到罗马尼亚和奥地利演出。中国儿童艺术剧院还在德国举办了首届儿童戏剧周活动,演出了《三个和尚》《小吉普变变变》和《三只小猪变变变》等儿童剧目,其中融入了武术、戏曲、现代舞等多种元素,极具中国韵味。此外,其他话剧演出团体也在积极寻求海外演出机会,2013 年南

京大学出品的学生话剧《蒋公的面子》在国内火爆演出之后，应邀来到美国巡演，先后在旧金山、纽约、洛杉矶、休斯敦等地演出

回顾中国话剧走出去之初，不少作品均以政府交流为主，借力而出，真正能实现商演的极为有限。如今，中国话剧正在逐渐打破壁垒，在商演道路上走出一条适合自身的发展路径。

二、上海话剧艺术中心有限公司

上海话剧艺术中心（以下简称上话）于1995年1月23日由上海人民艺术剧院和上海青年话剧团合并组建而成，是上海当地唯一一家国家级专业话剧团体。上话在发展过程当中，始终坚持以人民为中心的创作导向，形成了以经典性与时代性为特色的演出风格。同时，上话遵循的宗旨是吸纳世界各国优秀艺术家来创作更多精彩节目，以吸引更多观众，从而把上话发展成为一家现代化世界一流剧院。在该宗旨的指引下，上话多次获得国家舞台艺术精品工程奖、中宣部"五个一"工程奖、文化部文华奖等全国性艺术奖项。除此之外，上话还十分注重扩大与世界各国的文化交流，其《白蛇传》和《惊梦》被列为2019—2020年度国家文化出口重点项目，并在英国、美国、澳大利亚、俄罗斯等50余个国家进行过海外交流，参加过国际知名戏剧艺术节，如英国国际莎士比亚戏剧节、韩国首尔表演艺术节、罗马尼亚锡比乌国际戏剧节等，获得过海内外戏剧艺术同行业界的高度评价。下面将通过上话出品的三部主要海外巡演作品，来梳理上话走出去的发展状况。

（一）《白蛇传》

1. 韩国演出

《白蛇传》在2010年受到当时韩国议政府音乐戏剧国际部金云娜的邀请，赴韩参加议政府国际音乐戏剧节。其实，上话与韩国在话剧方面的交流早在10年前就有开展，《留守女士》与《秀才与刽子手》就曾参加过韩国国际戏剧节的演出，本次演出更是加强了中韩两国之间的文化联系。在本次的演出当中，从配乐到背景布置，再到服装设计，处处凸显着中国特

色；同时，还针对海外巡演的要求，对演出团队进行了合理的剧组配置以及舞美设计，从而大大降低了赴韩演出成本，降低了海外演出门槛。最终在导演与演员的全力配合演出下，获得了观众的一致好评，结束后还与留下的观众进行了友好的交流。

2. 土耳其演出

2011 年 5 月由上话出品的舞台剧《白蛇传》远赴土耳其，参加了第 12 届土耳其黑海国际戏剧节。本次演出借用多媒体手段进行戏剧场景塑造，并且为了增强观众的现场体验感，剧团精心制作了土耳其语版台词。演出当中，扣人心弦的戏剧冲突紧紧地牵动着观众们的情绪，让观众沉浸在情节当中。演出获得了巨大成功，并且收到了土耳其特拉布宗省戏剧局时任局长法蒂赫颁发的奖项。另外，值得一提的是，在这次海外巡演的开始，上话因经费困难几乎准备放弃这次机会，黑海国际戏剧节组委会了解情况后，积极联系中国驻土耳其大使馆说明难处，经过一系列的协调，获得了中国方面的大力支持，使其能够顺利参加并完成演出。

3. 美国、越南演出

2016 年，《白蛇传》分别于 2 月和 11 月参加了由美国 KMP 艺术机构举办的百慕大演出艺术节和由越南舞台艺术家协会举办的艺术节，并获得了多个奖项。其中，在 2 月的演出中更是尝试着进行了三个方面的融合。第一，在中西方文化的融合方面，本次演出的导演是意大利籍的丹麦导演杰寇默·拉维尔，该导演根据自己对《白蛇传》的理解，表达了"跨越一切形态爱情"的主题思想；第二，这次演出将话剧与戏曲进行了融合，从服装、动作再到唱腔、念白等均有涉及，让观众可以一边欣赏话剧，一边领略中国戏曲的独特韵味；第三，古典风格和现代制作的融合，本次演出结合了多媒体现代技术手段，运用七块可以移动的投影幕协助完成了舞美的布置，全剧的背景音乐夹杂了古典风格的配乐和现场歌者的演唱，给观众带来了不一样的视听盛宴。

4. 澳洲、波兰巡演

2017 年 3 月，上话剧组携其多媒体音乐话剧《白蛇传》远赴澳大利亚，并在澳大利亚的悉尼、布里斯班等几个主要城市进行巡演，与当地观众进行了热情的互动，受到了当地媒体和观众们的广泛欢迎。2018 年 10 月，《白蛇传》剧组又登陆波兰格但斯克剧院，通过讲述中国家喻户晓的经典爱情神话故事助力波兰"中国周"文化活动，为波兰观众展示了中国传统文化的魅力，加深了中波两国人民的感情。

（二）《乌合之众》

1. 德国演出

2016 年 1 月，由上话和香港艺术节共同制作的舞台剧《乌合之众》上演于德国汉堡塔利亚剧院莱辛戏剧节，并作为中国驻德国大使馆"欢乐春节"系列活动之一。由于该剧以"文革"时代为背景，对于尚不了解中国历史的德国人民来说，背景的介绍对于理解该话剧显得极为重要。本次上话特地在演出开始前精心准备了背景介绍，详细叙述了故事的发生环境，使得观众更容易进入故事情节。同时，这次没有对台词进行翻译，而是直接采用了中文原版出演，让观众得以近距离地感受汉语的魅力，希望能够通过话剧来传播汉语语言文化。最后，该话剧还以中国的故事为基础，加入个人与群体这个在国际上都共通的话题。由于对于个人与集体的思考并不会因为文化差异而有很大不同，因此更易引起世界其他国家观众的共鸣。

2. 秘鲁巡演

继 2016 年 1 月在德国莱辛戏剧节上演之后，《乌合之众》在同年 5 月又来到了秘鲁，并且在秘鲁连演 32 场，继续将中国文化、中国戏剧呈现在异国他乡的舞台之上。本次《乌合之众》在节目的制作、演出当中加入了当地的导演和演员，这样的做法一方面对老剧本进行了一种全新的诠释，另一方面也使得国产话剧具有了一些当地特色。并且，这次演出为了能让当地观众更好地理解作品，在上映之前进行了大量的媒体宣传和发售翻译剧作集，使得感兴趣的观众能够更好地了解故事的梗概。本次演出因为采用了当地话剧演员而具有了新的特色，消除了当地观众在观演过程当中的生疏感。

3. 罗马尼亚演出

2018 年 6 月，由上话制作的话剧《乌合之众》受邀参加了在罗马尼亚举办的第 25 届锡比乌国际戏剧节。锡比乌国际戏剧节与法国阿维尼翁戏剧节和英国爱丁堡戏剧节相当，是欧洲三大戏剧节之一。早在 10 年之前，由上话演绎的话剧《人模狗样》就曾参加过锡比乌国际戏剧节，10 年之后，上话剧团再次亮相戏剧节。本次演出，受到中国驻外领导的高度重视，中国驻罗马尼亚使馆时任文化参赞赵立、罗马尼亚布加勒斯特中国文化中心时任主任金洪跃等五位领导出席观演，表演赢得了当地观众的欢迎。

（三）《惊梦》

1. 爱丁堡演出

爱丁堡艺术节是世界上规模最大的艺术节，2017 年 8 月，在文化部外联局和上海市广播影视管理局支持下的"聚焦中国"系列活动再次登上"爱丁堡艺穗节"。其中，由上话带来的《惊梦》是此次"聚焦中国"系列活动中第一个出场的节目。这次《惊梦》的剧本融合了汤显祖的《牡丹亭》和莎士比亚的《仲夏夜之梦》两部伟大戏剧作品，是在原有作品基础上的一次全新的尝试。为了更好地为演出造势，中方还设计了"聚焦中国"系列海报和宣传册，而且在网络上进行宣传，观众可以通过微信、推特、脸书等手机软件平台参与到演出当中，进一步扩大了"聚集中国"在国外的影响力。

2. 奥克兰演出

在爱丁堡顺利演出后，2019 年 3 月《惊梦》剧组又来到了奥克兰。奥克兰艺术节是大洋洲历史悠久的艺术活动，是新西兰向世界展示其独特多样文化的窗口。《惊梦》这次能够在奥克兰参加演出，还得益于本剧在爱丁堡戏剧节上的大放异彩，正是基于此，才使得这部"中西合璧"的作品完成了在南半球的首演。当晚在演出开始前，剧组全员还为枪击事件中的遇害者表示了沉重哀悼。剧团在带来中国故事的同时，还向世界传递了对于和平和希望的追求，提醒人们留意生命中的美好。

（四）其他国际艺术交流活动

除了以上海外演出活动之外，上话还参加和举办了其他一些国际活动。2016 年 5 月，上话的音乐话剧《你是我的孤独》远赴荷兰鹿特丹举办的 "国际音乐剧场大奖" 活动现场进行演出，并获得 "特别提名奖"；2016 年 8 月，由上话举办的第十三届上海市大学生话剧节一等奖获奖作品——来自上海财经大学话剧团的《一个青年人的死亡》受韩国演出制作人协会之邀，赴韩国首尔大学路的 Dong Soong 艺术中心演出，节目引起韩国年轻观众的热烈反响。

三、路径分析

(一) 明确建设 "上海文化" 品牌的目标

1. 率先明确品牌建设目标

上海是中国话剧的发源地，作为上海唯一一家国家级话剧表演艺术剧院的上话更肩负着弘扬我国话剧的责任。在上海市委、市政府全力打响 "上海文化" 品牌决策部署的指引下，上话特地在其《五年发展规划 (2016—2020 年)》中提出，要着力于建设 "以安福路 288 号为生产孵化器，以剧场管理公司、项目演出公司、演艺经纪公司为辐射的综合型文化集团公司"，将上话建设成为上海国际文化大都市的名片。

2. 立足品牌创造上话精品

在建设 "上海文化" 品牌目标的指引下，上话始终坚持以人民为中心的创作导向，形成了经典性与时代性相融合的作品特点。长期以来，上话以创作优秀文艺作品为改革发展核心，充分利用好 "三个文化" 资源，即红色文化、海派文化、江南文化。在全体工作人员的不断努力下，上话创作出了一大批优秀文艺作品，有《商鞅》《大清相国》《长恨歌》《白蛇传》《惊梦》《山海经》等，形成了上话独有的作品特色。

3. 打造上海文化地标品牌

上话致力于打造 "看话剧，到安福路；做话剧，来上海话剧艺术中心" 的上海文化地标品牌。位于安福路 288 号的上话现已成为上海的文化地标，使得安福路成了上海话剧的代名词，展示着上海话剧文化的风采，弘扬着上海城市的精神，体现着海派城市文化地标的品质，让话剧艺术成了这座城市人们生活的一部分，让上海乃至全国人民一想到话剧就想到安福路的上话，成功塑造出上海文化地标品牌。

（二）严格把控演出节目质量

1. 严格要求作品质量

要将中国故事以话剧的方式讲述给世界听，首先故事要植根于中华大地，上话就很好地做到了这一点。上话的艺术创作始终扎根于人民的伟大实践和丰富多彩的点滴生活，传播当代中国价值观念、体现中华文化精神，坚定文化自信，立足上海，讲好"中国故事"。同时，上话还通过话剧这种形式，将中国如乐器、国画、服装等其他古典文化输出到国外，通过舞台方式集中展现到观众面前，让观众立体化地感受中华文化的魅力。另外，目前话剧的受众范围较之前已经有所扩大，随着上话作品的走出去，作品的影响范围也变得更加广泛。如何面对不同口味的观众，上话所坚持的就是创新驱动，只有在话剧的故事、形式上不断推陈出新，才能迎合不同观众的口味。

2. 适度考量国外受众

在中国话剧走出去的阻碍中，语言应当放在首位。在上话能够不断走出去的成功经验中，对作品精准的翻译是其中重要的一条。要将中国话剧传播到世界，第一道就是要跨过语言关。为了能让当地观众更好地理解故事，翻译还应贴合当地语言习惯。上话在实践当中，积极与当地孔子学院进行翻译上的合作，尽可能地为观众降低观赏门槛。另外，中国传统故事的背景往往是异国观众所不熟悉的，要让外国观众能够理解剧情，前期对于故事背景的介绍也是极为重要的。在这一方面，上话常常先将翻译版的剧作集推广到当地，让外国同行、观众熟悉剧情，再到国外进行演出。又如，在开场前首先对故事发生的背景进行有意思的叙述，让观众更容易进入故事。为了减少中外文化背景思维的差距，上话还常在中华文化的背景之中加入国际性的话题，以引起世界各地观众的共鸣。

3. 注重培养话剧团队人才

要建设"上海文化"品牌，除了高质量的演出节目外，还离不开优秀话剧导演、演员等人才的支撑。上话一直以来都非常注重剧团队伍建设和优秀人才的培养，在遵循艺术规律的基础上，不断研究有利于促进话剧人才快速成长的途径。上话还设立了"佐临话剧艺术奖"来激励话剧人不断前行，希望话剧人能像话剧大师黄佐临先生一样，不断吸纳古今、博采众长的戏剧理念和拥有强烈创新意识的戏剧精神，做终生奉献于话剧事业的真诚艺术家。经过上话这些年来对后辈人才的培养，目前剧院拥有一批领军人物，其中包括中宣部"四个一批"人才、"梅花奖"获奖演员、"文华奖"获奖演员、"中国人口文化奖"获奖演员、"中国话剧金狮奖"获奖演员等。早在1995年上话成立之初，就提出要照顾好"昨天的台柱"，珍惜好"今天的台柱"，培养好"明天的台柱"的口号。今天的上话更是遵循成立之初所提出的目标，将上话打造成为一流话剧艺术家及艺术管理人才的输出之地。

（三）积极推广中国话剧步入海外

1. 降低海外演出成本

话剧演出的海外推广相较于电影等形式的海外推广来说成本更高，面临着演出人员、演出设备、演出服装及道具的转移，同时要求演出人员在舟车劳顿之后能够完美演出，这对于演员的压力极大。尚且不谈人员压力，光是演出费用就让一些国内演出团体望而却步。在这一方面，为了能够顺利进行海外演出，上话尽量精简剧组团队结构，合理化剧组构成以及舞美设计，大大降低演出成本。同时，对于经费的解决，上话还通过与主办方、当地大使馆等沟通联系，获得了各方的有力支持。再者，上话还依托上海活跃的文化贸易氛围，利用国家或上海市搭建的海外演出交流平台，积极参与由上海或国家组织的国际艺术节，拓展海外知名度。

2. 搭建国际戏剧交流平台

上话作为上海市唯一一家国家级话剧表演艺术剧院，在推广话剧不断走出国门方面做出了很多努力。如上话举办的上海市大学生话剧节、上海市中学生话剧节等，吸引了不少来自高校与中小学校的演出团队，极大地促进了上海及全国群众参加话剧演出的热情，并对演出获奖话剧团体支持其赴海外演出，为国内话剧走出国门搭建平台，促进了青少年和广大青年的海外演出交流，为其团队带来不一样的演出体验。同时，上话还吸引国际顶级话剧导演、演员到上海来进行演出，并进一步在创作当中进行合作，使得国内观众在家就能感受到远在他国的视觉体验。

3. 积极与观众进行互动

要让异国观众更为容易地接受中国故事，前期的广泛宣传与演出后与观众的积极互动都是必不可少的。上话一方面利用国外当地话剧艺术节及地面广告进行宣传，让中国话剧贴近国外观众的日常生活，同时利用网络工具，比如推特、脸书等海外社交软件进行推广，以打消国外观众的生疏感；另一方面，每次海外演出之后，上话从演员到导演，再到编剧等幕后工作人员都会积极地与观众进行互动，解答观众的观演疑惑，加深了观众对于故事的理解和体会。另外，还允许观众进入后台，了解演员台前幕后的故事，加深了剧团与当地观众的感情。

四、面临的挑战

（一）外国观众的观赏障碍

我国的话剧创作多来源于早期的民间故事，描绘的是中国人民对生活的向往和对理想社会的憧憬，通过演员的语言、神情、肢体动作，加上对声音、舞蹈、服装、场景这些美学要素的应用，形成了相对稳定的表演形式。这种故事背景与表现方式对于中国观众来说无须过多思考就可体会剧中含义，但对于不熟悉中国文化和中国生活的国外观众来说就会存在观赏障碍，进而带来情感上的空白。同时，国外观众在固有的观影思维下来欣赏中国故事，话剧叙事模式上的不同也难使得他们产生共鸣。另外，语言障碍也是一大难题，话剧文本通常较生活语言更为抽象晦涩，在精确传达故事内涵当中较一般翻译更为困难。所以，在话剧对外传播过程当中对整个剧目的精准翻译至关重要。

（二）市场环境的变化

如今新一代信息技术的快速发展使得媒体传播方式不断更新换代，信息传播速度越来越快，信息内容也变得更加多样化。人们得益于这种信息技术的快速发展，越来越多地依赖于手机、平板等终端的使用。伴随着4G、5G的到来，消费成本不断降低、时间成本自由可控、传统的公共空间被切割成个人空间也成了当下娱乐消费的发展趋势。而对于话剧观赏来说，其对观众的时间要求、对剧院的场地空间要求都相对较高。同时，还要求观众具备一定的艺术兴趣偏好，愿意为一部话剧的呈现付出时间成本和金钱成本。这些要素与便捷的互联网产物都是不可比拟的，面对市场环境的快速变化，话剧团还应做出适当的应对策略。

（三）更大的成本费用

话剧的对外输出不同于影视、图书、游戏等形式，一场海外演出将动用更多的人力、物力和财力。从人力角度来说，一场话剧在国外的演出将涉及整个团队的行动。一场话剧光演员就从几十人到近百人不等，还要加上幕后各部门的工作人员。而且，演出过程往往行程紧凑，演员们一方面在路上得不到较为充足的休息，另一方面还要在舞台上给观众带来精彩的表演，这无疑给话剧人带来了极大的挑战。从物力来说，相关设备的携带、当地场地的安排，还有舞美的重新设计和搭建，也需要演员和工作人员到当地实地考察之后才能做出相应部署。还有就是财力，前面的人力和物力都是需要财力的支持。所以，从成本费用来说，话剧的对外输出要比其他形式文化的走出去有更高的要求。

五、上话出海成功的经验分析

（一）注重后辈人才队伍的培养

创新是持续健康发展的源泉，而人才是支持创新的不竭动力，不论是企业层面，还是国家层面，都应注重文化传播人才的培养，为创新提供源源不断的动力。一方面，从企业层面来说，应注重对于年轻导演、演员、编剧等人员的培养工作。后备优秀人才的不断涌现，才能够保证一个文化企业创作产品的质量，保证作品长久的生命力。市场总是浮躁且迅速变化的，而对于优秀、经典作品的创作却需要一个相对较长时间的沉淀，这往往与市场的要求是不相匹配的，但是只有这样诞生的作品才能够被观众所认可。因此，企业在关注人才培育的同时，还应当有意识地引导队伍潜心创作，帮助演出队伍不断提升业务素质，不断打磨作品，精益求精，这样才能为国内外的观众奉献精彩绝伦的演出。另一方面，站在国家的层面，应注重对于文艺工作者的支持，既要通过政策激励来吸引更多优秀的人才积极参与到文化事业中，并乐于为之奉献，又要为艺术创作提供更具活力的环境，让艺术领域迸发出新的光芒。

（二）打通文化走出去的通路

国内文化企业要想顺利将其文化作品推广出去，就要积极打通文化走出去的通路。对于企业来说，应积极联系各国可以沟通文化交流的牵线人，并用其高质量的作品打动牵线人，使得牵线人能够将国内作品引入当地市场，实现国内作品的走出去。同时，为尽可能地降低海外演出成本，企业应尽可能地优化演出团队和服装设备等。对于国家来说，为了能使中国文化传播到国外，第一，应多构建国际文化交流平台，建设中国话剧走出去的桥梁，如国际话剧节等，方便国内文化企业接触到国际市场。这样既可以帮助国内企业以"组团"的形式远赴海外巡演，有利于扩大宣传力度，降低单个企业海外巡演的演出成本，也可以为国内企业与国外剧团合作提供机会，为企业未来发展奠定基础。第二，模仿和学习国外对于文化事业的支持方式，建立国家财政支持、社会基金协助、企业财团赞助的三级扶持方式，降低企业海外巡演压力。

（三）坚持文化自信

文化自信是一个民族、一个国家对自身文化价值的充分肯定和积极践行，并对其文化的生命力持有的坚定信心。文化自信是一个国家的软实力，坚持文化自信就能提高国家的软实力。如今，文化实力的竞争早已渗透到国与国之间竞争的方方面面，已经越来越成为一个国家经济社会发展的重要支撑。中华文化拥有悠久的历史，在悠久的历史长河中，蕴含着丰富的创作资源。那么，在作品的创作过程中，应将创作的源头植根于中华传统文化当中，讲好中国故事，在世界范围内推广中华文化，让世界通过文化作品了解当代中国，让各国人民感受到中华传统文化的魅力。在此基础上，还应追求节目的质量和经典性，对演出节目提出更高的标准和更严格的要求，首先要打动自己，才能够吸引他人，进而吸引更多的海外观众爱上中华文化。另外，坚定中华文化自信，还有利于激发世界各地华人的记忆，唤醒世界各地华人的共同情感。

（四）中西方多维度融合

在中华文化走出去的过程当中，在坚持文化自信的同时，还应展示中华文化的包容性，善于与西方文化进行多维度的融合。

第一，实现中西方故事背景的融合。在戏剧的创作过程当中，可以尝试将具有不同文化背景的故事相结合，在中华传统故事的基础上加入西方家喻户晓的故事背景，创作出受众更为广泛的话剧，这样更有利于中西文化的深度交流。

第二，实现中西方导演、演员等人员的合作。无论是中国话剧走向国外，还是将国际话剧引入中国，在舞台表演上都可以进行人员上的合作。一方面，对于原有话剧可以有一种全新的诠释方式，包括故事的理解、情节的展现等；另一方面，"旧剧新演"有利于加强不同国家之间对于戏剧业务上的交流，并且可以互相借鉴学习。

第三，实现古典风格与现代制作的融合。传统故事常常发生于古时候，对于舞台的展现也常常以古典风格为主。然而，在技术更新迅速的当下，将古典风格嵌入现代展现技术当中也是一个方向，多采用舞台多媒体等技术，丰富话剧的表现方式，提升舞美效果。另外，在走出去时，还应站在当地观众角度思考创作问题，适当加入国外发生的事件，可以更好地贴近当地观众接受习惯，有利于中华文化与当地文化的融合发展。

国际经贸学院　王宇琛

打造艺术精品　拓展国际演艺市场

一、天创公司基本概况

天创国际演艺制作交流有限公司（简称天创公司）由香港中旅国际投资有限公司和广东省中山市典藏义化传播有限公司合资（其中前者占股78%，后者占股22%）于1999年6月在北京市登记成立，发展至今历时20余年，取得了优异的成绩。公司经营范围主要包括演出经纪业务；经济信息咨询以及计算机技术的培训和音乐培训；舞蹈培训；绘画培训；创意服务（国家限制性项目除外）；翻译服务；礼仪服务；公共关系服务；组织文化艺术交流服务；会议服务；市场营销策划；承办展览展示服务；技术推广服务；电脑图文设计和制作服务；设计、制作、代理、发布广告；批发工艺品、演艺器材、文化用品、电子产品；销售化妆品、日用品、卫生用品等多种业务。同时，天创国际演艺制作交流有限公司是国家A级演出实体机构，专门从事大型演艺项目和国际演艺项目策划制作的经纪公司。2005年，在"国家文化产品出口示范基地"评选中，天创国际演艺制作交流有限公司被列在其中，并且2007—2012年连续三届六年被文化部、商务部、新闻出版总署、国家广电总局等部委评选为"国家文化出口重点企业"；2012年9月，天创公司被中宣部、文化部、国家广电总局和新闻出版总署评为"全国文化体制改革先进单位"。

天创公司按照《中华人民共和国公司法》及原国资委规定，实行在董事会的领导下，由总经理负责的管理制度。公司在科学和规范地管理的同时，建立了精细化的管理制度。公司在不断探索的过程中，坚持运用不同的投资方式组建了经营体制各异的旅游演艺项目公司，目前已经基本形成了集团化的经营规模，并且在不断发展的过程中已经逐步显现出集团规模效应。天创国际演艺制作交流有限公司的经营范围虽然较广，但是就公司层面来说主要集中在演出经纪业务上，是一个集管理、策划、制作、演出、出口为一体的演艺经纪公司。天创公司沿袭了美国百脑汇的发展模式，和合作者共同成立公司，并且一个剧目成立一个公司，即"一个剧目、一个剧团、一个经营公司"的产业化模式，是中国唯一实现了同一品牌剧目长期在国内驻演，同时在国外巡演的演艺公司。在每个公司都有独立的团队、独立的法人。天创公司有不同的团队，例如管理团队、策划团队、制作团队、演出团队等，这些团队都是根据公司不同板块业务的差异性来划分的，每个团队之间既具有很大的差异性，也具有共同点，就是公司对每一个团队都采用军事化的管理模式，严格要求。天创公司具有 9 家分公司，6 家在国内，3 家在国外。在拥有 6 个子公司之后，母公司对于经营和管理方面就慢慢开始放权，让各个子公司自己进行管理，母公司则只负责投资和制作方面的业务。纵观海外的业务，有两家子公司在美国，其中一家主要负责和国内的演艺公司进行接洽，另一家公司则主要负责对白宫剧院的管理工作。在海外的第三家公司则是天创国际演艺制作交流公司和维也纳控股集团、维也纳施塔德哈勒公司合作于 2010 年成立的维也纳北京天创公司，该公司的成立主要致力于开拓庞大的欧洲市场。

二、天创公司海外经营状况

（一）海外巡演

天创公司从 1999 年成立以来，先后制作了北京的《功夫传奇》（2004年）和《新白蛇传》（2008 年）、桂林的《梦幻漓江》（2002 年）、珠海的《海边的梦》（2006 年）、拉萨的《喜马拉雅》（2007 年）、美国关岛的《梦想者》（2008 年）、青岛的《梦归琴岛》（2012 年）以及美国白宫剧院的《马可·波罗传奇》等演艺剧目，这些演艺剧目已经发展成为天天上演的常态旅游演艺剧目。所谓常态演出剧目主要是这些剧目在演艺界有了一定的地位之后，在国内外都有固定的演出场地，基本上实现了长期的固定时间的演出。在这八部剧目中，《功夫传奇》在北京红剧场驻演，取得了巨大的成功。同时，天创公司凭借自己投资创作的大型舞台动作剧《功夫传奇》成了中国第一个将"一个剧目国内驻演、国际巡演和驻演"这种经营模式变为现实的公司。《功夫传奇》这一剧目在国内外同时巡演，并且在国内外都有驻演场地，分别在北京红剧场和美国布兰森白宫剧院。自 2004 年在北京红剧场驻场常态演出至今，已累计演出 4600 余场，接待观众 257 余万人次，其中 97% 以上是海外来京游客，北京的外国游客中有 10% 都会到红剧场看戏。正是有了北京红剧场的成功，《功夫传奇》才会成为海外演出商选购中国文化产品的永不落幕展会，才能成为天创公司的一个出口品牌。《功夫传奇》剧目目前拥有四国语言的 7 个演出版本，先后赴美、加、英、日、俄、西班牙及印度等 7 个国家的 18 个城市主流剧场进行驻场、巡回演出超过 1378 场，接待观众近 40 万人次，所到之处无不获得热烈喝彩和商业上的成功。其中巡演场数超过 600 场，在美国白宫剧院驻场演出将近 800 场。并且，《功夫传奇》先后在美国布兰森获得"最佳新剧目奖"和"年度最佳剧目奖"。而在 2015 年，《马可·波罗传奇》在美国布兰森白宫剧院演出 584 场，打破了中国舞台剧走出去演出场次的最高纪录，获得美国当地媒体"至臻完美之作"的高度评价。在 2015 年上半年取得佳绩之后，《马可·波罗传奇》开始远赴意大利、匈牙利等国家进行巡演，进而开拓欧洲演艺市场。

（二）直接投资国际演艺市场

1. 开拓美国市场

天创公司在实际的经营过程中发现，传统的中国演艺剧目的制作演出、出口以及广告销售本该在一条产业链上，在现实中却是割裂开的，这条产业链被切分成几个部分，制作演出和出口是中国人在做，广告销售却掌握在外国人的手中，而且由中国人演出的剧目到国外演出在剧场问题上会受到很大的制约。幸而在 2007 年，天创公司就萌生了在美国寻找合适的驻演剧场的想法。经过几年的寻找和谈判，终于在 2009 年年底，天创公司在美国密苏里州布兰森独资收购了白宫剧院，这一行为为中国剧目在美国的销售提供了平台，创造了更大的市场空间。这一举动开辟了中国文化演艺企业在国外拥有自己演出剧场的新天地，是中国文化演艺企业走出去、积极参与国际演艺市场竞争的新的里程碑。

布兰森市作为美国三大文化演艺中心之一，拥有将近 60 座剧场，并且拥有全国最多的座位数，在座位数上高于美国百老汇和拉斯维加斯。布兰森市的观众以传统的美国人为主，他们拥有良好的欣赏习惯。另外，布兰森只是美国中部密苏里州塔尼县的一座小镇，被称为"村落音乐之都"，常住人口只有 7000 人，但年旅游度假人次却高达 900 万。该镇的旅游业发展源自 1983 年美国乡村音乐大师克拉克来此开设剧场，令布兰森在美国音乐爱好者群体中声名鹊起，其中的白宫剧院是布兰森第三大剧院。天创公司收购白宫剧场之后，打造了属于中国人的、走向国际演艺市场的一条完整的产业链，标志着我们逐渐从外国人手中收回我们自己的产业链，自此可以开发出具有自主知识产权的演艺产品。天创公司开发一部作品之后，都会先在中国的总部试演，然后直接出口到美国自己的剧场演出，省去了去国外找剧场、和剧场谈合作等一系列的中间环节，可以为消费者提供更加及时和性价比更高的剧目。《功夫传奇》和《马可·波罗传奇》采用的正是这种模式。收购白宫剧院不仅为自己提供了演出平台，也为中国许多优秀的演艺作品提供了出口的平台。如今的白宫剧院已经不是原来的白宫剧院，已经逐渐成为中国演艺产品的外销中心和中国艺术的展示平台。天创公司自收购白宫剧院的 9 年多来，通过自己独特的经营理念和努力已经吸引了北美甚至是欧洲的大牌演出经纪公司，美国三大娱乐巨头金沙、米高梅、和凯集团都曾多次到现场欣赏天创公司带来的中国演艺剧目，多个跨国演艺集团和众多的经纪公司在观摩了天创公司带来的中国文化演艺剧目之后与天创公司签订了合作约定。所以，《功夫传奇》才得以在美国、加拿大、英国、俄罗斯以及日本巡演的基础上，继续打开欧洲市场的大门，从中国走向西班牙、印度和阿联酋进行巡演。

2. 进军欧洲市场

在收购美国白宫剧院的基础上，天创公司开始着手开拓欧洲市场，最终与奥地利维也纳控股集团、维也纳施塔德哈勒公司合作成立了维也纳北京天创公司。维也纳控股集团作为奥地利大型综合性集团公司，业务范围较广，涉及房地产、物流、环保、媒体教育及文化演出等五大领域，而维也纳施塔德哈勒公司则是奥地利最大的综合性的文化娱乐经营公司，也是欧洲最大的娱乐中心，具有多功能性，同时拥有丰富的剧场资源。维也纳北京天创公司成立之后，天创公司占有 50% 股份，奥地利维也纳控股集团和维也纳施塔德哈勒公司各占 25% 的股份。在新公司成立之初，天创公司为了新公司的发展，以投资者的身份直接投入 50 万欧元作为启动资金，启动公司的经营项目，承担经营风险，同时分享利润，主动去占据国际文化演艺市场，改变了中国文艺演艺产品到国外就注定被贱卖的命运。维也纳北京天创公司是继天创公司收购白宫剧院之后，中国文化演艺剧目打开国际市场大门的又一里程碑，因为维也纳北京天创公司为中国文化演艺产品走出去打开了进入欧洲演艺市场的一扇新的大门，开启了中国文化演艺产品走出去的另一种全新的商业模式。在成立合资公司的情况下，可以在最大限度上利用合作双方的优势，例如，天创公司的剧目内容优势加上欧洲当地公司的资源优势，双方资源合作，强强联手，可以更快地进入欧洲文化演艺市场，从而推动国内文化演艺产业的发展，加快中国文化演艺产业走出去的步伐。

三、天创公司海外经营困境

从全国范围来看，在我国众多的文化企业中，天创国际演艺制作交流公司在美国以及欧洲的投资经营都位于前列。且天创公司是第一个收购海外剧场的公司，所以在它投资经营的过程中也一定会遇到各种先导性和特殊的困难。现对天创公司遇到的问题进行讨论和分析，希望能够对其他的中国文化演艺企业甚至是文化产业的海外投资起一定的指导作用。相关的企业可以据此进行策略上的改进，从而提高海外投资的效率，使已有的海外投资更加成功，加快中国文化产业走出去的步伐。

（一）融资难度大

融资问题是中国文化产业面临的一个普遍问题，文化产业想要发展起来的关键在于突破资金瓶颈。查阅中国学者对于文化产业的研究发现，国内的文化产业都存在融资困难的问题。国内学者汪洋在《我国文化产业发展与投融资支持——陕西文化产业现状调查引发的思考》的研究中提出了文化产业的"五大资金源"，分别是政府投入、金融支持、社会融资、外资引进以及内源资金。经研究，天创公司在以往的经营过程中，主要的资金来源还是内源资金和少量的金融支持。但是公司想要健康长远的发展，仅仅依靠内源资金和少量的金融支持是远远不够的。如今，我国企业融资的主要来源还是通过银行，但是银行一般情况下都采用抵押贷款的方式，这种贷款方式要求借款方提供一定的抵押物品作为银行贷款的担保，以确保贷款到期能够偿还，并且银行在抵押贷款时对抵押物品有一定的要求，抵押品一般需要是易于保存、不易损耗同时容易变卖的物品，例如有价证券、票据、股票以及房产等。在这样的要求下，当借款到期时，如果借款人没有能力偿还，则银行有权将借款方的抵押物品进行拍卖，以拍卖所得进行还款，拍卖款清偿贷款之后的余额将归还借款人，不足的部分将由借款人继续偿还。这种贷款方式和中国文化艺术演艺产业存在的表现形式存在着很大的矛盾，造成了文化演艺企业通过银行进行融资的困难。因为文化产业尤其是演艺制作公司的主要业务在于内容的生产，因此文化演艺制作公司的主要资产是无形资产，主要以知识产权和品牌价值的形式存在。但是在进行银行抵押贷款的时候，知识产权作为抵押物的方式还在尝试阶段，各家银行对于这类抵押物都存在顾虑，在进行贷款时相对来说更加谨慎。由此看来，投融资结构的不合理性和投融资渠道的单一性造成了天创公司在海外投资过程中的融资障碍。

经调查发现，天创公司在其 20 年的发展进程中，有两次至关重要的银行贷款经历，但是其抵押物都不是无形资产，即在两次至关重要的活动中并没有使用无形资产进行贷款。第一次是因为要将《功夫传奇》推向英国，需要大量的资金进行支持，此次银行贷款的抵押物为公司房产，从而实现了中国演艺企业商业演出走出去，实现公司开拓英国演艺市场的第一步；天创公司第二次银行贷款是以其母公司港中集团的名义从政策性银行取得的资金，从而使天创公司能够顺利地买下美国白宫剧院，打开了中国优秀的文化演艺制作产业走向国际市场的大门。从这两次贷款经历可以看出资金对于天创公司海外投资经营的重要性，没有银行贷款资金的支持，天创公司就不可能走进英国市场，更不能打开世界市场的大门，也说明了投融资难度问题的解决对中国文化产业企业走出去以及后续的发展至关重要。

（二）资金补贴问题

目前，我国财政部对许多企业都有相应的优惠政策，相关的财政政策也覆盖了文化制作演艺企业，例如财政的资金补助和税收补助，但是就天创公司的发展和实际经营过程来看，仍然存在许多问题，导致资金的不足，从而影响公司的长远发展。比如，2009年财政部、海关总署和国家税务总局下发了《关于支持文化企业发展若干税收政策问题的通知》。该通知强调了"文化企业海外演出从海外取得的收入免征营业税，但企业所得税优惠政策停止"。这一政策的制定不能适应企业后期的发展情况。这一政策实施时，天创公司在海外的演出模式没有发生变化，仍然和传统的海外巡回演出的模式相似，这时这一政策的实施存在着明确的主体，那就是天创公司。但是后来天创公司收购了美国白宫剧院，并且在美国成立了经营管理的子公司，开始对美国白宫剧院进行日常的管理和销售工作，之后开始在美国常驻。所以，美国白宫剧院在经营的过程中，按照美国的法律向当地缴纳相关的税费。如果在国内再对天创公司在美国白宫剧院上演的剧目取得的收入征收企业所得税，这两个税费就存在重复收税的情况，最终可能导致美国白宫剧院不将资金交回母公司，造成母子公司之间的决裂，不利于集团整体的发展。此外，国家为了支持文化演艺产业的发展，为国内的剧院设立了专项维护资金。而天创公司作为中国的公司，其在美国的白宫剧院由于不在国内而得不到这笔专项资金，在自行负担演出成本和海外投资风险的基础上，还需要自行承担剧场的维护成本。

此外，在政府的补贴范围方面也存在一定的问题。国内的文化演艺制作公司想要成功地走向国际市场，还需要在宣传方面做出更大的努力，因为各个国家之间存在着文化背景的差异，所以天创公司在进行海外投资和扩张的过程中，开支最大的还是广告费用，每年在海外进行广告宣传的投入达到 60 万美元以上。因为文化演艺产业的特殊性，公司生产、宣传和销售的都是一种文化，是对中华民族传统文化的一种销售和传播，最终都实现了让中国传统文化走出去的目的，极大地提高了世界对于中国传统文化的认同感。

另外，国家根据出台的相关政策，对我国文化企业走出去进行相应的资金补贴。按理来说，这种资金补贴应该覆盖文化传播企业在广告宣传项目方面的花费。因为中国文化产业的企业，尤其是像天创公司这样的企业，想要剧目能够获得很好的成绩，提高上座率，就必须对剧目进行相应的宣传，而这种中国文化的宣传又不是一种单纯的商业行为，其宣传的内容主要还是中国传统文化。而政府资助主要集中在销售环节，忽视了中国文化企业在生产和宣传环节的大额支出，进一步加重了文化演艺公司的运行负担，影响了中国文化走出去的步伐。

（三）身份定位不高

虽然近年来全国各地都开始了发展文化产业的浪潮，但是天创公司在争取财政资助政策方面仍然处于弱势地位。因为无论在什么时候，从国家到地方政府，无疑都会更加重视大型企业，所以服务的重心都以大型企业的项目为主，财政资助也都给了大型企业的重点项目，于是便导致了一个现实的情况：众多像天创公司这样的中小企业在争取不到政府资助的时候不得不选择靠自己。很多公司在拥有的文化资源和享受的国际补贴政策方面存在很大的不平等性，导致天创公司这样的民营中小企业在税收、专项资金、奖励等多方面都存在申请难和额度小的问题，国家大量的财政补助资金都流向国有企业，像天创公司这样的中小型民营企业很难拿到国家补助资金。另外，在许多项目的投标中也存在许多信息不对称和沟通方面的问题，这就导致民营演艺企业很难中标。所以，许多像天创公司这样的民营演艺企业都希望能够提高自身的身份地位，能够和国有企业获得同样的待遇。

（四）知识产权保护问题

在文化产业领域，尤其是在文化演艺产业公司中，最重要的资产就是优秀的剧目，好的剧目是文化演艺公司的品牌。然而，许多演艺公司在海外的投资经营却要面临知识产权保护困难的问题。究其原因主要有两点：一是我国目前知识产权保护方面的法律体系还不够完善，对于许多演艺公司的优秀演艺剧目以及文化演艺衍生产品的保护力度远远不够，知识产权保护法对于现有的专利权、商标、版权的内容和范围的保护力度是非常有限的，在涉及知识产权保护时，其对于侵权的界定也没有适当的可以参考的依据。此外，在知识产权保护方面，国内和国外存在明显差别，也没有一个相对完善的合作机制。二是文化演艺行业的特殊性，演艺企业只有在树立自己优秀剧目的品牌之后才能获得足够的影响力和关注度，在创立自己优秀的剧目品牌之前的影响力始终是有限的，一般只在一定区域内，所以即便出现了别的公司的侵犯知识产权的行为也不会立刻被察觉，只有在其发展壮大之后才容易被发现，这也成了知识产权保护难的原因之一。如果一直这样发展下去，不积极改善知识产权保护法的实施环境，很多企业都将受到重创，长此以往会逐渐消耗企业坚持做原创的初心和动力。

四、结论和建议

（一）准确的身份定位

身份定位问题一直以来都是许多民营文化演艺企业所面临的问题，不管是在国家补贴还是在投标的信息交流上，相比国有企业都存在很大的劣势。要求与国有企业进行公平的竞争是他们最大的政策诉求。无论是国有企业还是民营企业都应在一条水平线上，进行公开透明的竞争，享受同样的社会地位、认可度和国家政策帮助。除此之外，国家还有许多优惠政策，但由于目前对于文化产业中许多企业的定位还不够精准，因此他们仍不能享受应得的政府优惠政策。希望国家能够在给予像天创公司这样的在海外拥有固定资产的演艺制作公司一个明确且公正的身份定位的同时，能够尽快制定出适用于现在的文化演艺制作企业的相关政策，让他们有足够的资金来推动中国文化走出去，加快中国传统文化走出去的步伐。

（二）政策实施

我国现有的国家政策的涵盖范围很广，就政策的制定方面已经覆盖了大多数企业，但是在政策的实施方面还存在很大的问题，导致许多政策都停留在文字层面，许多文化企业最终享受不到这些成文的国家优惠政策。国家有关部门应该加强对政策实施具体方案的制定，使相关的文化企业能够享受到这些政策优惠，更好地促进中国文化走出去。

同时，要充分地利用国家的税收优惠政策和企业专项资金来扶持更多文创企业的成长，同时改变国家扶持的思维方式，重点关注方法上的扶持，授之以渔而不是鱼，这样才能增强企业自身的能力，让企业逐渐有实力跟优秀的国外企业进行合作和竞争。同时，政府应该为各个文创企业的合作提供更多的途径，在加强企业之间的合作的同时也加强地方政府和企业之间的合作，增强企业的筹资能力，为企业筹得更多的资金，更好地支持企业在国内外的进一步发展。

（三）精准定位演艺企业

由于我国历史发展和国家体制等问题，我国文化演出产业走出去的主体还是国内的一些国有演出团体，他们也是带领中国文化走出去的主力军。然而事实上，这种国有演艺制作企业走出去在很多情况下都只是一种各国文化之间的交流，而不是一种商业行为。而作为一种文化交流，更多的可能是依靠整个国家在各方面的支持，并没有太多市场的成分。从长远来看，这种走出去的方式是不能够长久的，并且存在很多问题，会遇到各个国家审批流程上的问题，而且这种过于官方的文化交流带有一些强制的色彩，并不能够让中国传统文化很好地融入当地民众的生活中。在前文中，笔者也提到了民营企业在筹融资、政府资助以及招投标等方面都存在很大的困难，但是他们经过努力，在竞争激烈的国际市场上幸存了下来，并且具有旺盛的生命力，拥有着许多国有同类企业没有的优势，这些对于中小型民营企业来说，都是非常不容易的。因此，国家应该给予这些演艺企业精准的定位，重视这些民营企业的发展，为他们设立相应的发展渠道，使其能够有机会获得专业人才以及对外进行文化交流的机会。

（四）完善贷款制度

前文中笔者有提到为这些企业提供税收优惠和专项资金，但是税收优惠和专项资金并不能长久地帮助演艺企业解决资金上的困难，只能用于救急，企业想要真正的发展起来不能只依靠这两项资金的支持。想要从根本上解决企业的资金问题，只能依靠企业不断地提升营利能力。目前，在演艺行业里，企业拥有的 IP 资源占据了越来越重要的地位，具有极强的营利能力，但是在演艺行业中，由于其资产的特殊性，许多 IP 资源的作用在筹资中并没有很好地发挥出来。因此，我国需要建立完善的贷款制度以及无形资产评估制度。首先，就国家层面而言，需要设立具有国家官方背景的无形资产评估机构，用国家的信誉来确保该机构评估结果的权威性。其次，银行、证券等机构，应该根据国家相应的政策出台一些具体的实施方案和操作程序。在此过程中，国家应该出面减少银行等机构的放贷顾虑，减小文创演艺制作企业通过银行等机构进行筹资的难度。

（五）完善知识产权保护法

对于文创企业来说，对知识产权的保护在经营过程中显得尤为重要。但是作为演艺这一特殊的行业来说，相应的剧目需要常年对外进行表演，通过企业自身的能力很难做到对自身知识产权进行很好的保护。所以，在这种情况下就需要从国家层面来解决这个问题，应该建立完善的知识产权保护法律体系，设立严格的范围、具体的赔偿制度以及制裁的手段等，为企业后期的维权奠定坚实的基础，提供制度上强有力的保障。另外，企业在进行海外发展的同时，还应了解东道国的法律制度，减少两国之间的冲突，实现双边合作，共同维护世界的知识产权制度。

国际经贸学院　廖婷婷

讲好中国故事　传播中国影视文化产品

　　中华民族具有五千年博大精深的文化底蕴，然而如何使中华文化更好地走出去却成为当下的一大难题。各国在地理、经济和文化上存在着明显差异，要让他国接受并欣赏中华文化，并不是一件易事。随着中国的高速发展，欧美国家对中国文化的求知需求与日俱增，但目前我国成功进入欧美市场的民营文化企业还很少。北京华韵尚德国际文化传播有限公司（以下简称华韵尚德）作为专门从事中德文化交流的跨国文化传媒公司，在经济、媒体、学术等方面都极大地促进了中德两国的交流合作，在走出去这一实践探索的道路上给我们提供了宝贵经验。

一、公司简介及发展历程

（一）公司简介

　　北京华韵尚德国际文化传播有限公司成立于 2010 年，致力于打造综合文化交流的渠道，始终坚持跨国文化贸易和服务这一核心业务，圆满完成了中央、省市和各类机构、企业的定制服务工作。它是一家专业化、国际化的文化传媒机构，是中国唯一一家拥有对欧（德）主流电视及媒体渠道的跨国文化传媒公司，专业从事电视栏目的策划制作与发行，经营在德国的广告发布，组织文化交流和经济交流活动，在中国文化走出去的时代趋势中，探索出独特的运作和引领模式，连续八年获得"国家文化出口重点企业"称号。

华韵尚德联合其在德国设立的全资子公司（德中传媒有限责任公司）成功确立了一条线上媒体传播与线下实体推广相结合的创新途径，形成了海外媒体运营服务、文化输出（输入）定制服务两大营利模式，搭建了全媒体联动传播平台、中德艺术品交易平台、法兰克福中华文化之家三大平台，在实现自身的经济效应的同时推动了中华文化地向海外传播。

华韵尚德于 2010 年以 2500 万元资金注册成立，2011 年在德国投资超过 4000 万元，第三年就完成了资本回收，营利 1000 多万元，2014 年更是达到了 2000 多万元。最初的营利渠道主要在德媒体平台，收入主要来自艺术品交易、商务贸易、国内旅游推介等。发展至今，在新增加的艺术品交易服务中，华韵尚德通过把国内的优秀画家引进德国，来实现艺术家和机构的收入分成。其建成的法兰克福"中华文化之家"每年预计可达一两亿元的盈利。

（二）发展历程

2010 年 7 月，德国总理默克尔访华并发表了《中德关于全面推进战略伙伴关系的联合公报》，中德正式成为战略合作伙伴。此时，华韵尚德率先瞄准了德国市场。以此为契机，在 2010 年 4 月，华韵尚德买断了德国北威州电视台（NRWTV）每天 1 小时的播放时段。2010 年 8 月 18 日，欧洲大陆第一档也是迄今为止唯一一档由中国人制造、用德语向德国观众介绍中国的电视栏目《来看吧》首播，主要向德国观众介绍中国的社会民生、美食健康、文化艺术、旅游名胜等方面内容，成为欧洲第一也是唯一进入主流媒体的中国电视媒体，被认为是欧洲新闻传媒界的一个里程碑。

2011 年 8 月，华韵尚德又买断另外五家德国电视台每晚 30 分钟的播放时段，NRW TV 的时段也改为德国观众更乐意接受的 30 分钟的时长，累计在 6 家电视台每天播出 3 小时的中国专题节目，直接受众人数逾 2000 万人次。2012 年 6 月，华韵尚德参加京交会"国家重大项目签约仪式"，与德国人民电视台签约，使栏目覆盖全德国，标志着该栏目成为国家对外宣传窗口。华韵尚德力求弥合中西文化差异，传播中国传统文化，客观介绍中国民生，搭建中德民间交流平台。

随着华韵尚德在德国的知名度和影响力不断提升，它不再仅仅是一个对外宣传的媒体平台，而是凭借其独有的运营平台发展文化贸易。两国有关部门也开始关注和重视这一交流渠道，两国文化界、旅游界及经济界的团体纷纷要求与其合作，在对方国家推出宣传自己的国家形象、产品及服务等，华韵尚德逐渐发展成了中德两国开展交流与合作的重要媒介和桥梁。2013年《来看吧》新增子版专栏《美丽中国》开播，同时华韵尚德制作的第二档海外中国专题栏目《走进中国》在德国 FTL 电视台开播，首次实现覆盖整个欧洲的播出。

2013年的快速发展为华韵尚德的资源整合与平台联动打下了坚实基础。2014年，华韵尚德先后建立法兰克福"中华文化之家"和中德艺术品交易平台，与电视栏目平台一起初步建成三大平台互通、线上线下O2O联动传播的发展格局。2016年，华韵尚德在德国法兰克福建立中国文化产品及服务贸易基地，总面积800平方米，包含多功能会议厅、多功能展厅（艺术品交易中心）、多媒体图书馆、多功能教室（小会议厅）、艺术工作室、版权交易与影视文学作品发行中心及办公场地，是一个集传播性和经营性于一体的中西文化交流与商务经贸商端平台。两年多来，基地先后办了大大小小近百场活动，包括经贸交流会、商务推介活动、中国传统工艺品展、"艺术+"中国画家联合展、联合摄影展等，获得了良好的经济效益和社会效益。尤其是在2018年10月10日—14日，北京图书展区亮相第70届法兰克福图书展，在北京市新闻出版广电局的指导和支持下，华韵尚德联合其他五家首都图书出版单位参展，共同推出主题类出版物近两百余部，内容涵盖社科、文学、艺术、科普、少儿等多个方向。

二、公司运营模式

北京华韵尚德国际文化传播有限公司成立于2010年4月13日，公司成立以来，致力于打造综合文化交流的渠道，始终坚持跨国文化贸易和服务这一核心业务，形成了两大支柱优势、三大交流平台和四大服务特色。

（一）两大支柱优势

公司通过掌握不同文明的密码，从本土融入，高举高打，打造出两大支柱优势：一是金树国际纪录片节。其作为首个由中国民营企业在国外举办的国际纪录片节于每年秋季在德国法兰克福举办，用镜头探索不同文化渊源，将中西方文化有效地连接起来。举办评奖、论坛、投资、交易等交流活动，上百个国家和数千名专业人士的踊跃参与，近百位世界级哲学家、人类学家、社会学家的积极支持，让金树国际纪录片节生机盎然，向全世界展示了今日中国的文化自信。二是 LAIKANBA（即《来看吧》）。作为全球唯一德语热播中国专题栏目的 LAIKANBA，自 2010 年 8 月 18 日在德国首播以来，已经登陆德国四家主流电视台，覆盖面达整个德语区，有线电视进入 2000 万主流社会家庭，每天、每个台黄金时间 30 分钟，向主流观众介绍中国社会民生、文化艺术、美食健康和旅游名胜等内容。LAIKANBA 现已经成为德语区观众了解真实中国的重要窗口。

（二）三大推广交流平台

公司还构建起了以下三大推广交流平台：（1）全媒体联动传播平台，通过开展合作、购买、自办等形式创建、整合了包括德国电视媒体、中德网络媒体、欧洲纸媒及平媒等资源，精心打造出了立足欧洲、面向全球的全媒体联动传播平台。（2）法兰克福中国文化产品及服务贸易基地立足德国，辐射欧洲。公司在法兰克福建立起集创意办公区、多功能展厅、交流推广于一体的中国文化产品及服务贸易基地，通过中国脉搏，线上线下一体联动开辟出中国文化产品及服务交易通往欧洲的新通道。（3）国际纪录片版权交易平台，以金树国际纪录片节为切入点，拓展国际营销网络，构建起了国际纪录片版权交易平台，线上实现版权交易、人才交流的长远运行，线下每年举办一届金树国际纪录片节，相得益彰，既在这平台上讲好中国故事，又通过版权交易促进文化贸易、推动纪录片全产业链开发。

（三）四大服务特色

通过十年的努力，公司已经形成四大服务特色：（1）线上+线下的服务内容，公司服务于各级政府，常年在欧洲举办各种电视周和文化周活动，联合宣传、文化、商务、旅游部门，在线上连续一周介绍地方的经济、文化、旅游等，线下配合开幕式，举办展览展示、论坛等活动，将线上与线下结合起来，真实生动，扩大活动影响力；(2) 传媒+节展的服务模式，充分利用公司独有的境外主流媒体资源，通过公司承办或合作参与的法兰克福书展、工业展、各类画展等活动为中国政府及企业参加境外节展提供服务，传媒+节展的服务模式得到政府和企业的充分肯定和赞许；(3) 定制+嵌入的服务特色，根据各级政府和企业在境外活动的不同需求实施定制服务，并充分利用公司在欧洲和全球各地良好的资源，把具体活动嵌入到目标国家，以主流活动的形式进入主流社会，以扩大影响、增强效果，同时为政府和企业提供纪录片制作的定做服务；(4) 接地气+快速反应的服务过程，公司所具有的视野国际化、文化本土化、服务专业化的团队训练有素，有效地克服了文化的不同导致沟通交往等方面的众多困难，快速满足甲方提出的要求，快速解决各种问题，快速应对各种意外，用过程的流畅来保证服务的品质，在业界树立起了良好的口碑。

三、电视栏目剖析

电视节目在海外的传播不仅与一个国家的综合国力有关，还与传播方式和策略有很大关系。如何做到深入人心，引起受众的共鸣，获得较多的认同感，这才是决定电视节目能否在海外成功传播的关键要素。

在德国，《来看吧》栏目凭借其丰富有趣、真实客观的内容取得了不错的成绩。下面以该节目在德国的成功传播为案例，通过对受众心理把握、内容题材选择，以及渠道选取策略分析，总结出电视节目在德传播的经验与启示。

(一) 把握受众心理

研究调查发现，德国受众的心理特点具有较强的批判性。这里的"批判"不是反对、否定和打倒的意思，而是考察、研究、分析和思考的含义。德国人在言语表达中会遵循公正、公开、客观和实事求是的原则，当你有足够的理由说服他时，他会认同你的看法。德意志民族不仅是一个有批判精神的民族，更是一个善于理性分析的民族，他们不会因为批评就全盘否定，也不会因为赞美就附和盲从，而是喜欢在批判中追寻真理。《来看吧》这档节目从新闻专业主义出发，尽可能地符合地德国受众批判性的思维习惯，以人物访谈方式播出，准确把握受众心理。例如，在 2012 年 12 月，有关南水北调工程的一期节目，原汁原味地展现了村民、工程队长、南水北调负责人的看法，虽然其间有对工程的抱怨或不满，但这种客观真实的视角却更容易被德国受众所接受。另外，对"工程款""拆迁款"等问题的深入讨论，也使德国观众对中国有一个更为全面的认识，达到了较好的传播效果。

德国受众的另一特点是喜好具体故事。想要在德国有效地传播中国文化，就必须讲好中国故事。这不仅需要传播者在选题立意方面对中国文化有深刻的理解，更重要的是要传播一种能引起普遍共鸣的价值。《来看吧》正是从普通民众关心的衣食住行入手，通过中德比较来引起观众的好奇与共鸣。"一部影视艺术作品只有真正具有普世价值的内在思想与艺术能量时，才能使这种思想和能量跨越地域、民族、政治、文化等种种界线，直抵不同民族受众的心灵深处，使人心悦诚服。"

同时，真实、客观成为《来看吧》海外传播中行之有效的重要策略，无论是政治人物还是普通市民的反馈都印证了这一点。节目播出后，德国观众反映，原来对中国的那种片面认识正是因为这些短片而逐步改变。德国杜塞尔多夫市市长迪尔克·埃尔博斯说："这个节目对拉近中德两个民族间的距离，促使彼此之间相互学习做出了很大的贡献，呼吁大家要经常收看这档节目，因为了解中国文化以及中德文化之间的差异对德国民众是非常重要的。"长期以来，因为种种缘故，许多外国人对于中国的印象依旧是落后、遥远等代名词。在德国当地，也有几十个德国人在为华韵尚德工作，他们的主要任务就是完成节目的本地化，以德国人听得懂的方式讲述中国故事，而并非直白的语言翻译。说到底，《来看吧》之所以受到了德国观众的好评，是因为其内容"贴近"了德国人。节目的主持人是标准的中国面孔，但能说一口标准的德语。曾有一位记者问北威州电视台台长拉尔夫·诺依曼："为什么不换一位德国主持人，那样岂不是更有亲和力吗?"诺依曼先生说,中国人介绍中国才更有说服力,让德国人介绍,"中国味"就没有了。

德国观众喜好这种真实性、平民化、丰富性的节目内容。就事论事、信守承诺的民族性格,使得他们更喜欢纪录片类型的节目,《来看吧》这档节目恰好满足了这种受众需求。

(二)挖掘文化细节

随着中德两国关系日趋紧密,德国人对中国当代艺术、现代演出、旅游及美食等表现出更为浓烈的兴趣。《来看吧》在题材上选取了德国观众感兴趣的美食、时尚、人物纪录、艺术欣赏、旅游等类型专题片,向他们介绍中国目前政治、经济、文化等领域的发展情况。另外,德国受众在接收信息时,既不希望是政府的直接信息灌输,也不希望完全由自己去获取,而是更愿意在进行主观批判后接受来自第三方组织传播的信息。从这点出发,德中传媒公司及北威州电视台很好地扮演了这个"第三方"的角色。一方面他们了解德国观众向往中国传统文化神秘感的心理,另一方面他们也知道中国多元化的生活情景。中德团队的合作较好地用德国方式讲述了中国故事。

节目播放后,从德国受众反馈的情况来看,他们也认同了这一节目的传播内容。例如,在一期介绍元宵节的纪录片中,德国观众对此表现出了浓厚兴趣,特别是对元宵节的来历、民情风俗和现代化改进形式有了一个全新认识。很多德国观众强调:"大多数普通德国人的头脑中只有一个德国媒体描绘的'中国形象'。然而,通过此档由中方定制的节目,看到中国老百姓每天发生的事,我们觉得中国人的生活中既有相似的喜怒哀乐,也有不同国别的新奇之处。"

(三)找准传播渠道

在渠道选择策略上,《来看吧》主要采取传统媒体与新媒体相结合的方式进行传播。该节目于 2010 年 8 月 18 日登陆德国北威州电视台,在德国时间晚上 7：00—7：30 黄金时段播出，每天 30 分钟。这个时间段基本上能覆盖 25~59 岁的主要受众人群。当时之所以选择北威州电视台，是因为北威州是德国经济最发达的地区，也是整个欧洲的心脏地带，在德国 16 个联邦州中人口最多、密度最大。该节目选择在此电视台和时间段播出，不仅能够覆盖德国最密集的观众群，还能间接影响相邻的比利时、荷兰等国家。2009 年北威州电视台的发送范围可覆盖 420 万个家庭，每天的收视率达 100 万人次。2011 年 8 月，华韵尚德又买断另外 5 家德国电视台的每晚 30 分钟的播放时段，累计在 6 家电视台每天播出 3 个小时的中国专题节目，直接受众人数逾 1000 万。

新媒体方面，通过德中传媒公司自有视频网站以及海外最大视频网络平台 YouTube 的专属频道与 Laikanba 网络平台同步播出，以覆盖所有德语观众及网络用户。德国社交媒体报告 2012—2013 年调查显示，YouTube 在德国为第二大社交网络平台，有 38.7% 的德国民众通过该平台获取信息，其中每天使用的人数占德国互联网总用户的 41.60%。在德国，使用社交媒体的人数不仅逐年递增，而且呈现出低龄化的发展趋势。而《来看吧》根据年轻人的需求，上传了一些网络热点人物与话题，能极大地吸引年轻人的兴趣。例如，在 2012 年 9 月 21 日有关中国音乐家郎朗的节目，点击次数就高达 3600 多人次，网友的评论与转载次数也很多。

（四）其他附加值兑现

在《来看吧》节目中间插播的广告有两种：一种是纯商业的产品和服务广告，另一种是华韵尚德的其他项目推介。后者虽然只占广告的一小部分，却是将华韵尚德做大、做强的关键。华韵尚德绝不只是一家电视节目制作公司，《来看吧》成为一个向德国甚至欧洲全方位展示中国文化及其产品的平台，因而观众关注的不仅仅是节目，更是认识了一个不一样的中国。

综合来看，华韵尚德主要在三个领域发展业务：媒体业务、文化贸易和商务经贸。如今，华韵尚德的媒体业务收入占公司整体营收的 40% 左右，其他项目包括商贸推介、艺术品推广交易、商务考察、承办展会等多种形式。公司的发展战略是以媒体带动文化贸易与商务经贸。媒体业务的快速发展对其他两项业务的带动力会越来越强，公司将最终实现业务总量中商务经贸和文化贸易超越媒体业务的局面。

例如，海南省三亚市在德国举行旅游推介会，期间《来看吧》配合活动推出了介绍三亚旅游情况的节目。节目播出后仅仅两周，三亚方面便收到了一个德国商务考察团要亲赴三亚进行为期4天的实地体验的消息。另外，在由华韵尚德组织的一次中国重庆——德国文化贸易投洽会上，仅仅为期1天的会议，重庆的文化贸易中小企业便与德国方面签订了总金额约4000万欧元的合同。据介绍，2011年，华韵尚德共策划、完成媒体业务8个项目、文化贸易9个项目、商务经贸3个项目。2012年，公司业务在2011年的基础上横向发展，涉及领域更广泛。截至2012年9月底，已策划推出项目47项，其中落地实现了媒体业务领域16个项目、文化贸易领域16个项目、商务考察4个项目。

同时，华韵尚德还与新华网协同在德国打造新媒体平台。新华网德文频道于2015年6月11日正式上线，并以助力中德经贸发展为己任，用心讲述"中国人的故事"为宗旨，向全球德语受众全面介绍中国经济社会发展成就、各领域重要新闻信息，以及中国同德语国家的官方往来、民间交流活动，同时在全球热点问题上表达"中国观点"，让更多的德语国家人民了解中国，倾听中国与世界共进的脚步声。2016年，华韵尚德开始举办首届金树国际纪录片节，旨在汇聚全球纪录片资源，搭建国际交流交易平台。目前，全球已有126个国家、110个纪录片行业协会、500多位国际专家学者、3000家国际影视机构和超过1万名国际纪录片导演参与，拥有超过300个版权代理合作方。与此同时，华韵尚德还逐步尝试建立集采购方、代理方、播出方、版权方于一体的线上交易平台，经过4年的发展，以纪录片等影视作品为核心的国际版权交易平台逐渐建立。该平台已与30多个国家的影视媒体机构建立合作关系，其中与德国、法国、英国、意大利、巴西、日本、西班牙等国家的电视媒体和影视机构达成版权交易。在中外版权交易方面，也促成了部分优秀国产影视作品的海外播映。同时，和优酷、爱奇艺等国内主流视频网站保持长期良好的合作关系，推动国外影视作品的引进与播出，丰富和补充了中国视听平台的内容。

四、经验启示

华韵尚德走出去并获得巨大成功，首先是找准国家政策契机、入驻海外；然后着眼于小处，进行电视节目打造，把握德国受众心理，讲好中国故事；最后实现产业联动，通过电视节目传播，改变德国观众对中国的认知，进而促进两国文化、经济交流，实现文化贸易及其他附加值的兑现。

其中，电视节目海外传播在题材选择方面主要应该把握两点：一是明确受众定位，分众传播。明确某类受众希望从电视节目中获得什么，这是电视节目开拍之初的重要环节。二是挖掘文化细节，简化信息。日常生活中文化的体现无所不在，却因司空见惯而容易被忽略。从某种意义上说，文化是细节的积淀，体现在人物细节上，就包括人物的妆容服饰、人与人之间交流的方式、语言语态等，这些都包含着丰富的文化信息。可以说，衣食住行无一不体现着当时当地经济社会文化发展的情况。如果能在文化细节上进行适当的强调或说明，就可以增强整个节目的感染力。

2019年中国网红人物李子柒的视频在海外极受追捧，也正是因为做到了这两点。截至2019年12月5日，李子柒在YouTube的粉丝数达到735万个，这个数字还在飞速增长中。全球影响力最大的媒体之一CNN，在YouTube上也只有792万个粉丝。李子柒达到735万个粉丝只发了104个视频，CNN却发了14万条视频，且李子柒的每一个视频的播放量都在500万以上。她所做的就是展示了中国最淳朴的田园农村生活，对农村生活的文化细节进行了真实而生动的刻画，展示了中国伊甸园和汉文化，美食和乡间生活与现代喧闹的城市生活形成了鲜明对比，从自制的美食、身穿的汉服和自己房间的摆件制作，使得大量外国人对中国心生向往。在她的视频中，你能看到那种田园牧歌式的美好生活，这本就是一个能引起全世界共鸣的话题。

总之，中国媒体业务要走出去，就得立足于国际市场，充分了解各国受众的真实需求，以符合当地传播习惯的方式来做好海外推广。同时，要增强自身创新能力，利用先进的技术手段，做到理念创新、形式与内容创新、文化产业链管理方式创新，以中国传统文化中的价值精髓为核心内容，借助其他国家的成功文化推广经验，让文化以新媒体或电视节目这种直观、形象的视觉传播方式，将真实、客观、接地气的题材向世界各国传播。

演好中国戏剧
彰显中华优秀传统文化魅力

一、背景

戏剧通常是指以语言、动作、舞蹈、音乐、木偶等形式达到叙述目的的舞台表演艺术。戏剧主要有四种元素,包括演员、故事(情境)、舞台(表演场地)和观众。演员是四者之中最重要的元素,他是角色的代言人。演员以其语言、神情的变化、肢体动作和情绪切换当众表演故事。戏剧的表演形式多种多样,常见的包括话剧、歌剧、舞剧、音乐剧、木偶戏等。戏剧在表演的过程中,加以对声音、舞蹈、服装、场景这些十分独特的美学要素来表演故事,是一种综合艺术的表演形式。

中国是戏剧大国,以梅兰芳为代表的京剧艺术体系和德国的布莱希特体系、苏联的斯坦尼斯拉夫斯基体系并称为世界三大戏剧体系。中国有着丰富的戏剧资源,从南到北、从西到东,各个省市都有独具特色的戏剧文化,其中比较著名的有京剧、昆剧、豫剧、沪剧、蒲剧等种类。随着人们物质生活水平的逐步提高,人们对精神生活的需求也越来越高,戏剧作为中华优秀传统文化的重要表现形式,不仅越来越多地吸引中国的观众,也加快了走上世界舞台的步伐。广大文艺工作者积极推动优秀传统文化的创造性转化与创新性发展,不断创造出满足国内人民日益增长的精神文化需求的文化产品,给予人们精神上的享受,同时积极推动中国优秀传统文化走出国门,让外国友人不断感悟中国传统文化的独特魅力,促进多元文化的交流与发展，提高中国戏剧在国际舞台上的影响力。

二、戏剧文化走出去的运作实践

（一）企业概况

上海古凡交响乐团（以下简称古凡机构）于 2014 年春成立于上海，是集音乐版权制作、艺术教育、表演、文化输出的中国一流音乐集团。该机构旗下有六大品牌：复旦 AMA（AMA）大家谈艺、音乐共和艺术节（MRF）、古凡艺术学院（BAA）、古凡交响乐团（CBNO）、音乐共和剧场（MRT）、T. HOUSE 戏剧之家（THT）。古凡一词取自"从古到今穿越的故事，以不平凡的方式去演绎"这一美好寓意。该机构是由国内一流艺术家、制作人组成的，其中还有许多国内外比赛获奖者以及大学学者、音乐学院优秀教授等，并长期与著名机构、著名高校、对外文化交流权威机构密切合作，定制和合作艺术论坛、艺术教育、音乐会和各类文创项目。在"中国故事"这一品牌下，古凡机构举办了多场戏剧表演，致力于中国戏剧走出去。

古凡机构一直致力于积极推动中华优秀传统文化走出去。2017 年，古凡机构受文化部之邀，承担著名文化品牌"欢乐春节"非洲行项目，演出节目有琵琶、竹笛、唢呐、古琴、钢琴、吉他等中西乐器，也融入苏州评弹、中国杂技、武当太极等中国国粹艺术以及中国民歌和西洋歌剧等声乐艺术，让中华优秀文化在非洲广泛传播。2018 年 3 月开启文化部品牌"欢乐春节"欧洲巡演，上海古凡交响乐团从比利时启程，品牌"欢乐春节""音乐共和"在比利时布鲁塞尔进行首演。演出节目涵盖京剧、扬琴、二胡、川剧等多种表演形式，不断将其著名品牌"音乐共和"与城市文化创意产业、美术馆、博物馆等多个场所进行深度合作，不断把中国的传统戏剧搬上舞台并带出国门。此外，还在法国、丹麦等国进行多次演出，让中国的戏剧艺术在欧洲传播，不断让国际友人感受到中国传统优秀文化的魅力，尽情享受异域风情的文化大餐。

（二）借力合作伙伴交流，拓宽走出去渠道

企业在走出去的过程中，需要处理好与各个国家之间的协调、联络等

相关事宜，才能为走出去创造良好的联系渠道。古凡机构在走出去的过程中，加强与合作伙伴交流，充分利用合作伙伴广泛的海外联络资源优势，推动中国戏剧走出国门。一是与上海市对外文化交流协会加强联系。上海市对外文化交流协会成立于 1986 年，是专门从事国际文化交流的市级人民团体，其以全方位、多层次、宽领域的涉外文化交流为己任，以丰富多彩的活动为载体，积极推动与世界各国人民的友好交流。现已与五十多个国家、地区的数百个组织建立联系，每年举办上百项海内外各类文化交流活动，是颇具影响力的国际文化交流机构。二是与达之路国际控股集团加强合作交流。达之路国际控股集团成立于 2002 年，该公司创始人何烈辉先生与非洲有着不解之缘，该公司现已发展成为一家集国际贸易、投资、文化交流、旅游业、房地产开发、经济特区建设运营和开发为一体的跨国集团公司，已与超过 25 个非洲国家以及欧洲、美洲各国和地区建立业务联系，在英国、美国、南非等国设立子公司，拥有着更加广泛的海外联络网。古凡机构与这两个合作伙伴有着很好的交流与合作，每次在走出去的过程中都充分运用合作伙伴海外便利的联络网，详细了解演出国的文化习俗，以及对演出的具体要求，为取得较好的演出效果做好充分准备。

（三）打造"中国故事"品牌，感悟传统经典魅力

品牌是一个企业走出去的实力显现，是让他国人民信服的重要凭证，拥有一个优秀的品牌可以让他国人民更好了解我国文化的特色之处，感悟中国优秀传统文化的独特魅力。古凡机构在走出去的过程中，选取有中国鲜明特色的节目，如使用唢呐、二胡、琵琶等传统乐器，表演节目是评弹、民乐、魔幻杂技等中国特色艺术，表演人员都是从中国各地挑选的优秀演员，并且不断创新传统的表演内容与表演形式，努力演绎好中国故事。例如，举办以纪念梅兰芳访美 90 周年中美交流多媒体交响音乐会"穿越地平线"活动，向这位将中国文化形式带到美国传播的先驱致敬；"举办红楼梦音乐传奇"并在维也纳美泉宫皇室剧院上演，让奥地利人民感悟中华文化的深刻内涵；在 2019 年 1 月 17 日到 28 日举办"中国故事——达之路新春音乐会"走进非洲活动，在坦桑尼亚联合共和国、津巴

布韦共和国以及吉布提共和国进行多种形式的演出，打造属于中国戏剧艺术走出去的独特品牌，让外国观众更好地感受中国优秀传统文化的独特魅力。

（四）注重对外宣传工作，扩大中国文化影响力

宣传工作对于文化企业的发展十分重要，只有将自己的文化产品在社会上广泛宣传，才能有广泛的观众前来观看，前来观看群众的数量众多才能充分体现演出举办的成功。在戏剧艺术中，观众是十分重要的因素，因此要吸引大量的群众前来观看就要十分注重宣传工作。古凡机构在积极推动中国戏剧艺术走出国门时，通过设计精美的纸质宣传册或者编辑微信推送等方式不断扩大其在国外的宣传力度。每次宣传册的背景设计都是原创的且充分体现表演的相关内容，宣传语言主要是汉语、英语、法语三种形式，有利于海外观众充分地阅读、了解演出的相关内容。并且这些宣传单的背景大多来自国内摄影师的最新作品，或者来自一些画展的艺术品，包含中国画、油画、水彩画等形式，或者来自一些设计师的优秀作品。通过将这些作品经过独特设计当作每次演出的宣传单背景，可以给观众以视觉冲击，充分吸引观众的观看兴趣，也能让外国观众通过视觉充分感受中国传统戏剧艺术的独特魅力，扩大中国优秀传统文化在国际上的影响力。

三、戏剧文化走出去的成功经验

（一）采用项目制管理，提高公司运营效率

每个企业根据自己的经营特色都会有相应的管理模式，管理模式的成功运用对于企业成长来说具有举足轻重的作用。古凡机构根据自己企业的特点采用项目制管理。根据演出剧目组建项目团队，由项目负责人负责该项目的内容选择、舞台设计、演员招募、经费筹措等。因此，古凡机构的表演成员具有很强的灵活性，但都技艺精湛。不仅有外国优秀的表演者、团队，还有来自全国四面八方的表演者。最重要的是，每次表演都有导演的全方位设计，能够将我国古代戏剧呈现最充分的阐释。古凡机构项目制

的管理模式，对于提高项目完成质量、节约经费、促进各环节的有效衔接等起了非常积极的作用。

（二）添加现代科技元素，丰富舞台表演形式

中国古代的戏剧文化底蕴丰富，对于中国观众来说，比较容易领会剧中含义，但对于不熟悉中国文化和中国生活的国外观众来讲，就会存在观赏障碍。为了让外国观众很好地理解每种表演内容内在深刻的中华优秀传统文化内涵。古凡机构在表演过程中，会根据相关表演内容添加现代科技元素，设计出独具特色的原创视觉效果，运用灯光渲染、画面、配乐等多种表演形式来完美诠释表演内容，充分抓住观众的视觉、听觉享受，让观众有种身临其境的感觉，以便更好地让外国友人领会中国的传统戏剧艺术。比如，在维也纳演出"红楼梦音乐传奇"时，古凡机构创造了唯美的舞台设计效果，充分将其和情境悠远的中国古典乐器、带有强烈东方色彩的服饰、全英文的诗词字幕完美结合起来，极大地丰富了舞台的表演形式，让国外观众沉浸在浓郁的中国风情之中，在国外赢得了广泛声誉。

（三）融合中西文化元素，增强观众文化认同感

中国传统文化的内涵丰富，每种戏剧的表演内容都深深地烙印了中国古人的智慧，有的剧种地域特色明显，有的戏剧内容复杂且每个故事发生的年代距今都已非常遥远，这让外国观众了解中国传统文化具有一定难度。古凡机构针对这一现实情况，秉承"尊重别人文化，树立文化自信"的理念，不断创新表演内容，将中国古代的戏剧艺术经过现代艺术家的重新编曲或者编剧，带上现代的风格，同时，与演出国的文化相融合，采用跨界表演内容。比如，在非洲表演时，它会将中国的太极与相关的音乐完美配合起来表演；在比利时表演时，用当地的西洋乐器来演绎中国古典的传统民乐，让中国戏剧通过西方独特的乐器来演绎，充分感受中西文化的融合，增加观众观看演出时的审美新鲜感，增强文化认同感。

总之，古凡机构在项目制的管理下，在中国戏剧走出去的过程中，精心打造"中国故事"这一品牌，不断创新戏剧内容，大胆尝试采用现代多

媒体手段，丰富表演形式，收到了较好的演出效果，在中国戏剧走向世界舞台中发挥了积极作用。例如，2018年3月1日，上海古凡交响乐团启程比利时，开始了文化品牌"欢乐春节"音乐共和走近欧洲，"中国故事——达之路新春音乐会"首站在比利时布鲁塞尔盛大举办。在巡演前，古凡交响乐团十分注重前期宣传，设计了非常美观的宣传手册，封面有传统的中国红色，充分体现了中国红红火火过春节的喜气，宣传册用中英文详细介绍了此次巡演的人员以及节目单，让欧洲人提前对这次巡演有充分的理解。这次巡演活动的表演内容丰富多彩，采用具有中国特色的民族乐器，在吹、拉、弹、打四个领域，以独奏、重奏、合奏等多种演奏组合形式来演绎，如埙独奏《楚歌》、二胡与大提琴合奏《梁祝》、京剧《大唐贵妃》、川剧《变脸》等。这些形式融合了京剧、昆剧和川剧变脸等国粹艺术，音乐作品既有描写中国南方烟雨山水的美丽景色，也有表现中国北方辽阔草原万马奔腾的场景，还有表现中国民间音乐的地方特色，更有中西合璧的名曲佳作。同时，在表演过程中，根据当地人民的喜好，古凡交响乐团还演奏了欧洲当地居民能听懂的中国歌剧，同时演奏了中国音乐家最新的作品、表演了中国的各种武术。这次巡演有专门的总策划、视觉设计总监以及多媒体设计师，邀请的都是非常有名的乐团指挥与表演者，给欧洲友人提供一场种类繁多、情景交融的视觉盛宴，让他们充分感受到了中国戏剧演员表演的高超技艺以及中国传统戏剧文化的深厚文化底蕴，让中国的传统文化在欧洲得到了一定程度的广泛宣传，让欧洲观众近距离地感受了中国音乐与国粹艺术的魅力，通过音乐在国际上讲好中国故事。

四、戏剧文化走出去面临的挑战

（一）活动经费有限

资金是每个企业发展的重要支撑，对于走出去的企业尤为重要。古凡机构是在异国表演中国的传统戏剧艺术，而要充分地体现出中国戏剧艺术的特色，除了表演者的表演技术，服装、道具等也是非常重要的。而中国传统戏剧的服饰制作精美、色彩明亮、头饰众多，要演出一套完整的戏剧需要耗费巨大的戏剧费用。另外，剧团表演的艺术种类繁多，每种表演形式都需要相应的演出服装，并且要在异国地域进行充分的演绎，演员的服装体现着中国人在国际上的形象，因而演员服装的购买需要花费大量的资金。在走出去的过程中，剧团人员的出行以及租赁表演场地等各个方面都需要花费大量的资金。因而，活动经费有限是古凡机构积极推动中国戏剧文化走出去的过程中需要解决的重要方面。

（二）文化差异明显

每个国家都有自己独特的文化，文化也是一国异于别国的重要体现。中国戏剧艺术是中国传统文化的重要体现，里面蕴含着丰富的中国特色。尤其是我国有些戏剧创作来源于早期的民间故事，描述的是人们对美好生活的向往和对理想社会的憧憬，甚至有些带有地方特色，如京剧、昆曲、川剧等。对于不了解中国文化的外国观众来说，不但听不懂，对于戏剧背后所蕴含的故事理解起来更加困难，表演效果就会受到一定的影响，不利于中国文化对外的传播。

（三）偶然性事件出现

在国外进行演出时，演员的服装、乐器等都需要准备充足，但在表演过程中，有的大型乐器不能够通过交通工具运输到目的地，就需要演出目的国提供，如果过程中出现问题，目的地国没有及时把乐器运到，就会严重影响乐团的演出。偶尔也会遇到一些国家发生局势动荡等潜在危险，一定程度上也会影响演出的进行。例如，2019 年 1 月，古凡机构在前往非洲津巴布韦进行演出时，当地出现了局势动荡，经过大使馆的反复商榷，演出团才得以如约前往。

五、成功启示

（一）秉承特色的文化理念，感受有温度的音乐

古凡机构自成立起，就认为音乐的"美"是所有艺术形式中最难以名

状的，也是最为真实和纯粹的。古凡的名字源自法语 BEAUFIN 的发音，意为美丽的尽头依然是美的，传播美丽的音乐和美丽的艺术是古凡机构的终身使命。古凡机构一直致力于将带有中国符号的音乐、中国艺术带到世界各地，促进多元文化交流，通过自己创立的"中国故事"品牌在世界各地巡演，让世界多方面地了解中国，同时积极从事引进海外卓越的音乐家和优秀乐团进入中国市场进行全方位的合作，让中国观众可以更好地了解世界音乐。古凡机构的每次演出都是制作人用心设计、表演者用心演绎，根据当地文化为当地观众量身打造的艺术内容，让大家真正地感受到有温度的音乐，体会音乐所传递出的无尽美丽。

（二）形成独特的演出风格，传递有魅力的音乐

古凡机构的每次演出内容都会在原有的基础上进行一定程度的创作改造，加上制作人独特的理解，让受众在当今现代化的社会中，欣赏历史与现代相融合的文化魅力。通过独具特色的跨界演出，不管是中国音乐与西方乐器的融合还是将西方音乐通过中国乐器来演奏，都让观众通过演出形式之间的交叉融合充分体会到不同乐器所传递出来的独特乐质。在表演过程中，美轮美奂的视觉效果、独特的表演内容，加上表演者精湛的技艺，让观众在视觉与听觉的完美融合下，真正实现心灵上的共鸣。同时，有的演出会与当地观众进行亲切的互动，让他们自己亲身地体验中国传统文化的表现形式。通过独特的演出形式，古凡机构让异国朋友真正体会到中国优秀传统文化跨越时间与空间的独特魅力。

（三）组建优秀的核心团队，设计有特色的音乐

古凡机构有着自己的核心创造团队，主要体现在管理层方面。其创始人钱立主要负责每次演出的宣传以及招募演员、协调团队等工作。在日常的工作中，她非常注重学习，从生活的点滴日常中发现可用的文化素材，并且不断发掘好的演绎作品以及优秀的演员。面试相关演员时，她秉承严格谨慎的原则，根据演出的内容来挑出最合适的演员进行演绎，为观众呈现出最具特色的音乐。该团队的视觉总监徐鸣是古凡交响乐团的联合创始

人，被业内誉为"舞台美术界新秀中的领军人物，新生代空间设计领域的佼佼者"，其拥有着独特的设计理念，在每次的演出过程中都能设计出符合作品独特的视觉效果和舞台设计，为演出的成功演绎搭建了最完美的呈现平台。古凡机构凭借着自己优秀的核心团队，充分发挥团队成员的优势设计出了独具特色的音乐，为积极推动中国戏剧走出去提供了优秀的作品，在国际上充分彰显了中国优秀传统文化的独特魅力。

马克思主义学院　陈梦瑶

实施多元化战略
拓展海外音像制品市场

一、俏佳人基本概况

俏佳人文化传播有限公司（简称俏佳人）于 1994 年在商机无限的羊城广州成立，并在北京、上海、成都、香港等十多个城市和美国洛杉矶、法国巴黎、德国法兰克福等多个国家和地区以及将近 30 个重要的政治文化地区设立了分支机构和零售网点。俏佳人文化传播公司作为前期成立的中国传统文化传媒企业，集投资与发行为一体，旨在向海外传播优秀的中国文化。公司汇聚了大批制作人才，同时拥有优秀的拍摄团队，主要涉及从事电视传播（电视台）、汉语和武术推广、网络新媒体、广播电台、影视剧专题拍摄和传播、音像的制作和发行、原创动漫制作、演唱事业以及文化相关的衍生产品和中国传统文化海外交流等领域。公司从事领域较广，但是主要业务集中在动漫产业、新媒体行业、大型演艺活动以及中国武术文化和汉语的推广上。经过十几年的努力，俏佳人拥有了广州俏佳人文化传播有限公司总部，而后在美国成立了 ICN 电视联播网和 ICN 纽约侨声广播电台，随着动漫的迅速发展，又成立了广州笑笑吧动漫有限公司等企业。

俏佳人拥有强大的拍摄和制作团队，同时拥有媒体资源整合团队，可以深入了解到本土的媒体资源。公司在资源整合的条件下，结合联动广播、电视以及新媒体等多种途径，能够为不同的客户提供量身定制的线上和线下的公关、宣传以及推广活动。在文化方面，俏佳人文化传播有限公司也有着自己的企业文化，坚持做强主业、做大产业、有激情、在状态的格言，有着自己"追求卓越、拒绝平庸"的核心价值观；俏佳人全体员工也共有"团结、诚信、开拓、坚韧、严谨、和谐"的团队精神，以"做大、做强、做优""中国文化走向世界"为全体员工坚持不懈的奋斗目标。虽然企业在不断壮大，但是企业一直坚持着"务实、探索、创新、求变、求精"的优良传统和"客户至上""客户永远是正确的""为客户服务没有最好，只有更好"的服务理念。这始终是俏佳人文化传播有限公司始终追求的服务理念。企业始终坚持做优良的产品和优秀的服务，以此来塑造俏佳人文化传播有限公司完美的形象。

俏佳人自制的一系列具有中国特色的节目已经逐渐地融入中美社会，包括《游在中国》《游在美国》《俏佳人武术》《俏佳人卡拉 OK》《俏佳人经典电影》《横贯美利坚》《长征路之旅》等。还有层出不穷的具有中国创意、美国制造的全新活动，例如"网络春晚——洛杉矶快闪""旗袍快闪"和"百猴闹春快闪"活动、"体验长征——中国母亲路之旅"大型全域文化活动、"2017 年联合国快闪——唱响中国心"等，这些新颖、优秀的节目都极大地促进了中国和美国之间传统文化的交流。经过长时间的努力，俏佳人文化传播有限公司曾先后获得原文化部、原国家新闻出版广电总局等部委授予的"国家文化产业示范基地""国家文化出口重点企业"等多个荣誉称号。

俏佳人的成功并非偶然。与同行业相比，俏佳人文化传播有限公司的突出优势主要在于其搜集资源和利用资源能力、捕捉产业发展方向的能力、企业的经营能力以及雄厚的经济实力等方面。与国内同行相比，广州俏佳人文化传播有限公司在资源获得与利用、新兴产业研发、经营能力和经济实力等方面均处于强形势地位。其主要优势有：（1）一流的专业人才队伍和硬件设备设施支撑；（2）产业化、规模化、国际化运作的企业定位与长期对外文化贸易实践以及驰名中外的俏佳人文化产品品牌；（3）丰富的中国人文历史、影视艺术、中华武术、实用教学、民俗风情、美食文化等拥有自主版权的内容产业资源；（4）集音像、动漫、网络数字、海外文化交流等多门类文化产业的集群体系；（5）国内10多家省会城市和美国洛杉矶、法国巴黎等20多个政治、经济、文化重镇组成的中外营销网络。2005年8月25日，时任，中共中央政治局常委李长春在接见"俏佳人传媒"董事长李燕时，勉励"俏佳人传媒"要带头把文化产业"做强、做大、做优"。

二、俏佳人海外业务发展历程

1994—2003年，俏佳人主要处于制作和发行音像制品阶段。这一阶段主要发行"卡拉OK"系列、老电影、日本著名卡通剧《名侦探柯南》以及当时的国产热播剧《还珠格格》《康熙王朝》等，同时逐渐地在全国十多个城市建立自己的音像销售直营店。1998年，俏佳人向国外迈出了第一步，在美国洛杉矶建立了以音像制品和影视版权为主的发行基地。2004年，大量盗版的DVD大规模地冲击着音像市场，导致整个音像市场出现灾难性的下滑。俏佳人在面临困境时，开始调整战略布局，以音像为核心来发展周边的产业链，将公司的业务拓展到动漫、新媒体、演出等更加广阔的领域。从2006年开始，俏佳人开始在美国华人区投资建立音像店和专卖店。在继续发行音像制品之外，新创立了汉语教学类节目《轻松学汉语》。同时，在拓展版权贸易交易市场上，打造一个中国娱乐中心，进军国外演出市场。

从2009年开始，公司逐渐向电视方向转变，迈进多元化发展时期。2009年，文化部签订了金融支持文化产业协定。受政策影响，2009年7月，俏佳人以固定资产抵押、评估无形资产等方式从中国进出口银行获得1200多万美元的贷款，随后并购了国际卫视，并更名为"ICN电视联播网"，电视方向的转变由此实现。除了电视事业，其音像事业、新媒体事业以及动漫事业等都全面开花，实现了多元化经营。

三、俏佳人海外经营状况

俏佳人的海外事业从1998年开始，在1998年之后的10年里，俏佳人打造了一个中国文化企业传奇。俏佳人是第一个将中国音像产品规模化推向海外的企业，第一个在亚马逊网站上开设中国音像销售专区的企业，第一个将中国音像产品带进美国图书馆馆藏目录的企业，也是第一个进入美国数字电视平台的企业，其音像产品的翻译量稳居世界第一。自此，海外事业成了俏佳人的核心事业之一。随着企业的壮大，俏佳人始终坚持让中华文化走出去、走向世界，让世界更好地认识中国文化、了解中国文化。

由前文可知，俏佳人在海外的经营主要分为两个阶段，前期主要发行音像制品、建立音像直营店；后期响应政策号召，收购国际卫视成立 ICN 电视联播网，该网站覆盖了洛杉矶、纽约、休斯敦以及旧金山等美国的重要城市，收视率不断攀升，在美国拥有广泛的影响力。ICN 电视联播网拥有 16 个频道：3 个卫星频道覆盖全美，4 个有线电视频道贯通美国并延伸至加拿大，9 个数字无线电视频道覆盖美国洛杉矶、旧金山、纽约、休斯敦、西雅图等地区，直接收视人群超过 7000 万。

从俏佳人海外投资经营的发展历程中可以发现，俏佳人的盈利模式有一个由发行音像制品向建立平台营利的发展过程，然后逐渐趋向于产品营利。俏佳人目前在海外经营的主要收入来源于以下几个部分：首先是大项目的收入，占据公司收入的 50% 左右；其次是广告收入，约占 40%；最后依次是活动收入、版权收入。公司的盈利基本用于投资，每年的亏损主要来源于频道的翻译费用。

四、俏佳人海外经营面临的困境

近年来，国家为了让文化企业更好地走出去，出台了一系列的相关政策，扶持的范围和力度都在逐渐加大。但是在大部分走出去的政策中，与文化企业海外投资相关的政策还是相对缺乏，大部分还是停留在喊口号阶段，具体的操作性不强，政策的落实面临困难。俏佳人在海外经营中同样面临着一系列的政策困境，主要有以下几个方面。

（一）身份认同困境

一方面国家并没有给予已经走出去的民营文化企业身份上的认同。虽然政府已经意识到了文化企业的海外经营会给国家的文化宣传带来巨大的好处，肯定了文化企业为我国文化产业做出的重大贡献，但是就政策而言，并没有给他们足够的身份认同。相关政策也有这样的规定：民营文化企业没有出口权，必须通过拥有进出口权的第三方才能实现走出去。这样的规定增加了民营文化企业海外投资的难度，同时在进出口的数额上也会有所限制。另一方面虽然全国每年都有很多走出去的文化项目，但是民营文化企业由于各种因素很难拿到这些项目。此外，民营企业和国有企业的合作有鲜有政策支持。

（二）融资困难

相关政府和银行在制定相关政策时没有充分地考虑文化企业的特殊性，不能真正地优惠到文化企业。尤其是在融资方面，在抵押方式上，能用于抵押的仅仅是房产，不承认版权等无形资产，从而导致企业贷款融资困难。

（三）翻译经费

俏佳人为了更好地融入美国的文化，为了让美国人能听懂中国故事，所以在美国设立了英文电视台。国内可以提供的英文节目极少，迫不得已只能自己进行翻译、配音和上传，费用巨大。翻译经费是俏佳人最大的亏损点。虽然国家也成立了自己的翻译中心，但翻译的节目往往不需要也不符合企业的市场需求，很容易造成资源的浪费。而企业在翻译经费方面没有任何国家政策的支持，这是众多中国民营文化企业"走进去"过程中面临的困境。

（四）税收、外汇负担

很多中国文化企业会面临税收的问题，设立在美国的公司在美国交税，中国公司在国内交税，很多时候都要双重交税，税收方面没有任何减免，平均一个项目需要多缴纳20%的税，企业税收负担非常重。在外汇方面，往国外大额资金汇款审批非常困难，并且每次都有数额上的限制，导致款项很难到位，从而造成海外投资困难。

（五）申请补贴困难

海外经营的中国文化企业在申请财政补贴的时候也会遇到很多困难。政府要求每一年的项目必须是全新项目，而俏佳人在海外的投资主要是做网络覆盖，这是一个持续性的项目，并且每个项目的投资都存在一定的周期，不可能实现每年更换一次。由于政策限制，申报难度加大，以至于企业申请时不得不增加一些虚假的内容。另外，有可能前几年申请的项目没有得到及时的受理，在去年时政策发生了变化，导致以往的项目申报不成功的情况，这也大大增加了企业申请补贴的难度。此外，在政策奖励方面，有政策规定必须有回款，并且根据企业的回款数额来决定奖励数额，如果没有回款就得不到相应的优惠政策。一个项目从资金投入到收到回报都是有一个过程的，很多时候由于市场竞争激烈，需要用一个市场的营利来投资到另一个市场中去，所以收到回款的数额有限，甚至有时候没有回款，这样就失去了这部分的政策奖励。

（六）对接机构不明确

我国企业走出去还有一个较大的问题是对接机构不明确，即企业找不到专门的领导机构来解决困难。企业海外经营涉及的机构有文化部、商务部、国家新闻出版广电总局等单位。单位众多，但是始终缺乏一个专门的机构来倾听企业的心声和管理这些走出去的企业。很多时候企业遇到问题时都不知道找哪个部门来解决，加上办事流程烦琐、责任不清晰，也给企业的海外经营增加了难度。

五、结论与政策建议

文化企业与传统型的企业有很大的不同，更加注重智慧和创意，文化企业生产的许多非物质文化产品的价值是难以量化的，因此相关部门在制定政策和标准的时候往往比较困难。加上政府对于在海外经营的民营企业的重视度不够，缺乏正确的认知，所以在政策的制定时往往不够了解企业真正的需求，就导致了政策支持不到位的后果。文化企业尤其是民营文化企业是我国文化海外传播的主要载体。近年来我国民营文化企业在美国、法国等西方发达国家甚至一些非洲发展中国家的投资一直在不断扩大，但是由于自身发展的特点和政策问题，这些企业在海外经营困难重重，因此急需完善相应的措施以帮助企业发展，最终实现中国文化的全球传播。

（一）成立对应的管理部门

前文中提到，许多企业在遇到问题时找不到相应的部门来解决问题，应该成立对应的机构来管理这些海外投资的文化企业，使他们遇到问题时可以直接找这个领导部门来解决。之后由这个部门与相关的部门进行协调来解决文化企业的困难。这样可以提高解决问题的效率，政策执行更容易，各个企业都可以享受到优惠政策。

（二）授予更多的资源和权利

民营企业是中国文化走出去的主要载体。在国外，民营企业相对于国企而言更容易被外国人接受，所以通过民营企业来实现中国形象和文化的传播意义重大。国家应该重视民营企业在我国文化传播过程中的不可替代性，赋予他们更多的权利和资源。例如，给予一定的出口权，适当地放宽出口限制等。此外，应当给予企业更多的支持，让国有文化企业更多地与民营企业合作，帮助我国文化更快地走出去。

（三）优化金融、税收政策

政府在制定金融政策时，应当考虑文化企业的特殊性，在政策方面进行创新，允许文化企业抵押版权、股权以及无形资产等特殊财产，而不仅仅局限于房产这种实物层面的抵押；也可以适当地放宽贷款期限，给予众多民营企业在海外投资经营上的资金支持和优惠政策。此外，在税收方面，应该使我国对于文化企业海外经营的税收政策更加完善，给予优惠的税收政策。首先，应该减少文化企业来源于海外收入部分的税收，降低出口产品的增值税，对于已在海外交税的工作人员适当减免个人所得税。其次，采用税收抵免、延期以及免税等方式来支持企业的海外经营。最后，应适当放宽国外汇款的数额限制，以便我国民营文化企业可以及时地在国外进行投资和拓展业务。

（四）优化办事流程

首先，简化企业申报项目的流程。项目申报可以由前文中的特定的部门来管理，而不必经过文化部、商务部等各种部门。其次，制定更加合理的申报标准，除了考虑现有的创新性的要求外，还应考虑项目后期的价值和影响力，不仅仅关注创新，也应该对那些有重大影响力的项目给予更多的关注和支持。虽然要提高企业申报项目的便利程度，但是也需要制定严格、科学的评判标准，以扶持真正好的企业，避免有的企业钻政策的空子来享受国家的优惠。

国际经贸学院　廖婷婷

文化创意产品

WENHUA CHUANGYI CHANPIN

从"深宫大院"走向海外舞台

季羡林教授曾说:"世界上只有四种文化历史悠久、地域辽阔、制度独立、影响深远,那就是中国文化、印度文化、希腊文化和伊斯兰教文化。并且其中只有一个地方是这四种文化体系的交汇点,这个地方就是中国的敦煌和新疆。"敦煌文化是丝绸之路沿线文明交流融合的历史见证,也是外界了解和认知中国文化的重要窗口。敦煌古老而时尚、传统又现代,它属于中国,也属于世界。在我国文化出海的战略背景下,敦煌文化走向海外舞台在新的时代背景下被赋予了全新的意义。敦煌文化走向海外舞台,不仅是文化 IP 自身和文化创意产业的需要,更是国家发展在新时期的需要。

本小节将以敦煌文化出海为研究出发点,详细调研、分析其出海历史及政策背景、出海策略及具体举措,总结出敦煌文化出海思路示意图,并且深入探讨敦煌文化出海中可能存在的问题,提出研究思考。敦煌文化出海思路示意图如图 1 所示。

一、敦煌文化出海背景

(一)"古丝绸之路"追溯历史渊源

国学大师季羡林先生曾说:"敦煌在中国,敦煌研究在世界。"敦煌文化形成之初,就具有了丰富的世界性色彩。早在西汉时期,张骞就先后于公元前 138 年和公元前 119 年两次出使西域,开启了与西域各国的交往与

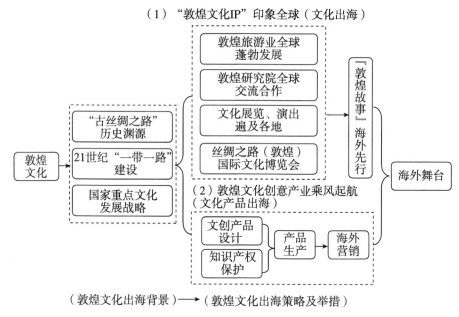

图1　敦煌文化出海思路示意图

交流。从此，西汉与西域各国的交往更加密切，逐渐形成了连接东西方文明的丝绸之路。丝绸之路的形成和繁荣进一步加强了东西方文明的交流与互动，东西方国家也在丝绸之路的基础上形成了政治互信、贸易往来、文化融合等深入交流与合作关系。作为一个关键节点城市，西汉和西域、中亚、中东以及世界其他地区的文化首次会面于敦煌，并开始相互理解、相互借鉴和相互整合，如印度佛教文化、中亚舒特文化、中东波斯文化、东欧希腊文化等。各种文化的聚集，不仅丰富了今天的敦煌文化，也有助于其在宗教、民族、审美价值取向等方面的包容性发展。丝绸之路赋予了敦煌文化全球化的色彩，敦煌文化也丰富了古丝绸之路。正是因为文化独特的历史渊源，才为未来敦煌文化的又一次海外之旅插上了飞翔的翅膀。图2所示为"古丝绸之路"路线图，从古都长安（今陕西西安）出发，经敦煌，到地中海、印度，敦煌无疑是重要的交流节点。

（二）21世纪"一带一路"建设架起古今桥梁

古丝绸之路以经济为先导，政治、宗教、文化等元素融合发展，形成

图 2 "古丝绸之路"路线图

紧密的国家间联系，深刻影响了当时的世界格局。今天，我国政府基于古丝绸之路的历史渊源开展 21 世纪"一带一路"建设，寻找我国与丝绸之路沿线国家的过往，以唤起世界各国对中国形象的记忆和共鸣。"一带一路"建设给今天的我们重回古丝绸之路提供了良好的发展平台，国家之间积极的经济合作伙伴关系，良好的政治互信、丰富的文化交流等又一次让我国与沿线国家回到繁华的"丝绸之路"时代。

（三）"国家文化发展战略"为文化出海保驾护航

2018 年 11 月 28 日，财政部向中央文化企业注资 15 亿元，落实国家重点文化发展战略，此举为中国文化走出去提供了一个全面的战略平台。一方面，"国家文化发展战略"有利于企业改制，建立良好的企业文化，促进企业创新发展和文化品牌的建设；另一方面，"国家文化发展战略"有助于调整国有资本在文化领域的分布结构，为企业提供服务和跨地区重组合并，保护产业所有权，整合网络资源，并连接金融资本与社会资本，以帮助文化企业改革、发展和成长。

二、"敦煌文化 IP" 印象全球（文化出海）

（一）"文化+旅游" 作为敦煌文化出海第一名片

作为对外开放的引擎，敦煌综合文化旅游依托"一带一路"取得了丰硕的成果。从图 3 中可以看出，从 2014 年到 2019 年，敦煌旅游业一直在稳步快速发展。2018 年，敦煌市接待游客突破 1000 万人次，旅游收入突破 100 亿元。随着敦煌国际旅游业的发展，国际文旅已成为敦煌文化走向世界舞台的重要途径。

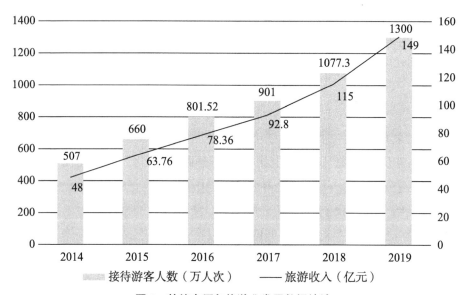

图 3 敦煌市历年旅游业发展数据统计

（二）敦煌研究院开展全球交流与合作

1. 敦煌研究院集思广益，在世界各地以文会友

为了向世界推广敦煌文化，敦煌研究院先后在印度、日本、法国、德国、比利时等国举办了 100 多次敦煌艺术展。与此同时，通过"文学会友"的出海文化交流策略扩大了敦煌的"朋友圈"，与韩国的南海县、日

本的镰仓市和日光市等周边友好城市的交流与合作逐渐加强。在学术研究方面，敦煌研究院每年将组织不同学科的专家到有关国家进行考古研究，挖掘遗址的文化价值，做好传承和保护工作。这将揭示丝绸之路沿线国家之间深厚的文化纽带，从文化的角度加深中国与丝绸之路沿线国家之间的紧密联系。

2. 敦煌研究院与"一带一路"沿线国家携手追忆过往

"一带一路"倡议给敦煌文化的发展带来了新的机遇，敦煌文化也为"一带一路"建设提供了文化支撑。自实施"一带一路"倡议以来，敦煌研究院加强了与各国在文化交流和文化遗产保护方面的合作，如在中亚开展一些调查研究项目，扩大与中亚国家的学术交流，并推广和应用成套文化遗产保护技术。除了开展吉尔吉斯斯坦纳伦州古代城堡遗址研究和保护项目前期调查，为阿富汗巴米扬省培养石窟保护、历史遗迹修复方面的专业人才之外，敦煌研究院正在与俄罗斯国家博物馆、匈牙利国家博物馆、意大利威尼斯大学签署合作备忘录，在文化遗产保护与研究项目管理、人才培养、基础设施建设等方面开展合作。

2017 年，敦煌研究院和吉尔吉斯斯坦文化信息和旅游局合作签署了备忘录，双方将在签署备忘录后的 5 年中，选择吉尔吉斯斯坦重要的文化遗产，在考古调查和发掘、科学保护、数字和陈列展示等方面进行合作，并开展文化遗产领域的学术交流和初中专业人才培养，促进两国文化遗产持续健康发展。

3. 敦煌艺术文化展览、文艺演出在全球绽放"敦煌色彩"

在艺术文化展览方面，2018 年 1 月 27 日，由中国文化交流中心与法兰克福展览（上海）有限公司联合举办的"中国文化文化创意"展览在法兰克福展览中心举行。来自敦煌学院等 18 家中国文博机构的 700 多件（组）文化创意产品在此次展览中展出。这些产品借助现代科技和艺术手段，重新诠释了古老的敦煌文化，强调了敦煌元素之间的国际文化交流，并通过古丝绸之路将敦煌文化中的自然、植物、乐器等元素与欧洲文化艺术元素联系起来。

在文艺演出方面，"欢乐春节"品牌活动是文化和旅游部近年来在海外开展的大型文化交流活动，已成为中国文化走出去最成功的实践。在文化和旅游部的大力支持下，大型舞剧《大梦敦煌》被成功纳入 2020 年"欢乐春节"赴美演出系列活动之一，并得到国家艺术基金的支持，于 2020 年 1 月 9 日至 1 月 12 日在纽约林肯中心 David H. Koch 剧院演出 4 场。具有中国版的"罗密欧与朱丽叶"之称的经典舞剧《大梦敦煌》作为"一带一路"上的重要文化符号，经过不断的修改和推广，已成为敦煌文化走向世界的重要文化名片。

4. 丝绸之路（敦煌）国际文化博览会打造全球交流平台

丝绸之路（敦煌）国际文化博览会，简称敦煌文化博览会，是丝绸之路沿线国家文化交流与合作的战略平台，承载着国家的重要使命。其以促进文化交流、相互合作与发展为目的，定位于建设成国际高端和专业民族文化博览会，成为中国与丝绸之路沿线国家开展文化交流合作的重要平台和推动中国文化走出去的重要窗口，在丝绸之路经济带建设中发挥着重要作用。经中共中央、国务院批准，丝绸之路（敦煌）国际文化博览会自 2016 年起每年在甘肃省举办，第一届于 2016 年 9 月举行。

三、敦煌文化创意产业乘风起航

曾几何时，文物是博物馆"深宫大院"里高冷、神秘且古老的存在，如今却成了互联网上撒娇、卖萌、小清新、文艺范的能手，摇身一变成为"超级网红"IP。从故宫博物院到国家历史博物馆，再到海外的国家博物馆，纷纷加入文创行列，通过商业化转型在市场上 C 位出道，备受年轻消费者的青睐。那么，敦煌文化应该怎样开启自己的文创之旅呢？

（一）敦煌文创产品设计

1. 敦煌文旅集团公司筑就敦煌文创起航的摇篮

为进一步推进敦煌文化产业化，打造敦煌文化产业创新平台，在敦煌市人民政府等相关部门的领导下，敦煌于 2016 年 4 月 28 日注册成立了敦煌文化旅游集团文化创新公司。集团公司的主要业务是工艺美术品及收藏品的设计开发、生产与生产、仓储物流、产品推广与销售；营销策划与信息咨询、旅游纪念品、礼品的研发与生产与销售。敦煌文化与创意有限公司已申请外观专利 50 多个，结合当地销售渠道和在线网络系统，初步形成了一个设计和开发、模具打样、批量生产、仓储和物流、销售促进、离线和在线集成操作的闭环系统。

敦煌文创产品种类涉及办公文具、生活家居、图书字画、丝织品等，就其承载的文化元素来说，包括骆驼系列、飞天系列、藻井系列、敦煌动物系列、鸣沙山月牙泉系列、建筑景观系列、壁画系列、丝路系列、反弹琵琶系列、同款系列，落地文创产品 60 多种，共设计上百款。还包括整体的产品包装体系，品牌符号，以及品牌符号在产品中的应用。

2. 优秀科教资源筑梦敦煌文创迈向新的高度

在首届"敦煌国际设计周"签约仪式上，敦煌文旅集团、大向创艺公司和 100 多所艺术院校达成了《敦煌文创产品联合开发协议》，联合开发敦煌文创产品。其中，江西财经大学、陕西科技大学、西安理工大学、长沙理工大学、安徽工程大学、淮阳师范学院、成都大学、成都纺织高等专科学校等 8 所高校代表出席了签约仪式。

此次达成的高校战略合作，整合了文化产业的优势科教资源，对接了敦煌文创产业的发展需求，探寻"文化优势"与"科技优势"的双赢融合，为引进敦煌文创产业"创新"提供了新鲜的血液，更好地服务和推动敦煌文化走出去。

3. 文化创意盛宴（"敦煌国际设计周"大赛）博采众长

如何更好地展示敦煌文化创意产品、旅游商品，弘扬敦煌文化？由甘肃省文化厅、敦煌市人民政府、敦煌市文体局、敦煌文化旅游集团合作，定期举办"敦煌国际设计周"设计大赛。通过比赛，一方面可以分享创意设计的前沿思维，充分吸收各方有识之士的智慧和智慧，以新思维、新理念引领敦煌文化复兴；另一方面，可以搭建创新孵化载体和展示交流平台，共同将敦煌文化创新推向全国和海外舞台。

（二）敦煌文创知识产权保护

在文化创意产业让传统文化"活"起来的同时，加强产权保护可以让文化创意产业"火"起来。文创产品如各种样式的酒瓶搭配上醇香的老酒，产权保护则让老酒香飘更远。

近年来，敦煌研究院一直致力于发展文化创意产品，通过专业的设计，开展用户画像分析、产品定位、产品类别、品牌 DNA 分析、市场竞争分析等一系列研究，从现有的 IP 设计元素，创造出敦煌文化创意品牌视觉识别系列。同时，敦煌文化旅游集团的子公司敦煌工美文化创意有限责任公司致力于建立一个品牌的交易平台，把敦煌打造成中国文创的旗舰店、样板田，沿着丝绸之路传播敦煌文化，发展文化创意产业。据敦煌工美文化创意公司统计，截至目前，敦煌文化创意产品已获得国家知识产权局设计专利共计 48 项。

（三）海外营销举措

1."数字敦煌"模式的探索

在过去的 20 年里，数字技术的不断发展和进步助力了敦煌莫高窟的保护和保存，数字技术的不断进步为敦煌研究院的 IP 宣传和文化创意产品提供了一个良好平台。例如，敦煌研究院与腾讯公司的合作，将腾讯公司最新的技术、泛娱乐文化理念结合敦煌研究院的研究成果，实现合作共赢。一方面，敦煌书院让更多的人通过数字技术和互联网体验到敦煌之美，进一步扩大了敦煌文化在世界上影响力；另一方面，腾讯公司将敦煌飞天 IP 植入游戏和音乐中，使网络文化产品成为可能。目前，敦煌文化创意产品的 Logo 产品之一就是腾讯游戏"王者荣耀"中的敦煌飞天游戏皮肤。

2."天猫新文创×保利文创×敦煌博物馆"联名助力中国文化走出去

2019 年 12 月 30 日，"中国礼物·千年一梦——敦煌文化主题艺术展"在俄罗斯国家历史博物馆开幕。中国驻俄罗斯联邦大使馆范先荣公使，俄罗斯国家历史博物馆馆长列维金·阿列克谢·康斯坦丁诺维奇，俄罗斯中国友好协会第一副主席萨纳科耶夫·谢尔盖·菲力波维奇先生，保利文创总经理马克，阿里巴巴集团天猫市场总经理三啸，敦煌博物馆文化出海活动官方授权负责人王化，俄罗斯中国总商会副会长、中诚通国际投资有限公司副总经理孙伯辉先生、俄罗斯政商界嘉宾及中国知名品牌高层出席了当天的开幕仪式。

此次展览由保利文创、天猫新文创携手敦煌博物馆联合主办，是敦煌文化 IP 全球首次进入海外博物馆艺术殿堂的展览活动。展览活动以敦煌文化 IP 为核心，将结合敦煌文化艺术品实物展示与高科技互动、虚拟现实等形式，揭开敦煌神秘瑰丽的面纱，用沉浸式体验的技术演绎敦煌的壁画、舞蹈、乐舞、石窟幻境，让参观者沉浸在如梦如幻的敦煌盛境中，体验"千年一梦"，感知"中国文化"，是"科技+文化"的突破与创新。

3. 敦煌文创线上线下融合互动"不打烊"

据敦煌文化旅游集团文创公司统计，自 2019 年 6 月 21 日敦煌文创天猫旗舰店上线以来备受游客关注，开店不到两个月访问次数达 12505人次，浏览量即将突破 9 万人次，91 款文创产品在线上与消费者见面，实现了敦煌文创线上、线下融合互动"不打烊"。目前，敦煌文创已在市内各大景区及敦煌机场、嘉峪关机场、兰州中川机场开设终端店面11 家。

如今的敦煌文创产品不仅设计更精巧、传达的文化内涵更细致，而且已实现线上推广和销售，让消费者不必亲自前来就能拥有这些独特的文化资源。

四、敦煌文化走向海外舞台可能存在的问题探讨

(一)"送出去"的多,"卖出去"的少

近年来，在国家积极推动中华文化走出去的背景下，在社会各界的共同努力下，敦煌文化走出去取得了巨大成就，但突出的问题是"送出去"的多，"卖出去"的少。中国文化的对外宣传和交流往往依靠政府或非企业组织，以非市场手段促进文化的海外传播，如在目标国家进行广告宣传、举办文艺演出、文化产品赠品等方式。在文化走出去的行政运作中，对传播和流通规律的重视不够，未能在文化出海与时代、地域、消费需求之间形成良好的"对接"。

（二）走进欧美市场的"文化距离"遇到挑战

在国际市场上开发中国文化产品时，应优先选择外国人感兴趣和相对熟悉的文化符号进行创意演化。众所周知，敦煌文化起源于丝绸之路，是丝绸之路沿线文明交流融合的历史见证。丝绸之路沿线的交流主要集中在东亚、东南亚、中东和地中海地区，佛教文化（印度文化）、舒特文化、波斯文化和希腊文化相互融合。从历史根源来看，欧美市场存在较大差距，因此敦煌文化进入欧美市场的"文化距离"将面临一定的挑战。

（三）"敦煌文化+新媒体"的建设模式较为单一

敦煌研究院在 20 世纪 90 年代开始实践"数字敦煌"项目，并且近期敦煌研究院在文化出海中已与腾讯、淘宝商城、保利文创联手，但"敦煌文化+新媒体"的建设模式相对单一，并且没有与新媒体互联网公司形成良好的、长期的合作机制。

五、敦煌文化走向海外舞台的研究思考

（一）秉持"内容为王"

走出去的敦煌文化要充分挖掘中国符号特色的文化内涵和表现形式，进一步拓展和体现敦煌文化元素并为国际市场所认可的文化表现形式和文化内涵。同时，敦煌文化的发展和文化创新要与时尚、流行文化元素相结合，创造出具有生活艺术特色、具有自主知识产权的丰富多彩的文化产品，实现敦煌文化的创新发展。

（二）发挥好企业的市场主体作用

敦煌文化更应该通过文化贸易走出去。充分考虑国际消费者的文化需求，扎根于海外文化市场，在获得出口收益的同时达到传播文化、输出价值、提升国家影响力的目的。

（三）创新政府文化传播的管理方式

对外文化交流领域的企业并不关心财政、税收、土地等方面的支持，而是希望政府能够加强版权公共服务，解决电视剧"难买、贵买"的问题。因此，政府部门应进一步创新管理模式，搭建文化企业公共服务平台，拓宽贸易渠道，降低交易成本，提高我国文化企业在国际市场上的竞争力。

（四）构建文化国际传播人力资源供给机制

敦煌文化的生存和发展需要人才，人才是文化发展的根本动力和源泉。政府及相关机构应加强人才培养建设，通过各种激励机制和措施，为文化领域各类外向型科研人才提供保障。

（五）大力推动"互联网+文化品牌+文化产业"模式

敦煌文化的海外传播应利用新媒体技术，转变文化推广的理念，突出创新人才与敦煌文化的融合。通过搭建文化活动和品牌的虚拟展示平台，增强文化活动的互动性、趣味性和体验感，在公众生活中整合敦煌文化，形成"互联网+文化品牌+文化产业"的发展模式。

国际经贸学院　　王　凡

非物质文化遗产的重生之路

非物质文化遗产是中国民间文化最珍贵、最写实的缩影。对非物质文化遗产进行保护及传承是发展现代文明的题中应有之义。在当前强调中华文化走出去的战略大背景下，非物质文化遗产不单单是要在国内重新焕发生机，更要在多元化发展的世界文化林中占有一席之地，这有赖于其本身所固有的民族特色和文化内涵构成的比较优势。景泰蓝的制作工艺集成了多种多样的中国传统工艺，又汇聚了中华民族文化的精华，可以说是最具代表性的非物质文化遗产之一。也正是因为此，对景泰蓝进行传承和发展并将景泰蓝带向世界就有了必要性，这有助于中华文化走向世界，也有助于其他民族的人民更深入地了解中国。北京市珐琅厂作为行业里的领头羊，一直致力于景泰蓝的传承与发展，凭借上乘的质量和精巧的技艺在国内市场上畅销的同时，还远销多个国家。

一、北京市珐琅厂有限责任公司发展现状

北京市珐琅厂有限责任公司，前身是北京市珐琅厂，成立于 1956 年 1 月，由当时的 42 家私营珐琅厂以及旧时专门为皇家制作用品的造办处合并成立。迄今逾 60 年的悠久历史让公司不仅创新了极佳的技术、培育了顶尖的人才，还树立了优质的品牌形象、累积了忠实的顾客。作为整个景泰蓝行业里全国唯一的"中华老字号"，北京市珐琅厂有限责任公司在 2006 年被文化部指定为国家级非物质文化遗产——景泰蓝制作技艺保护传承基地，2011 年又被评定为国家级非物质文化遗产生产性保护示范基地。

北京市珐琅厂以自身多年的研发优势、上乘的质量及高雅的艺术品位，除了积累了大量的忠实顾客以外，还成功推动了"京珐"这一品牌的树立与建设。此外，产品多次获得国家级、省部级、市级金奖，多次上榜"北京市名牌产品""北京市好产品"。毫不夸张地说，在横向维度上，公司生产的景泰蓝代表了中国景泰蓝行业里的最高水平，也是行业内最具权威的专业企业；在纵向维度上，无论是产品中蕴含的文化内涵、创作初稿的新意，还是制作成品的技艺，都几乎超过了清朝覆灭之前的鼎盛时期的水平。公司的发展推动着整个景泰蓝行业的发展，可谓是引领着景泰蓝这一传统艺术在新时代的发展方向。在产品维度方面，"京珐"从过去的以观赏性工艺美术藏品为主到如今拓展到作为国礼赠送外宾，并且延展到室外建筑装饰和城市景观设计等艺术装饰方面。在业务广度方面，近些年来，公司已经从过去仅以研发、制作为主的小工厂发展到今天集研发制作、工艺展示、精品欣赏及参观购物为一体的综合性基地，游客可以在企业的开放日前往车间感受景泰蓝的全程制作，可以在公司开设的首家景泰蓝艺术博物馆里欣赏美轮美奂的艺术珍藏，可以在工厂店或者"梦幻景泰蓝夜场"集市购买心仪的产品。

二、北京市珐琅厂发展历程

（一）景泰蓝的挽救之路

景泰蓝原本是宫廷文化中的一种，又称"铜胎掐丝珐琅"，相传是在元代时期从阿拉伯地区流入中国的，继而融合了中华民族的传统文化，到明代景泰年间发展到顶峰，产品多以蓝色为主色，因此得名"景泰蓝"。景泰蓝的制作工艺极其复杂，大致的步骤分为制胎、掐丝、点蓝、烧蓝四个主要的步骤，所需的原料也颇多，包括金、银、铜等贵重金属，以及多种天然矿物质。一名优秀的景泰蓝技师必定有着高雅的艺术鉴赏能力和熟练的雕刻、镶嵌、冶金、玻璃熔炼等多方面的技术。景泰蓝产品在展示典雅的同时又尽显华贵，借用我国著名建筑学家林徽因女士的评价："景泰蓝有古玉般温润、锦缎般富丽、宋瓷般自然活泼的特质。"

景泰蓝能够在今天依然展现在人们的眼前，离不开梁思成、林徽因夫妇在其"濒危时刻"的挽救。末代皇帝溥仪退位后，原本只为皇家服务的景泰蓝工匠不得不自己开办小作坊谋生，但日渐昂贵的材料以及烦琐复杂的制作工艺让制作的成本一路攀升，老百姓无力消费，景泰蓝甚至逼近"人绝艺亡"的时刻。幸运的是，新中国成立以后，党和政府颇为重视，同时梁思成、林徽因夫妇更是倾尽全力，成立"景泰蓝工艺美术抢救小组"。林徽因带领着小组成员向匠人们学习，在翻阅资料的基础上创新样式和图案，梁思成则组织旧时的能工巧匠对其进行改造。通过他们的不懈努力，景泰蓝这一濒危文化才得以传承了下来，经过几代人的不懈努力，有了今日的辉煌成就。

（二）北京珐琅厂的曲折发展之路

与景泰蓝的发展史一样，北京市珐琅厂60多年的成长也并非完全顺风顺水，能发展成今天这样一个在行业里拥有举足轻重地位的龙头企业，同时将景泰蓝这一传统优秀艺术传承下来，并一步步带向全世界，是一代代京珐人不辞辛劳、无私奉献、默默付出的成果，也是企业艰苦创业、勇于探索、锐意改革、开拓创新的结果。

自1956年多家机构合并成立至改革开放前，可以说是北京市珐琅厂的辉煌时期，出口订单纷至沓来。这一方面是因为以美国为首的西方国家对中国实行经济封锁，使得政府出于保护国内幼稚产业的考虑实行限制进口、鼓励出口的对外贸易政策。在计划经济体制下的纯外贸出口时期，制作景泰蓝所需的各类材料均由国家统一配送，生产的产品又由国家统一出口，珐琅厂需要做的就是尽力提高产能，以便为国家赚取更多的外汇。这一时期，为了提高产能，珐琅厂采用了人工流水作业式生产，原本生产一件产品需要少则半年、多则两三年的时间，缩短到一个月也能生产几百件，但是得到的是高产能，流失的却是景泰蓝作为一项工艺美术作品背后的艺术附加价值。

这个问题在计划经济体制时期由于国家的统一采买而被掩盖。到了改革开放时期，市场经济体制下没有了外贸出口订单的支撑，问题便暴露无遗，一时之间，出口订单骤减，整个工厂陷入低谷和彷徨。这逼迫着北京市珐琅厂不得不做出适时的改革。痛定思痛之下，珐琅厂决定彻底改变过去重量不重内涵的生产模式，舍弃流水线式生产的"粗制滥造"的产品，回归生产高附加值的艺术品。这既是珐琅厂面对新形势能够存活下去的唯一出路，也是其肩负的传承传统的艺术的使命所在。新时期对于人才队伍建设的要求进一步提升，既需要大量想法新颖而又懂得如何体现文化价值的设计师和细致耐心、技术过硬的技师，又需要"治理有方"的管理人才等多个方面的人才。企业一如成立初期时对于手艺人充满渴求，始终注重人才培养。除了制作技艺上的精益求精、设计风格上的推陈出新以及人才上的爱才育才以外，珐琅厂还积极探索景泰蓝除了艺术摆件以外的多种表现形式，根据市场的需求，将业务范围扩展到室内装饰、户外景观工程等方面。

企业内部整改如火如荼地进行着，相比于改革开放初期，整改也确实显现出了初步的成果。但是，20世纪80年代以来至2005年左右，珐琅厂采取的是代销模式，初期有顾客抱着求鲜的态度购买一些，后期的销售量则动力不足，企业甚至入不敷出。管理层当机立断，决定转分销为购销，消费者想要买景泰蓝产品必须到珐琅厂才能买到。同时，向顾客开放展厅，让顾客们先了解景泰蓝的历史、感受景泰蓝的制作工艺，真正感兴趣之后再购买，这既是对消费者的负责，更是对景泰蓝这种文化的负责。当然，由此成型的工业旅游也成了企业的一大业务。

三、非物质文化遗产的重生之路

北京市珐琅厂通过自身的艰苦摸索，从一个岌岌可危、依赖政府统一采买的小工厂向今天声名远播、实力强劲的行业龙头企业成功转型，可以说是凤凰涅槃重生。而这段重生之路对于其他一些类似的目前正处在改革路口的企业的可借鉴之处，值得探讨。

（一）身负重担，继承传统技艺

景泰蓝造型独特，且可呈现的形式多变，可用于青铜器、玉器、瓷器、佛教的法器等；景泰蓝颜色明丽而不艳俗、图案庄重而不沉闷、样式多样而不繁复，既能作为摆件收藏，又可以作为整体装饰铺设。景泰蓝本身所体现出来的艺术价值和文化价值，是中华民族乃至世界各个民族文化结晶的缩影。新中国成立以来，北京市人民政府始终非常关注景泰蓝这一工艺美术瑰宝的保护与传承，特聘请梁思成夫妇作为顾问，成立"景泰蓝工艺美术抢救小组"，可见其重视程度。

北京市珐琅厂建立在 46 家私营珐琅作坊和造办处以及后来的国营景泰蓝生产企业特艺实验厂的基础上，可以毫不夸张地说，全国最优秀的一批景泰蓝工艺美术大师大多会聚于此。其中，被周恩来总理盛誉为"新中国景泰蓝第一人"的钱美华担任了北京市珐琅厂的第一任工艺美术大师。从成立伊始，珐琅厂就踏上了恢复发展景泰蓝的漫漫长路，传承并将景泰蓝发扬光大，是以钱美华为代表的珐琅厂人的使命。身负如此重担，珐琅厂的每一位员工始终不曾退缩，60 余年间，一代又一代的京珐人敢于挖掘、勇于担当、不懈努力、无悔付出、开拓创新，才使得景泰蓝成为今天的一大"京粹"，产品行销世界五大洲一百多个国家，让全世界的友好人民都看到了凝聚在景泰蓝上的中华民族的文化底蕴、艺术品位和智慧结晶。

（二）适时而变，丰富表现形式

自有记载以来，景泰蓝便仅仅作为艺术摆件而存在，价值的实现也仅限于观赏和收藏。在市场化经济的大背景下，单纯依靠这一业务让企业有进一步的发展和扩张是相当困难的，为此，北京市珐琅厂积极探索，旨在突破原有的限制，为景泰蓝寻找更新的表现形式和更广的应用领域。

1. 景泰蓝飞入寻常百姓家

传统的景泰蓝产品给人的刻板印象就是宫廷摆件，普通老百姓难得一见。而北京市珐琅厂以极为创新的理念研发了保温杯、果盘等实用物件以及耳钉、耳环等饰品，赋予了景泰蓝这种高雅艺术品以生活气息，让景泰蓝自然而然地走入"寻常百姓家"。本着"顾客至上"服务理念的珐琅厂还开拓了私人定制的服务，一些景泰蓝文化的爱好者对于产品的艺术设计和文化内涵有着一定的个性化理解，对此，珐琅厂始终以最大的尊重按客户的要求完成。

2. 景泰蓝与建筑装饰的跨界融合

经过不懈的努力，珐琅厂将自己的业务范围拓展到了室内装饰和室外城市景观布置。室内装饰方面，公司承接了北京首都机场专机楼、上海世博会主会场会客厅、江苏江阴华西村龙希国际大酒店，以及北京雁栖湖APEC会议主会场集贤厅等的室内装修工程。首都机场专机楼室内装修工程也被称为"国门工程"，整个大楼内，大大小小约有900处采用的是景泰蓝装饰，但这里的"景泰蓝"并不"蓝"，而是以中国传统文化中最具代表性的"红"为主色调，配上象征着吉祥如意的图案样式，向莅临的每一位国人和外国友人传达着中国人民最为诚挚和美好的祝愿。室外景观方面，公司承接了北京市昆泰国际酒店"花开富贵"、北京中华民族艺术珍品博物馆"生命的旋律"等大型室外环艺喷水池工程。"花开富贵"景泰蓝艺术喷水池工程以景泰蓝工艺为主体，融合了锻铜装饰、灯光系统等。整个景观以钥匙的理念，结合了光影与水系的灵动与美感，远看仿佛一块巨大的宝石镶嵌在地平线上。"花开富贵"体现了浓郁而又强烈的民族风格，层层叠叠的各式红花与黄叶，黄和红两种明亮的色调交相辉映，传递出的是一种繁荣辉煌的期待。景泰蓝与建筑装饰在常人看来原本是风马牛不相及的两种事物，由于北京市珐琅厂的积极探索、勇于创新、大胆设计，两者合二为一，发挥了更大的效用。可以说，这也是珐琅厂将自身产品的定位从单一收藏工艺品向兼备适应社会和大众需求的实用品转变的一次大胆尝试。幸运的是，这一尝试相当成功，为企业开拓了更大的市场。

3. 景泰蓝的"国礼"之路

景泰蓝作为"中华民族之国粹，宫廷艺术之典范"，理所当然地出现在众多外交场合，由国家领导人当作国礼赠送给外方领导人、友人。而北京市珐琅厂的景泰蓝当之无愧地代表着行业的最高水准，自然便成了国礼的首选品牌之一。2017年1月，习近平主席将北京市珐琅厂大师们制作的《盛世欢歌》赏瓶作为国礼赠予联合国瑞士日内瓦总部。赏瓶敞口镀金，瓶颈饰以宝相花纹，间隔"寿""双龙双凤"的吉祥纹路，瓶肚饰一对相视的孔雀，左右玉兰和牡丹争奇斗艳，双燕盘旋其间，象征着和平的鸽子神色泰然地立在石头上，红叶、黄菊交相辉映，瓶底又是宝相花纹，整个宝瓶极尽了中华文化中最为美好寓意的各类事物，没有杂乱无章反而在大师的手下相得益彰，充分体现了中华民族对于和平美好盛世延续的殷切希望，并对联合国多年的不懈努力致以最崇高的敬意。此外，习近平主席在达沃斯国际会议中心出席世界经济论坛 2017 年年会时赠予的《四面方尊》，也向世界表达了中国愿与各国人民一道共同进步、共担时代责任。

（三）做大做强，树立品牌形象

中华老字号品牌并不少，但是能够在时代洪流中保持"年轻态"的却凤毛麟角。北京市珐琅厂倾力打造的"京珐"品牌之所以脱颖而出，成为景泰蓝行业中唯一的中华老字号，既得益于珐琅厂从立厂之初就对产品特色极为重视，也归功于多年来对品牌文化的经营。

1. 及时止损，转换理念

20 世纪 80 年代以前，珐琅厂以出口外销为主，以高产能为目标，并不注重景泰蓝作为传统工艺品的艺术价值。到了改革开放时期，原有的经济体制改革，市场化程度不断提高，竞争环境更加激烈，这就促使珐琅厂不得不摒弃过去"重产量不重内涵"的生产理念，转而生产高附加值、高品质的产品。2002 年珐琅厂改为公司制以后，更是坚定地以"京珐"品牌文化理念为统领，不再像过去那样以产品为核心进行营销，而是以产品和品牌文化并举的模式进行组合营销。这一转变既有助于快速提升"京珐"品牌的知名度，又有助于实现企业的经济效益，当然也有助于景泰蓝文化的传播与发扬。

2. 以技艺保质量，以质量建品牌，以内涵兴品牌

罗马不是一日建成的，品牌也不是一朝一夕树立的。企业成立 60 余年来，珐琅厂始终以质量求生存，即使在成立初高产时期，也没有以次充好。即使工期短，京珐人想到的也是加班加点精心制作，而不是偷工减料，对于质量的追求是"京珐"品牌的立身之本。"我们宁可砸碎了卖铜，也绝不让一件残次品流入市场"，这是京珐人的傲气，更是为了不让质量

不过关的产品砸了"京珐"这一招牌。一件好产品的诞生必定离不开制作者的技艺，珐琅厂致力培养了行业三分之一的国家级大师和高级工艺技师，保证了每一件走出珐琅厂的产品都能质量过硬。

如果说质量是"京珐"打开市场的钥匙，那么其中蕴藏的文化内涵就是"京珐"在市场上如鱼得水的制胜法宝。祥云、飞龙、各种花鸟等图案以及宝相花纹、"福""寿"纹等纹样都是中华文化中暗示着最美好寓意的事物，在大师们的手下，经过一道又一道的工序，成了最为美好的祝愿，也成了中华传统文化最为有力的表达。

（四）爱才惜才，培育人才队伍

任何一项非物质文化遗产的传承，都离不开传承人的努力。在成立初期，珐琅厂领导人为了更好地恢复发展景泰蓝，不遗余力地将大清王朝覆亡后散落在民间各处的景泰蓝手艺人都请回到了珐琅厂的制胎、点蓝的工作台前，足以见得其对于人才的重视。随着时间的流逝，老手艺人日渐老去，如果没有新鲜血液的注入，手艺便会随之消失，珐琅厂人深谙这一点，所以，珐琅厂始终都注重人才队伍的建设。

为了引进人才，公司董事长衣福成曾在接受采访时表示，企业一线员工中约有20%是返聘的，这些返聘的员工大多积累了数年的工作经验，上手更快，对于景泰蓝制作中的细节之处也能准确把握。为此，公司给予了高工资、高福利的优厚待遇，以防人才的流失。为自主培养人才，公司从新员工初入职起，就积极鼓励员工学习技术、传承手艺，鼓励职工参与考取高级技师证书，鼓励公司技师参与各类大赛学习他人长处、积累经验。同时，对拿证拿奖的职工给予一定的物质奖励，从而进一步提高员工们的积极性。

景泰蓝的生产，细算起来有整整108道工序，一道工序与一道工序环环相扣，融汇了青铜锻造、瓷器制作、绘画、雕刻、冶炼等工艺于一身，无一不需要极大的耐心和细致，更需要精湛超群的技艺。"中国人善以极致的手艺创造极致的美"这种工匠精神在景泰蓝的制作上体现得淋漓尽致。俗话说"十年磨一剑"，要培养这样一个技艺超群的手艺人不是一蹴而就的，而珐琅厂的眼光够长远，愿意花十几年甚至几十年的时间"磨"出一个大师，这不仅表现在物质支持上，更有精神上的援助。

（五）自主创新，融入科技力量

"无创新，不发展。"任何一个企业，想要长足发展，创新必不可少，对于北京市珐琅厂这种老字号企业来说更是这样。庆幸的是，京珐人始终没有忽视创新的重要性，而是以开拓进取的精神从多个方面寻找企业的创新点，从而促使基业长青。

1. 生产过程中的创新

景泰蓝的生产经过了整整108道工序，所需的材料也纷繁复杂，而京珐人始终在创作的道路上寻求创新。技术上，自珐琅厂成立之时，工人们便开始寻求技术上的创新，不断改进落后工艺，冲床、旋压机等一些机械及模具的引进，既解放了部分劳动力，也让制作更加精细化、标准化。用料上，景泰蓝不仅图案变幻无穷，对于色彩的使用也非常讲究。但是，很长一段时间里，釉料釉色的可选择性并没有跟上技师对于用色准确性的严苛要求，珐琅厂为追求品质，多年来始终坚持探索，研制出玫瑰红、玫瑰紫、土黄色等新釉色，填补了空白。工艺上，自古以来景泰蓝的制作都是工人们按照自己的想法将大致的样式绘在纸上，要出产品才有设计图纸，也就是说，产品全凭工人们的脑子，这对工人们的技艺水平、创造力、记忆力、美学常识等方面的能力都要求甚高。为了规范生产，珐琅厂开行业之先河，率先实行了按图生产，不仅提升了产品的质量，也保证了产品的艺术性。

2. 艺术境界的创新

古话说，"无声胜有声"。而"留白"是艺术创作上的"无声"，更能渲染美、突出美的境界。但是对于景泰蓝这种以掐丝构图的技艺而言，留白意味着使用单纯色釉填充，如何体现美感一直是大师们渴望突破的难题。为此，钟连盛大师多年潜心研究，终于取得了突破，以严密的工艺进行控制，使得不同颜色的色釉连接流畅。《荷梦》是其代表作，作品将中国最具特色的水墨画与景泰蓝技艺完美融合，又有大面积的留白，开景泰蓝制作史上之先河，也提升了景泰蓝技艺的艺术境界。

3. 营销方式的创新

20世纪90年代以后，北京市珐琅厂一改往日代销的模式，转而实行购销模式，由此实现了营销战略的转型。其优势在于：第一，找准了自身的品牌定位——"精品景泰蓝"，不论是普通商品、工艺品还是收藏品，无论价格高低，"京珐"首先保证的是产品的质量，这既让消费者买得放心，又使其更愿意主动成为产品的宣传者。第二，实现了自身销售品类的创新。以往景泰蓝的产品多以观赏性的瓶、盏等为主，即目标客户群主要是收藏爱好者。珐琅厂另辟蹊径，研发了保温杯、果盘等极具生活气息的实用品，甚至通过技术创新研发了完全不同于以往"大器件"的"小物什"——耳钉，极大地扩充了公司的消费群体。此外，公司还创新性地将景泰蓝与建筑装饰结合，承接了一些室内、室外的景泰蓝装饰项目。第三，多方位优化销售渠道。转代销为购销后，珐琅厂坚持前店后厂模式，同时开放生产线，让消费者身临其境感受景泰蓝的生产过程，使其充分了解后再购买。近些年来，电商的发展日新月异，对于景泰蓝的销售而言，无疑是一件好事。珐琅厂线上开通了官方购买网站，并入驻京东、淘宝、寺库等线上平台，在为那些无法亲临现场购买的消费者提供便利的同时也在发扬景泰蓝文化。第四，多途径加大曝光宣传力度。珐琅厂不仅开放生产线允许顾客参观，还让工人充当讲解员，有兴趣的参观者甚至可以亲自掐丝点蓝。除此之外，珐琅厂主办了"景泰蓝淘宝大集""景泰蓝文化体验庙会"等文化活动，承接一些重要会议场所的室内装饰，从而增加媒体的曝光，为的就是有更多的渠道将景泰蓝展现在人民面前。

4. 作品风格的创新

进入市场经济时期，产品好不好、受不受欢迎，得看市场的数据。为此，珐琅厂以市场需求为切入点，面向"国内、国际、旅游"三个分市场分别研发了"华夏""欧美""伊斯兰"三大系列的文化艺术产品。这也体现了珐琅厂"紧跟时代、贴近生活"的创作指导思想。

（六）文化兴厂，铸就企业之魂

一个企业的长远发展需要企业的灵魂支撑，而企业文化正是灵魂所在。优良的企业文化能够让员工在企业内找到归属感，从而有更强烈的使命感，和企业荣辱与共，为企业的发展奉献更大的力量。北京市珐琅厂 60 余年的发展历史里，培养了一代又一代优秀的京珐人。他们身上的共同点在于都拥有艰苦创业、迎难而上、积极进取、顽强拼搏、爱岗敬业、忠于职守的精神。正是因为有这些京珐人的坚持与传承，今天的北京市珐琅厂才得以因"开拓创新、传承发展、铸就辉煌"的企业精神和"敢于负重、忠诚奉献、拼搏进取"的企业特质而为人称道。

（七）改制换衔，适应时代特色

1956 年初成立时，由 42 家私营作坊和造办处合并成立为公私合营企业；1958 年，国家又成立国营景泰蓝生产企业特艺实验厂，将北京市珐琅厂转换为国有企业。在计划经济体制时期，政府将企业收归国有，既是"集中力量办大事"的体现，也是社会主义建设初期稳定人心、平衡社会收入差距的需要。新中国成立初期，各项事业都处于起步阶段，尤其是我国的重工业，石油、煤炭等甚至大量依赖进口，而北京市珐琅厂生产的工艺美术作品却因为西方国家对于神秘的东方文化的好奇、向往而远销海外。对于珐琅厂本身而言，原料由国家统一派送，产品由国家通过外贸统一销出，既不用为了原料发愁，也不用为了销量苦恼，只需要尽全力提高产量，还能为国家创造更多的外汇收入。所以说，将珐琅厂从公私合营的企业改为国有企业是那个时代条件下最为恰当的选择。

到了 20 世纪 80 年代，随着对外开放和经济体制改革政策的实施，提高企业的市场化程度迫在眉睫，而其中的重要一环便是国有企业改革。2002 年 11 月，经过一段时间的整改与筹划，原为国有企业的北京市珐琅厂正式改制为不设任何国有资本的公司制企业，更名为北京市珐琅厂有限责任公司。这一改革的意义在于建立现代企业制度，从而更有利于企业有效地应对市场的需求和冲击。就北京市珐琅厂而言，改制后构建了更为科学、合理的组织架构，分流了企业员工，减少了冗余，使得工作的效率有所上升；建立了更为有效的产权管理制度，即企业有权对所属的资产占用、使用、收益和处分，压缩了过去长期积累的死账、坏账及库存囤货，解决了成本过高的问题；实行了更为健全的管理制度，奖惩更为分明，分工更加明确，同时提高了人才的战略地位并加大了培养力度；完全自主掌握了企业的生产和销售决策，生产上转而更重内涵而非单重量，销售上逐渐由代销转向购销，同时拓展了更多的销售渠道。

四、经验与启示

北京市珐琅厂60余年跌宕起伏的发展历程，为其他"中华老字号"企业发展提供了范式，也提供了诸多可供借鉴的经验。

（一）定位准确，不辱使命

对于北京市珐琅厂而言，从其成立之初就非常清楚应当以传承并且发扬"景泰蓝文化"为使命，使其不被时代所淘汰的同时，能够为更多的人接受、喜爱。也正是对于景泰蓝文化的这份热忱以及敢于担当的气魄，使得北京市珐琅厂成长为行业内的标杆，让"京珐"这一品牌形象日益丰满。可以说，景泰蓝文化自身的魅力和珐琅厂对于这种文化的坚守是其成功的关键。每一个"中华老字号"都是中华几千年文明遗留下来的瑰宝，其自身的优越性是毋庸置疑的，而企业应当做的便是去发掘其中的"美"，将这种美发扬光大，从而不辱自身使命。

（二）不断创新，锐意进取

对于北京市珐琅厂而言，"景泰蓝"数百年的历史文化积累为其发展奠定了基础，但倘若光打着优秀传统技艺的名号而不思进取，不改进技术、不提升品质，只会使"景泰蓝"蒙羞，进而被市场所淘汰。京珐人深谙"打铁还需自身硬"的道理，多年以来，始终愿意投入诸多人力、财力，致力于创新，体现在花纹装饰、成色色地、制作技艺、表现形式等方方面面。一直以来，"中华老字号"往往有着既定的成熟的制作方式和表现形式，有特定的受众，这对其发展和发扬产生了一些阻力。运用多角度的发散思维对产品进行多方面创新，且不断在新的基础上继续创新，是企业走向成功的捷径。

（三）注重体验，优化服务

对于任何一个企业而言，无论是出售产品还是出售服务，最终的着力点都在于牢牢抓住顾客，只有这样才能在市场上营利，实现经济价值。北京市珐琅厂的"顾客至上"理想体现在方方面面，开放生产线、配备专人讲解、兴办景泰蓝淘宝大会、开设景泰蓝博物馆等，既是在为顾客提供"体验式"的服务，更是在传扬"景泰蓝文化"。同时，在销售渠道方面，线上和线下双管齐下，利用新型的电子商务平台来提升知名度，为顾客了解和购买提供了便利。此外，还利用报纸、公众号、微博等媒体提升自身的知名度，在输出产品的同时也输出文化。很多优秀的传统文化往往容易给人以"老旧"的刻板印象，如何克服这一固有的错误印象，推陈出新、让传统文化在新时代焕发新机，北京市珐琅厂的经验值得借鉴。

国际经贸学院　项惠琴

传承传播"娘惹瓷"文化

一、背景

陶瓷产业在中国有着悠久的发展历史。唐宋之后，由于造船技术和远航技术的提高，我国的瓷器产品开始逐渐通过海路远销国外，这条海上通路被称为"海上丝绸之路"，也被称为"陶瓷之路"。陶瓷伴随着中国文化开始远销世界各地，对中华民族传统文化的传播和弘扬起了巨大作用。我国不仅是陶瓷生产古国，还是陶瓷生产和出口大国。改革开放以来，我国的陶瓷制造行业迅速发展，陶瓷制品的产量和陶瓷行业的企业数量都有了巨大的增长，我国的陶瓷总产量位居世界第一位，已成为世界上最大的陶瓷生产国和出口国。但目前，我国陶瓷行业的整体生产效率仍然偏低，技术水平不高，缺乏品牌意识。在国际日用陶瓷市场中，国内企业以完全自有品牌销售的陶瓷制品数量有限，在产品设计、文化创意和产品品质等方面与世界顶尖产业水平仍有差距。此外，我国的制瓷水平与国外先进水平在生产工艺和设备上也存在距离，尤其是在生产的自动化和智能化方面差距更大，部分自动化程度较高的成型设备大多依靠进口。

在国家节能环保政策的指导下，我国陶瓷行业的发展模式正在发生转变，从过去以"量增长"为主的模式转向"调整优化存量、做优做强增量"并存。随着经济的发展，原材料成本、人工成本和运输成本等都呈现出上涨趋势，部分陶瓷企业开始通过改进生产技术和设备升级，采用新型、节能的自动化设备，以及新工艺、新技术代替传统的生产方式，实现自动化流程和智能操作控制，提高了生产效率，提升了产品品质，降低了能耗和成本。未来陶瓷产业将以品牌、质量、服务、技术和设计创新为核心，以内涵式、创新性发展为主导。

以上海鸣徽文化传播有限公司为代表的一批主打"陶瓷"产品的民营企业对于我国陶瓷产品走出去，推进中华优秀传统文化的传播做出了积极贡献。

二、文化走出去的运作实践

（一）企业概况

上海鸣徽文化传播有限公司（以下简称鸣徽文化公司）成立于 2013 年。公司创立之初，主营陶瓷文化业务，如今企业已经转型为一家打造 IP、运营 IP 的专业文化传播有限公司，致力于对当代艺术文化的传承与推广，打造国内高端品牌。鸣徽文化的公司地址位于上海市嘉定新城阿克苏路 1358 号的嘉定"9+1"CBD 财富广场，公司拥有独立的艺术馆专门收藏名家书画及历代精品瓷器，馆藏国画大师精品力作已逾千幅。公司创始人沈文女士是陶艺文化的爱好者和传播者，她主张将艺术与生活结合，用创新的意识做文创品牌的领导者，设计出最精致的产品，把优秀的中国文化传承下去，并推向世界。"鸣徽"二字中的"鸣"寓意"凤凰鸣矣"，徽则表示系琴弦的绳，后用作抚琴标记的名称，古琴全弦共十三徽，又有美好、善良之意。

鸣徽文化公司目前主要经营与运营的 IP 是自主研发的"娘惹瓷"，这是公司在馆藏瓷器的基础之上，融入现代审美需求，经过名家设计，于 2014 年全新推出的系列陶瓷设计作品。"娘惹瓷"推出后由于其丰富的文化内涵和文化品位，受到国内外市场热捧，一批陶瓷产品已走向东南亚乃至世界。

（二）精心打造"娘惹瓷"特色产品

特色产品的打造是企业实现走出去的重要一步。特色产品可以提高企业市场竞争力，有利于打造知名品牌。鸣徽文化公司在走出去的过程中最重要的一步就是打造了"娘惹瓷"这一特色产品。

娘惹瓷主要是指19世纪中期至20世纪二三十年代东南亚马六甲海峡一带（主要是马六甲、槟榔屿、新加坡三地）的中国人从景德镇专门定制的一种粉彩瓷器，常饰以凤凰、牡丹图案，用于喜庆场合，如婚礼、寿宴、春节等，后来也用于日常生活。

19世纪中叶，在马六甲、槟榔屿和新加坡三个地区逐步形成了一个繁荣富裕、有着自己独特文化的华人社会，即所谓的"巴巴—娘惹"社会。"巴巴"（baba）指男性，源于马来语 bapak（祖父），"娘惹"（nonya）源于葡萄牙语，指女性，"巴巴—娘惹"则是总称。他们这里的人们使用巴巴土语——一种以马来语为基础的语言，混合了闽南语，并吸收了英语、葡萄牙语和泰米尔语的许多词汇，但都是按照汉语的语法表达。他们的文化融合了中国文化、马来文化及西方文化，但保持着华人的基本特征。娘惹瓷顾名思义就是娘惹们喜欢的粉彩瓷器。基于对"娘惹"文化独特魅力的喜爱及尊重，鸣徽文化公司开发了"娘惹瓷"系列产品。

鸣徽文化公司多年前开始对"娘惹瓷"瓷器文化进行深入了解，并对其展开全面学习、挖掘和开发。如今已经成功研发出近200种不同品类的产品，设计师团队也从最开始的院校设计发展到如今与国际一线设计师展开合作，产品慢慢向国际时尚型转变。这些产品既保留了"娘惹"文化的历史底蕴，又融入了独特古瓷的画法技巧，从而使"娘惹瓷"的产品有着别具一格的收藏价值。鸣徽文化公司开发的"娘惹瓷之合家欢乐饭古"和"娘惹瓷之五彩四喜果盒"在2017年4月第十二届文创产品展上获得"设计创新奖"。随着"娘惹瓷"产品不断增多，以及设计精美别致，"娘惹瓷"吸引了越来越多人的喜爱，逐步走向了新加坡、马来西亚等东南亚国家。

（三）开展陶瓷艺术教育与研学教育

优秀传统文化的传承和传播有利于弘扬中华民族精神。文化企业是文化生产和传播的主要载体，文化企业应主动承担起传承和弘扬中华优秀传统文化的职责。鸣徽文化公司立足于对中国陶瓷传统文化的传承与传播，一直致力于在陶瓷艺术教育培训上打造独特品牌。他们挖掘整理出 72 道"娘惹瓷"制造工艺流程内容，开发形成了面向 3 岁至 12 岁孩子的"娘惹瓷"文化教育课程体系。将中国文化元素融入其中，采用双语教育，致力于国际化的陶艺美学培训。目前，公司已在上海建立了陶艺吧体验馆，并在新加坡、马来西亚、美国以及国内 8 个省份都有了合作伙伴，携手开展陶瓷文化教育传播。

2017 年 12 月，鸣徽文化公司与华景集团达成了重要战略合作意向，在陶瓷艺术教育培训与研学教育、陶瓷博物馆、陶瓷文创产品以及 IP 开发运营、陶瓷文旅等领域展开合作，共同打造 China Story（陶瓷言语）全球少儿陶艺美学培训顶峰品牌。China Story 既可译为"陶瓷言语"，也可以理解为"中国故事"，可谓一语双关，从陶瓷文化的实际体验出发，推动中国传统文化的继承与传播。

（四）借助平台实现推广

在企业走出去的进程中，文创企业不仅要努力提升自身的发展素质，还要充分借助各种展会平台，不断地寻求商机，寻找新的顾客、供应商或者合作伙伴。

鸣徽文化公司于 2017 年 1 月在新加坡举办的国家对外文化贸易基地（上海）、国家版权贸易基地"中新文化新春展"上吸引了多家媒体与观众的目光，也借机在新加坡找到了战略合作伙伴，就此打开了新加坡市场。在进入马来西亚市场时，鸣徽文化公司主动出击，寻找代理商，做延伸产品，拓宽市场。鸣徽文化公司这一系列走出去的积极举动使其不仅在东南亚市场上声名大噪，还引得许多欧美客户闻名而来。展会的参与可以帮助企业获取所属行业内的最新资讯，鸣徽文化公司借助展会的推广平台将自己的最新产品、服务和技术推广出去，为自己带来更多的客户。文创企业通过参加各式各样的贸易展览会，搭建展现自己品牌实力的平台，可以帮助企业捕捉到更多走出去的机遇。

三、对外贸易走出去的成功经验

（一）对中华优秀传统文化的热爱与坚持

提及成功企业时，人们发出的声音多为羡慕和惊叹，但是每个成功的背后都有自己对初心的坚持。一个文创企业想要成功地走出去，必须有对自己品牌文化的热爱与坚持。对于鸣徽文化公司的创建者沈文来说，早期家庭对她琴棋书画方面的培养，使得她对艺术的解读多了一层认识。也因为对陶艺的热爱，使得她选择了陶瓷文创这条路。不论是在国内，还是在东南亚，她始终不忘对陶瓷的热爱，希望通过自己的努力，传承和传播中国陶瓷文化，并为中国优秀统的陶瓷文化教育打造一条产业链。就是这样的执着，使得她最终成功发掘了"娘惹瓷"这一 IP，并将它成功推向国内外市场。

（二）把握同根同源文化认同感

文化是民族之根、民族之魂。中华民族是一个具有强大凝聚力和向心力的民族。中华儿女无论是生活在本土，还是移居海外，对中华文化的认同始终不渝，基于文化认同而产生的精神动力生生不息。华人华侨有着同根同源的文化认同感，更加关注乡愁、乡音。鸣徽文化公司在走出去时正是把握住了华人华侨对于中华文化的高度认同感。

"娘惹瓷"等产品的出现使得东南亚华人客户眼前一亮。一方面"娘惹"文化本就源于东南亚的中华民族后裔，另一方面"娘惹瓷"带有传统色彩的华丽造型也勾起了华人华侨心底的民族认同感。

当"娘惹瓷"出现在东南亚文化市场时，立即得到了当地华人的高度认可。正是鸣徽文化公司对客户的民族文化认同心理的精准掌握，使得"娘惹瓷"在东南亚市场上广受好评。洞悉客户心理是企业做大做强的关键技能。

（三）对传统文化既要传承又要创新

在我国历史发展的长河中，形成了许多优秀的传统文化，对优秀传统文化的挖掘、整理与创新对于打造企业特色品牌、提升国家文化影响力和民族凝聚力都具有重要意义。面对前人留下的丰厚浩瀚的中华优秀传统文化，文创企业既要传承又要结合中国特色社会主义新时代的特点进行创造性转化、创新性发展。

要实现优秀传统文化的新生，必须对中华优秀传统文化的价值具有高度认同。鸣徽文化公司的创始人沈文女士一直致力于向世界展示中华文化的美与魅。出于对陶瓷文化的热爱，她将中国一个漂洋过海即将没落的文化产品带回到中国市场上，并不遗余力地让它重新发扬光大。郑和下西洋时流传下来的烧制陶瓷的先进技术在岁月的沉淀下，随着工艺的代代传承而愈发精湛。鸣徽文化公司整理了"娘惹瓷"的文化来源和制作工序，利用"微雕捏塑"这一非遗文化工艺重现了"娘惹瓷"的72道工序。为了让瓷器烧制出最好的效果，鸣徽文化公司在中国各地不断寻找原料，最终找到了符合要求的泥土。"娘惹瓷"在鸣徽文化公司的坚持下才有了现在高端瓷器市场上的全新格局。为了符合现代人的审美，鸣徽文化公司坚持在工艺上保留传统，在造型设计上广纳贤才，对于外观设计进行创新研发，将传统与现代相融合，这也是"娘惹瓷"在展会上充分吸引国内外客人注意的重要原因。鸣徽文化公司将历史上辐射"输出"到海外的中国瓷文化又"引回"中国进行再创作和开发，使之在国内外大放异彩。

（四）重视知识产权保护

随着国际市场竞争的日趋激烈，海外知识产权风险将呈现出愈加复杂的态势，甚至成为引发双边或者多边贸易争端的重要因素。企业在走出去时必须要防范海外知识产权风险，加强知识产权的海外布局。

鸣徽文化公司在开发 IP 的同时申请了 4 项专利和 20 多个器型保护，这些体现了企业高度重视并全方位认识知识产权。企业在走出去前就拥有提前进行专利布局的意识，研究目标市场上的专利布局状况，避免专利侵权行为的发生，同时在目标市场上积极保护自己的合法权益，这些举措都有利于企业在走出去时走得更远、更好。

四、面临的问题

随着人们物质生活水平的不断提高，人们对于精神文化的需求也越来越高，我国也愈加重视文化产业的发展，文化产业成功走出去的同时也提升了我国的文化软实力。但是，在新的产业发展趋势下，我国文化产业走出去面临着来自各方面的挑战。鸣徽文化公司在走出去的进程中面临的问题主要体现在以下几个方面。

（一）"娘惹瓷"等传统文化产品的国际认可度亟待提高

改革开放以来，我国对外交流日益增强，尽管鸣徽文化公司生产的诸如"娘惹瓷"之类的传统文化产品在国际舞台上十分吸引国际友人的目光，但就世界整体范围来看，国外对中华优秀传统文化本身的了解还不够深入。众所周知，古董、丝绸、茶叶等传统商品是中国商品在海外的标志，但其之所以被认可是因为其商业价值，很少有人进一步探究其文化价值根源。隐藏在"娘惹瓷"这些产品背后的是灿烂的中华优秀传统文化。因此，鸣徽文化公司在打入国际市场时常常遭遇"文化折扣"，被某些人低估了其商业背后的文化价值。陶瓷产品的价值不仅体现在其精湛的制作工艺以及华丽的外表上，更重要的是其背后几千年的中国陶瓷文化。大众对于文化认可度的提高能够给产品带来有效增值，更有利于企业的文化产品走出去。

（二）缺乏"做大做强"的长远规划

相关研究表明，拥有大规模国内市场的国家，在文化产品国际贸易中往往具有竞争优势。我国文化产业的国内市场规模很大，这对鸣徽文化公司来说是一种优势，但这一规模优势没有转化为企业在国际贸易中的竞争优势。中国拥有 14 亿人口，拥有着庞大的市场。作为民营企业之一的鸣徽文化公司在满足国内大众消费的同时就可以拥有足够的收益，这导致了企业走出去欲望不够强烈，更多的精力还是放在国内市场。经营者对于当前自己的企业规模及营利情况已较为满足，并没有在如将让企业"做大做强"上下更多功夫。企业应该在市场环境的快速变化的情况下扩大视野，把目光投向更广阔的国际市场，这不仅能促进企业的发展，还能推动中华文化走出去。

（三）企业客户群不够明确

在过去 20 年的外贸模式中，类似鸣徽文化公司这样的民营企业产品走出去以进口商采购的形式较多，也就是根据客户的需求生产商品。近几年随着产业链结构和流通结构的重新调整，鸣徽文化公司作为文化企业在走出去的过程中更应该注重自己的市场定位和客户群定位。企业找准自己的市场定位，精准锁定客户群，可以把产品快速向消费群推广。陶瓷产品在走出去的过程中面临着不同的消费群体，这其中一部分人是精品陶瓷的消费群，热爱收藏陶瓷工艺品，也有一部分人对日用类瓷器更感兴趣。因此，如何把握不同的客户群体是企业在营销中需要关注的问题。

五、对策建议

（一）针对消费者需求进行传统文化创新

在文化创意产业中，创新创意能力是综合竞争力提升的重要指标。习近平总书记在党的十九大报告中指出："要坚持中国特色社会主义文化发展道路，激发全民族文化创新创造活力，建设社会主义文化强国。"创新创造是文化发展的根本动力。只有激发全民族文化创新创造活力，源源不断地推陈出新，才能推动社会主义文化繁荣兴盛，更进一步推动文化企业走出国门，走向世界。

优秀传统文化在当代的传承离不开创新、借鉴和融合。传统与现代元素的融合可以为产品拓宽受众群体。根据不同的消费群体对传统商品进行创新研发设计，打造更符合现代人生活习惯和需求的实用性产品。通过结合当代流行元素，传统陶瓷产品也可以吸引年轻人的目光，从而拓宽消费市场。坚守中华文化立场，推动创造性转化、创新性发展，中华优秀传统文化才能焕发出新的时代风采，适应更广阔的需求。

（二）制定完整的营销策略

在机遇与挑战并存的经济全球化时代，企业想要走出去必须以国际市场营销做理论指导，以谋求更好的发展。走出去的市场营销策略不仅受国际政治经济局势影响，还受目标市场所在地的人口、社会、文化等多种因素影响。所以，拥有一套完整的营销策略是企业成功走出去的重要前提。

鸣徽文化公司在走出去时虽然依托平台推广和口口相传的好品质拥有了部分客户群，但是在拓展客户群和寻求市场机会上显得力不从心。企业必须基于对目标市场所在地的调研，制定完备的营销策略，精准定位，才能更好地发挥自身优势，提高自主创新能力。

（三）坚持做高质量产品

企业想要走得长久，必须将产品质量放在第一位，质量决定销路，高质量产品是企业走出去和客户交易时的信心保证。长期以来，中国的瓷器商品在国际市场上饱受质量争议，似乎"中国制造"就代表着"廉价""低质量"，但是在今天，企业想要走出去，想要站得稳，就必须提高自己的产品质量。在烧制瓷器的过程中，始终将产品质量把控放在第一位，只有烧制出来的瓷器的质量丝毫不亚于日本及其他瓷器生产大国，才能提高中国瓷器的产品竞争力，在国际市场竞争中拥有更多的话语权。

（四）注重特色品牌效应

世界品牌实验室发布的"2015 年世界品牌 500 强"排行榜显示，从品牌数量的国家分布看，美国占据 500 强中的 228 席，英国以 44 个品牌位居第二，法国以 42 个品牌居于第三。中国有 31 个品牌入选，和我国的大国地位并不相称。中国长期形成的"制造大国，品牌小国"的印象还有待改变，而品牌效应对于企业走出去来说有着至关重要的意义。

"品牌保护"一直是中国企业在走出去的过程中强调的重点问题。企业需要通过详尽的内外部分析，特别是对行业内客户、领军企业进行访谈，做好品牌文化内涵的建设，定位行业发展中最具价值的品牌内涵特性。在品牌国际化的过程中，企业应不断创新产品形式和宣传方式，形成自己独有的既定模式与整体感，宣传策略上要充分考虑各国文化背景的差异、语言、广告媒介等各类制约因素。利用各种国际展览会等机会，加大海外推介力度。在国际论坛、展览会、商品交易会上，除了展示新产品和先进技术外，也可以向国外媒体和消费者传递自身的品牌理念。品牌的打造更是在为企业走出去之后的下一步发展战略铺路。

马克思主义学院　方梦悦　李春霞

打造海洋品牌，推动文创产品走出去

一、"航海"之文化背景

中国航海历史悠久。在距今约 7000 年前的新石器时代晚期，人类已经有了初步的航海活动，"刳木为舟，剡木为楫"。春秋战国时期，木帆船诞生，开始出现大规模的海上运输和海上战争。从隋唐五代到宋元时期，中国航海业全面繁荣，海上丝绸之路远至红海与东非之滨。由于以罗盘导航为标志的航海技术取得重大突破，中国领先西方进入"定量航海"时期。到明代永乐至宣德年间，郑和率领远洋团队，先后七次下西洋，遍访亚非各国，将中国古代航海业推向顶峰。然而，中国晚期封建主义逐渐保守与僵化，严重阻碍了中国航海业的进一步发展，中国航海业从而进入由盛转衰的时期。

航海活动是帝王实现政治、军事、经济与外交等目标的重要手段。历史说明，航海是人类最早认识、征服、开发、利用海洋的先驱事业。没有海洋，就没有生命和人类，没有航海，便没有现代的文明世界。然而，由于各国对海洋的认识、利用的差异，航海事业在各国所处的地位不同，决定了世界发展的不平衡性。凡是航海发达、坚持海洋活动的国家都富强了，而所有漠视海洋、航海衰落、实行闭关锁国的国家都落伍了，大多成了列强的殖民地，形成了贫富悬殊的国家和世界社会。追溯中国航海的发展历程，中国航海史折射着"航海盛，国家强；航海衰，国家弱"的一般规律，所以航海对国家的发展起着十分重要的作用。

新中国成立后，我国航海业得到恢复和发展，促使对外开放步伐加快，也支撑着国家经济快速发展。中国航海兴衰史，折射着中国国力的盛衰变迁，佐证着"面海而兴，背海而衰"的客观规律。

二、中国航海博物馆发展道路

（一）公司概况

为迎接郑和下西洋纪念日暨中国航海日的到来，由交通运输部和上海市人民政府共同筹建了中国第一家国家级航海博物馆。2010 年 7 月 5 日，中国航海博物馆正式开馆并对外开放。中国航海博物馆是我国规模最大、等级最高的综合性航海博物馆。中国航海博物馆旨在弘扬中华民族灿烂的航海文明和优良传统，构建国际航海交流平台，培养广大青少年对航海事业的热爱，营造上海国际航运中心的文化氛围。

博物馆建筑面积 46434 平方米，室内展示面积 21000 平方米。馆内以"航海"为主线，"博物"为基础，分设航海历史、船舶、航海与港口、海事与海上安全、海员、军事航海六大展馆，渔船与捕鱼、航海体育与休闲两个专题展区，并建有天象馆、4D 影院、儿童活动中心，涵盖文物收藏、学术研究、社会教育、陈列展示等功能。

（二）企业发展道路

中国航海博物馆是我国宣传航海文明成就的重要窗口，是保护、展示历史文化遗产和人类环境物证的文化教育机构。为此，中国航海博物馆的筹建以文物收藏、陈列展示、学术研究、社会教育这四大博物馆基本功能为主线，逐步推进展开。

第一，文物收藏功能。面对我国航海文物流失严重、长期缺乏系统保护的情况，博物馆明确征集重点、完善征集方案，在对各港航管理部门、企业进行集中重点征集的基础上，积极搜集各类民间资料、文物信息，加大宣传力度，采取有效措施，引导和鼓励海内外人员捐赠航海文物。2007年，交通部和国家文物局联合下发文件，上海市人民政府也颁布政府令，动员鼓励各单位和社会各界支持中国航海博物馆的文物征集工作。在文物征集人员的不懈努力下，博物馆从最初每月只能征集到几件实物文物逐步发展到每月征集到数百件实物文物，使馆藏数量迅速增加到 2 万件以上。另外，还征集到各类海图 5 万份，文献书籍 2 万册。

在与各地文博单位开展联合办展、文物借展、征集等方面，中国航海博物馆与有关行业博物馆积极建立长期合作的机制和模式，在资源共享、展品陈列、学术研究等诸多方面开展全面合作，共同促进中国博物馆事业的繁荣与发展。此外，为保持博物馆的可持续发展，在对历史文物进行系统收集的同时，以"今天的实物、明天的文物"为指导思想，进一步开展了当代及现代文物的征集工作。如今，在第一批陈列的 2300 余件展品中，既有数千年历史的木桨、青铜器、船模，以及数百年历史的地图、海图、航海仪器、舵杆等见证我国航海历史和航海技术的一批"镇馆之宝"，也有"振华 4 号"轮在亚丁湾成功击退海盗的实物、北京奥运会开幕式上的表演道具船桨、上海世博会开幕式上承载着光荣与梦想的旗船等。

此外，船模的征集与制作也是中国航海博物馆的特色与重点工作之一。目前，全馆共陈列并馆藏各类船模近 400 艘，工艺、质量及规模均达到国际先进水平。中央大厅陈展的明代福船，经过造船专家论证，设计总长 30.6 米、型宽 8.2 米、设计排水量 223.4 吨，三桅三帆尽显明代古船壮观景象，是一艘可以实际下水航行的实船。其建造过程中采用的榫卯连接等传统造船工艺已被列为我国非物质文化遗产。

今后，中国航海博物馆还将进一步立足于对各类航海物品、工艺作品的系列展示与收藏，努力丰富博物馆馆藏种类、数量与内涵。

第二，陈列展示功能。中国航海博物馆的陈展设计与展品征集同步，先后经历了国际创意理念征集、国内布展方案征集以及陈展设计方案选定，历时两年多的艰苦过程。博物馆始终秉承"以物说话"的陈展原则，同时探索独特的陈展理念，即展示时将中国航海历程置于世界航海发展中，凸显我国航海历史和航海技术曾经的辉煌与落后；尽可能生动形象地传播航海知识，普及航海技术；采用虚实结合、动静结合的方法，设置了70 余项互动类展项，让观众体验航海的魅力和科技的进步；努力打造观众喜闻乐见、体验参与式的精品展览。在试运行中，中国航海博物馆的陈展理念和陈展形式得到了观众的充分肯定。

第三，学术研究功能。中国航海博物馆除了收藏和保护航海文物之外，还有研究、传播和交流航海文明的作用。在筹建过程中，博物馆已先后出版了四期电子刊物，充分发挥学术研究对文物征集和陈列展示的支撑作用。此外，交通运输部已决定将中国航海博物馆作为我国航海文化的研究交流基地。同时，中国航海博物馆已经与意大利、荷兰、澳大利亚、加拿大、德国等5个国家航海博物馆建立了"友好馆"关系。在此基础上，中国航海博物馆还将继续加强对外合作交流与自身研究水平的提升，努力打造国际航海文化交流平台。

第四，社会教育功能。开馆后，中国航海博物馆坚持"以人为本、服务公众"，采取"走出去、请进来"的宣教方式，开展丰富多彩的航海科普知识普及活动。目前，在市科委、市教委、市旅游委、浦东新区等政府部门的支持帮助下，中国航海博物馆已与上海市各大高校、部分社区、中小学校、群众社团等建立了工作联系。

作为我国第一家以航海为主题的国家级博物馆，中国航海博物馆克服了筹建初期没有藏品、没有专业人士、没有现成模式参照以及资金筹措、场馆建设等方面的困难，充分调研、借鉴了国内外优秀场馆先进经验，培养塑造了一支熟悉掌握场馆建设管理、文物征集、布展设计、陈展装修、社会教育以及学术研究的干部职工队伍。还与意大利、荷兰、澳大利亚、加拿大、德国等国家航海博物馆建立了友好关系。

三、依靠"文创产业"，推动中国航海博物馆走出去的经验

（一）中国航海博物馆发展文创产业的必要性

博物馆作为特殊的文化机构，以其特有的文化资源承担着服务公众的基本功能。所以，博物馆文化事业发展首先要考虑的问题就是如何将博物馆的丰富文化资源传播给观众，加深人们对相关文化的了解。但随着现代

社会的不断发展和变革，博物馆在社会职能方面发生了巨大而深刻的变革。博物馆不再仅仅是具有收藏、研究、展示、教育等多功能公共文化机构，也成为满足社会大众精神文化产品和公共文化消费需求的生产者。如何将博物馆的丰富文化资源传播给广大观众，让人们更多地感受博物馆的文化力量，是博物馆的文化事业发展首先需要思考的问题。因此，博物馆依据其特定使命开发创意文化产品，既是现代博物馆公共服务的重要内容，也是博物馆文化传播和知识推广的有效途径。博物馆通过开发具有特色的文创产品，使得博物馆文化始终保持应有的温度，满足来访者的不同文化需求，加深来访者对博物馆文化的了解。

2010 年开馆以来，中国航海博物馆十分重视文创产业的发展，文创产品主要分为工艺船模类、办公文具类、生活用品类、印刷品等十二大类。博物馆文创产品销售场所主要为两处固定的纪念品销售点（展厅二楼北门出口旁及南门处）和一处临时销售点（亲水平台），固定商店面积共计 280 平方米。博物馆现有文创产品总数累计达 1000 多种，主要开发模式分为自主设计、委托设计和合作代销。其中自主开发设计产品占 70%，委托设计产品占 20%，合作代销产品占 10%，博物馆的销售方式主要以实体店铺为主，目前馆内在售文创产品数为 300 余件。同时，中国航海博物馆与武汉中山舰博物馆、宁波港口博物馆、城市规划馆、环球港、金茂大厦等在商品销售方面达成了密切的合作，还与"看展览"平台合作于微信平台上线。目前正在推进开通天猫旗舰店。博物馆近三年的文创产品销售额达到 234 万元。博物馆中负责文创开发管理团队为 5 人，其中包括 2 名文创设计师，另有营业员 8 人。

（二）紧跟政策形势，促使文化产品走出去

2013 年习近平总书记在中共中央政治局就提高国家文化软实力研究进行第十二次集体学习时强调，要"要弘扬社会主义先进文化，深化文化体制改革，推动社会主义文化大发展大繁荣，增强全民族文化创造活力，推动文化事业全面繁荣、文化产业快速发展，不断丰富人民精神世界、增强人民精神力量，不断增强文化整体实力和竞争力，朝着建设社会主义文化

强国的目标不断前进。要系统梳理传统文化资源，让收藏在禁宫里的文物、陈列在广阔大地上的遗产、书写在古籍里的文字都活起来"。

2015 年国务院颁布的《博物馆条例》第三十四条明确指出，"国家鼓励博物馆挖掘藏品内涵，与文化创意、旅游等相关产业相结合，开发衍生产品，增强博物馆发展能力"。

2016 年 3 月国务院印发的《关于进一步加强文物工作的指导意见》中强调，"要大力发展文博创意产业，支持引导文博单位和社会资本开发原创文化产品，打造文化创意品牌"。

2016 年 5 月国务院办公厅转发了文化部、国家发展改革委、财政部、国家文物局《关于推动文化文物单位文化创意产品开发的若干意见》（以下简称《意见》）。《意见》中明确鼓励具备条件的文化文物单位开展文化创意产品开发；明确文化文物事业单位文化创意产品开发取得的事业收入、经营收入等按规定纳入本单位预算统一管理，可用于加强公益服务、藏品征集、继续投入开发、符合规定的人员绩效奖励等；中央和地方各级财政通过现有资金渠道，加大对文化创意产品开发工作的支持力度；按照试点先行、逐步推进的原则，在国家级、部分省级和副省级博物馆、美术馆、图书馆中开展试点，允许在开发模式、收入分配和激励机制等方面进行探索。

在国家大力发展文创产业的政策背景下，中国航海博物馆切实贯彻国家政策，推动文创产品开发。海博馆将博物馆文化与文创产品密切结合，在推广产品的同时传播航海文化，加深消费者对于航海历史、航海精神的了解，使得航海文化"活起来"。博物馆积极配合馆内公益活动、展览开发文创，制造社会热点关注，起到反哺博物馆品牌、提升博物馆社会效益的作用，力争在 5 年内全面提升海博馆文化产业的综合素质。

四、文化走出去面临的问题

（一）资金匮乏

造成目前我国公立博物馆资金状况的外部原因主要有以下几个方面：

直接的财政资金支持少；法律政策不完善；激励手段单一。中国航海博物馆的资金来源主要分三个方面：一是国家财政拨款，二是博物馆自营性收入，三是博物馆捐赠收入。

1. 国家财政拨款

中国航海博物馆属于公益性事业单位，政府财政拨款是公立博物馆运营经费的主要来源。目前，我国公立博物馆的财务预算方法有以下三种选择：全额预算、差额预算、自收自支。其中，对实行全额预算和差额预算的博物馆来说，国家财政拨款在其经费来源中扮演的角色更为重要。中国航海博物馆属于政府全款拨款单位，政府的拨款主要用于包括员工的基本工资、文物的日常保护、展示和讲解等方面，即保障博物馆的日常运行，而在征集文物、科学研究、扩大宣传、设备和技术升级、主动发展、引进人才等有关博物馆建设发展方面，财政拨款的作用十分微弱。

我国经济建设尚不完善，虽然国家对公立博物馆的投入额在逐年增加，但从支持博物馆运营发展来看，投入总额明显不足。在短时期内，公立博物馆建设主要依赖政府财政支持，国家对博物馆事业的投入直接影响着博物馆建设的规模、水平和效益。

2. 博物馆自营性收入

中国航海博物馆的自营收入包括事业收入和经营收入。事业收入是指事业单位开展专业业务活动及辅助活动取得的收入。经营收入是指事业单位在专业业务活动及其辅助活动之外开展非独立核算经营活动取得的收入。具体来说，经营收入来自利用博物馆资源优势、人才优势开展的有特色的讲座、咨询、鉴定、设计等形式的活动取得的收益。事业收入是我国公立博物馆自营收入的主要来源，其次是经营收入。

就我国公立博物馆的事业收入来说，现阶段，门票的收入占据主要地位。而以目前实际情况来看，只有以旅游业为依托的大型博物馆，如北京的故宫、陕西的兵马俑博物馆等，才有可观的门票收入。大多数公立博物馆因参观人数稀少而很难有可观的门票收入，经费不足问题十分严重。此外，博物馆经营收入也与不同博物馆的性质有关。从经营收入的总量来看，综合类和历史类博物馆的经营收入相对较多，自然科技类博物馆的经营收入最少。

中国航海博物馆单纯依靠门票收入，难以维持自身发展，所以需要积极寻找新的发展路径，也就是开发文创产品。中国航海博物馆将航海文化融入文化创意产品的研发设计中，不仅能借助文创产品宣扬航海文化，而且销售产品所得收入可以满足自身的经营发展需要。但是由于文创产品销售渠道单一，目前仅仅依靠博物馆内的销售平台，又受限于客流数量、构成等多种客观因素，造成中国航海博物馆的文创收入仍然有限，并且每年的文创收入还要用于下一年的基础文创产品研发。所以，目前文创产品销售收入并不能为博物馆的整体发展提供资金来源。这也就造成了产品数量上不去、营销渠道打不开的恶性循环。

3. 博物馆捐赠收入

博物馆的捐赠收入可以分为资金捐赠和实物捐赠，在我国现阶段以实物捐赠居多，捐赠氛围不够浓厚。捐赠收入的被捐助对象往往是如上海博物馆这样的大馆、名馆。并且，捐助者大都是企业、旅居海外的华人、社会名流等，其范围较有限。普通的民众百姓还没能参与到博物馆捐赠中来。同时，在博物馆捐赠收入方面，政府对博物馆捐赠的税收政策直接对博物馆生存与发展的社会环境造成影响。目前，我国博物馆行业的税收优惠范围较小，除了门票收入，各种展览收入、资料收入以及接受资助收入等均没有纳入博物馆的非纳税收入范畴。

综上，与其他收入来源以及其他规模较大的博物馆相比，中国航海博物馆的捐赠收入较少，并且要缴纳一定的税收，所以短期内很难成为创收的主要渠道。但是考虑到我国金融经济日益繁荣，社会资源逐渐丰富，捐赠收入在博物馆创收工程中的开发潜力很大。

（二）体制机制的限制

博物馆需要大量的资金来支撑自身发展。在国际上，很多博物馆能基本做到资金自给自足，除政府有限的拨款外，博物馆主要依靠社会支持，依靠乐于参与博物馆活动又不从中渔利的人和团体。近年来，越来越多的博物馆开始尝试从"资金筹措"转向"资金开发"。国内博物馆要实现这种转变，还需要很多实践，机制的问题也有待解决。目前，在公立博物馆的自营收入方面，制约我国公立博物馆创收能力的内部因素是僵化的管理体制和运行机制。我国公立博物馆为全民所有制的事业单位，其管理方式陈旧，经济管理体制效率低下，运营缺乏自主性和积极性。

博物馆作为社会公益性事业单位，其产生和发展都是由社会需求决定的。博物馆"收藏、保护、研究、展示人类活动和自然环境见证物"的基本职能也说明博物馆通过提供社会服务、实现社会效益、促进社会发展的存在价值。因此，为了满足人民群众日益增长的文化需要，博物馆作为我国公共文化服务体系中的重要一环体现了政府的社会职能和文化教育职能，是我国经济社会发展中提供公益服务的重要载体。然而，为了提供更好、更广泛的社会服务，作为非营利机构的博物馆要想维持正常的运转和实现自身发展，也需要消耗大量的工作资源。因此，如何获得这些资源，以及如何高效地管理和利用好这些资源便成为新时代博物馆行业所面临的当务之急。

在国内文博文创行业高速发展的今天，各大博物馆纷纷使用社会化的手段来开展自身文创产业的发展，文博文创正式进入了市场化阶段，原先事业体制的烦冗、复杂的工作流程已经不能适应迅速、高效的文创市场。博物馆的文创发展同样受制于此，拥有优秀的文化资源平台却无法充分利用这些文化优势，在资金运作、收入分配、合作模式、激励机制等各方面都无法有效进展。

（三）馆内合力不足

博物馆的发展离不开馆内各部门之间的紧密合作与技术支持。中国航海博物馆文物展览以及文创产品销售等日常活动，都需要部门之间的配合。团队建设是博物馆工作中重要的一环，科学的人才引进、培养、管理可以为自身发展奠定良好的基础。博物馆主要分为藏品修复部、藏品征集部、运营开发部、信息技术部、社会教育部、学术研究部、陈列展示部、物业管理部、安全保卫部、财务部等部门，各部门各司其职，共同致力于博物馆的健康持续发展。但是部门与部门之间的协调能力仍然有待改进，尤其是近年来发展迅速的文创产业，中国航海博物馆目前的文创专职团队共有 4 人，暂无专属产品设计人员，团队人数配置更是不到目前国内主流博物馆的十分之一。人员不足并缺乏有针对性的培养、培训体系，造成了中国航海博物馆文创工作投入力量不足、专业性不强、团队意识较弱的缺陷，很大程度阻碍了中国航海博物文创产业的发展。

目前，博物馆在馆内配合上主要有以下几点问题：

1. 博物馆数字化程度不足

博物馆数字化是指实体博物馆将计算机技术和多媒体技术应用到博物馆馆藏文物的保管和展览中，并延伸至博物馆服务、教育和科研功能的发挥。通过数字化将博物馆的藏品置于网络，展示效果更加逼真，从而能够更好地保护藏品，更加形象生动地展示文物，突破博物馆的传统展览模式，超越时间和空间的限制。博物馆数字化是顺应时代潮流的，是保障博物馆与时俱进发展的重要手段，能够更好地宣传介绍馆内藏品。馆藏数字化使得公众在网络上就可以看到文物，了解到文物的信息，更好地认识文物，所以数字化对于推广博物馆具有重要的意义。除此之外，数字化还是文创产业发展的重要基础，诸如文创的授权开发这样国内新兴的商业模式，在国外早已是博物馆文创的主要收入来源之一，但它必须依托于高清数字化的馆藏。中国航海博物馆目前的数字化程度远远不够，藏品的数字化不仅数量不足，精度也不够，这对文创产品的开发形成了障碍。

2. 临展产品开发信息传达不及时

临展产品开发有着开发周期紧、销售周期短的特殊性，这就更需要提前获取临展相关信息以及展品相关素材，以便预先做好临展产品开发准备工作。目前，中国航海博物馆临展信息往往在接近临展期时才会正式传达，甚至临展开幕后也拿不到相关资料，这也导致了中国航海博物馆临展文创开发工作的滞后甚至停滞。

3. 海博馆对外宣传不足

博物馆除了日常研究工作之外，还具有文化宣传教育的功能。要想充分发挥出博物馆的功能，就要吸引更多的观众参与到其中进行参观学习，进而能够有效地实现其教育功能。所以，博物馆作为拥有深度文化内涵、高度学术基础的机构，需要把这种最精华的内容翻译成大众能够理解的语言，只有这样公众才会有兴趣，就是博物馆宣传的意义所在。有效的宣传手段能推动博物馆工作的顺利进行和我国历史文化传播速度的加快。但就目前的博物馆宣传工作来说，很多博物馆只注重陈列展览，没有树立博物馆宣传意识，没有认识到有效的宣传工作在博物馆发展中的重要作用，故其宣传力度不大，宣传方式创新力不强。而且博物馆的资金主要投入到了藏品等收购中，这就导致了博物馆宣传资金短缺，甚至没有资金。在这种情况下，虽然博物馆收购了大量有价值的文物，但是人民群众对于藏品情况并不知晓和了解，这也致使博物馆参观人流量较少。

五、走出去启示探析

（一）建构独特的博物馆文化特色

影响公立博物馆自营收入和捐赠收入的一个内部因素就是博物馆的直接产品（陈列展览）和间接产品（服务的质量和水平）。陈列展览是最能体现博物馆本质的"直接产品"，如果它吸引不了观众就犹如一个企业所生产的产品不合格或不受消费者认同而出现滞销一样。中国航海博物馆要紧扣航海主题，发掘具有航海特色的文物，在尊重历史的基础上，面向未来，积极创新，展现航海魅力。同时，要有针对性地分析国内外优秀航海企业文化建设的案例，提炼总结这些优秀航海企业的制度文化、行为文化、精神文化，重点对企业的核心价值进行整合、借鉴与吸收，形成自己的独特风格。

（二）强化博物馆的公益性功能

博物馆作为文化艺术瑰品的典藏馆，拥有珍贵的馆藏文物遗产资源，能为社会工作提供更丰富、更高层次的精神文化产品与服务，满足人们日益增长的精神文明需求，在教育、文化、科学、旅游、环保、休闲娱乐等各个方面，成为人们感受历史、学习文化、接受爱国教育、获得艺术启迪的重要场所。

当博物馆的文化教育功能得到强化，将会吸引更多的市民前往参观，加快全市的精神文化建设进度。只有当博物馆的文化地位得以确认，当地的政策性支援才会向博物馆进行倾斜，才能在很大程度上缓解博物馆的资金短缺问题。只有形成一个良好的文化生态循环，博物馆的资金流才能得到保障。

（三）事企分开的产业化经营

在市场经济条件下，公立博物馆要生存，唯有与时俱进，增强市场意识，变革经营理念，拓展经营思路，充分挖掘自身的市场潜力，在政府资源配给不足的情况下主动寻找发展资源，依靠社会资源的注入弥补经费的不足，提高自身获取资金和增加收入的能力，用于再发展。比较普遍的做法就是结合博物馆文化，大力发展文创产业，以产品的形式让更多的人了解相关文化。

博物馆的产业开发对促进博物馆的事业发展至少具有以下作用：一是通过产业开发发挥博物馆的功能，二是通过产业开发造就博物馆的人才，三是通过产业开发吸引博物馆的观众。只要操作方法得当，一个事业和产业比翼齐飞、相得益彰的局面就会呈现。目前，与故宫博物院等机构相比，中国航海博物馆文创产业发展在很多方面有待进一步改进。

1. 提升文创产品设计和开发能力

（1）依据中国航海博物馆特色提取航海文创元素。从文物元素、航海标志、航海文化三方面着手打造航海特色文创体系。加强文创开发与提供文物元素、学术支撑、技术支持等相关部门之间的紧密配合，加强对文化创意产品开发关键技术和核心工艺的研发攻关，如多维数据采集、3D建模和打印、历史传统工艺研究和再现等。推动中国航海博物馆建设类型多样、体系完整、内涵丰富的数字化航海文化创意资源数据库，到2020年，提炼转化航海特色的文创元素50种。除此之外，要将文创产品与临展结合开发，及时把握博物馆临展的流行性及较高的公众关注度，加强临展文创开发，开发观众更感兴趣的文创产品。

（2）积极开拓文创开发渠道，寻求多样化又切实可行的商业合作模式。逐步从目前的委托设计开发加代销设计开发的开发模式转变为自主设计开发加授权设计开发的模式；从完全依靠外部力量来支撑博物馆文创产业发展转换为使用博物馆自身设计力量结合社会资源来发展博物馆文创事业。提升博物馆产品的艺术性、文化性和契合性，并将博物馆的资金压力有效转移，实现博物馆与社会企业的合理双赢，为中国航海博物馆文创产业摆脱资金限制及循环发展打下坚实基础。

（3）依托数据分析，按品类比例循序开发。逐步建立起由专人负责的销售数据分析体系，内容包括对每件新开发产品的销售额、成本、利润之间的比率关系分析、衍生数据研究、分析报表建立等，为合理地再开发提供准确的依据。结合实际的销售数据和开发状况，中国航海博物馆五年内的产品开发品类比例分配为文玩纪念类30%、生活居家类30%、船模类10%、印刷品类20%、工艺品类10%。这个比例将根据今后每年的数据分析结果做出相应微调，五年内目标新增开发文创产品80件。

（4）及时把握市场需求，了解国内外文创市场形势。对中国航海博物馆已有的文创产品逐步展开市场反馈调研工作，主要以现场销售人员回馈、游客问卷调查及线上调查为主；主动了解就博物馆文创出台的相关政策法规，紧跟政府对文创产业支撑力度和形势变化，确保中国航海博物馆文创顺利发展；定期查阅国内主要的博物馆文创门户网站及各大博物馆网站，掌握第一手的文创咨讯及国内外文创市场发展思路和趋势；积极参与国内正规的文创组织活动，为文创发展带来优良的学习和交流环境，并获取更多的社会资源；参与大型文创展会，向市场和公众展示自身品牌和文化；参加国内外各类文创活动和比赛，包括文创联展、文创评比、文创交流等，努力提高中国航海博物馆文创产品的价值和内涵，提升文创产业认知度。

2. 创新营销方式，拓宽经营渠道

（1）临时销售点的增设。文创产品的临时销售点一直对中国航海博物馆文化产品补充销售发挥着非常重要的作用。"十三五"期间中国航海博物馆将逐步增加临时销售点的数量，以应对客流高峰和不同观众的需求。初步计划在中国航海博物馆增设包括临展厅入口处在内的2~3个临时销售点，根据不同场所、不同客流灵活进行产品的针对性销售，扩大馆内文创产品的营销范围，提升销售成绩。

（2）丰富馆外销售渠道。博物馆的馆内销售往往会受到观众流量、层次等客观条件的影响，从而制约博物馆文创产业的上升空间。"十三五"期间，海博馆要走出博物馆、走向市场，让文化产品走入社区、家庭、校园、机场、商业区等各大公共场所，根据不同的文化背景、地域特色、人文风情与地方、新媒体网络等进行文化商业合作。

（3）集中力量研究网络营销。在当今"互联网+"的大潮下，随着互联网时代大幕的拉开，以知识社会创新推动新型网络经济形态为主题的发展趋势也正蔓延到各行各业。中国航海博物馆要顺应形势让文创产业与网络平台深度融合，着力打造"互联网+博物馆文创"的新型发展形态。

博物馆文创产业的网络营销是博物馆为发现、满足或创造社会大众的精神文化需求而利用互联网手段构建集商业、宣传、教育、研究、展览和休闲等功能于一体的新型电子商务模式。目前，我国博物馆网络营销的主要模式有电商平台和微信。

电商平台。第三方电商平台主要指淘宝、天猫、京东等大型电子商务网站。国内为数不少的国家级、省级博物馆都在这些平台上建立了网上商店，经过几年的运营成效斐然。因此，为了紧跟国家对博物馆文创产业互联网化的创新要求，要做好开设网上商店的筹备调研工作，深入研究网上商店建设的可行性及必要性，了解相关法律法规，掌握好开设此类商店所需的资质、资金和步骤，制定平台建设预算，为打造中国航海特色的网上商店做好准备。

微信是当前社会最为流行和普及的新媒体信息技术应用，受众量巨大。博物馆借助微信平台传递具有特色的文化产品信息，是博物馆顺应大众新媒体发展潮流的适时之举。充分利用微信开展主动式的文化产品营销信息推送，制作图文并茂的博物馆产品信息，定期发送给关注中国航海博物馆公众号的观众，并注册博物馆官方微店将这些明星产品搬上移动互联网。这样既可以增加博物馆的营销渠道，也可以让观众第一时间了解到中国航海博物馆的产品动态，产生强大的品牌宣传力。

（4）完善商品营销手段。博物馆的文化产品离不开优秀的营销推广策略。很多时候在固定的条件限制下，通过营销方式有效提升观众的消费欲望是打破发展瓶颈的有力手段。要根据不同的客流情况，通过针对性地促销、打折等方法提升来馆游客人均消费水平；要加大馆内宣传力度，在展厅内公共区域设置文创产品宣传海报、视频、动画、PPT 等，刺激在馆游客的消费；要定期通过各类渠道（馆内、网络等）进行文创产品的文案推广，以或幽默或现代的文风，图文并茂地讲述文创产品所表达的历史故事、事件，与观众通过网络平台互动，拉近博物馆与观众之间的距离，也让观众对博物馆的文创产品产生浓厚的兴趣，进一步达到提高知名度的目的；要通过展会、活动、事件等不断增加博物馆在公众面前的曝光率，通过有效的品牌塑造和传播，提升品牌知名度，实现文化产品价值提升。

（四）加强博物馆内部管理，加强合作能力

科学管理机制的建立是博物馆发展的基石。要紧扣国家政策法规，合理引入市场学、管理学理论，积极探索创新博物馆的管理手段和制度。

（1）激励机制。根据有关政策，参考企业化管理方法建立激励惩罚机制，以充分调动工作人员的积极性和创造性，使每个人都能把自身的工作效率最大化。对销售人员等试行奖罚机制，重新设计薪酬体系，制定适当的目标，把销售业绩与奖金挂钩，进行阶段性评测和年终评测来确定奖罚。对海博馆编制内的专职人员实行绩效考核，对于在开发设计、经营管理等方面做出一定贡献的人员按规定予以额外奖励。

（2）制度建设。制度的建立可以保障工作的商务活动得到明确的指导和规范，做到有理可依、有据可查。为确保在坚持公益原则下科学有序地推动博物馆整体发展，要对各项商务规章制度进行统一和规范，其中包括产品开发管理制度、进销存管理制度、工作流程制度、人员管理制度等，做到日常工作流程明确、职责清晰，产品开发流程科学严谨、细致论证，进销存流程无漏洞，人员培训按期进行，各项激励管理机制有效实施，为最终形成具有海博馆特色的团队打下坚实的基础。

国际经贸学院　袁雪梅

挖掘非遗文化资源
陕西皮影"美美与共"

  每个人心中都有一个长安，大唐盛世更是激发了无数人的想象：大气、包容、唯美、浪漫、气象万千……盛唐，其本身已成为最闪耀的文化IP，让无数人向往那个时代，也成为人们梦寐以求的穿越所在。随着我国文化发展日渐繁荣，我国文化的海外传播也取得了不俗的成绩。从原来的"借船出海"到"造船出海"，我国文化市场的表现吸引了全世界的关注。本文以陕西皮影戏出海为研究切入点，对其文化资源的历史发展、保护与开发进行了详细的探究，并从文化出海的市场参与度、传统文化资源的文创开发、文化品牌效应和传播手段四个方面剖析了陕西皮影戏出海所面临的困境，最后基于前文研究做出总结。

一、我国文化走出去的背景

  历史经验告诉我们，一个国家、一个民族的强大离不开自己文化的强大。只有依靠其优秀的传统文化，才能真正保持长久的生命力和活力。进入21世纪，从物质层面讲，中国已经初步实现宏伟的经济走出去战略。然而，一个不可避免的事实是，除了"功夫"、李小龙、瓷器和其他具有高度象征意义的文化标签，外国人对中国传统文化的理解仍停留在很浅的层面上，这种文化影响力和中国的国际地位的不相称反映出一个刻不容缓的问题：文化走出去已经成为时代的潮流和的必然。

二、陕西皮影戏的起源①

《中国影戏史略及现状》记载，世界影戏发源于中国，而中国影戏发源于陕西，华州（中国古代）是陕西皮影戏的重要发祥地之一。西汉司马迁《史纪·孝武本纪》中的"其明年，齐人少翁以鬼神方见上，上有所幸王夫人，夫人卒，少翁以方术盖夜，致王夫人及灶鬼之貌云。天子自帷焉"是关于皮影戏最早的文字记录。东汉班固的《汉书·外戚传》中也有类似皮影戏的记述。到宋代，皮影戏的发展已经比较成熟，著名风俗画家张择端的《清明上河图》中就有8处画有表演皮影戏的场景，诗人范成大的诗作《夜市行》"吴台今古繁华地，偏爱元宵灯影戏"两句形象描绘了元宵佳节人们观赏皮影的动人画面。明清时代，皮影戏进一步发展，重大政治历史题材被纳入皮影戏内容。到清代，华州皮影无论是演技、唱腔，还是剧目题材和雕刻技巧，都已经进入了历史的鼎盛期，其班社之多、戏箱规模之大、雕刻工艺之精细都超过了同一时期的其他地方，其中班社多达20余家，唱腔分为"时腔"和"老腔"两大类。"时腔"即"碗碗腔"，其剧目多以言情故事为主，唱腔委婉细腻、曲折动人。老腔剧目以楚汉故事为主，唱腔粗犷激昂、铿锵奋进，至高潮时全台演员齐声吼叫，因此又称"满台吼"。后来，由于人们厌恶战乱、向往安逸，粗犷激昂描述战事的老腔皮影逐渐被委婉细腻的碗碗腔皮影所取代，从此华州皮影戏以碗碗腔为主，并呈现出造型丰富优美、雕刻细腻多变、染彩绚丽厚重、唱腔动听委婉等四大特点。

三、陕西皮影戏的发展现状

在近代的战争中，华州皮影戏像中国所有戏曲派系一样起起落落，但传承从未停止。在鼎盛时期，有100多个表演协会，但后来不足20个。中华人民共和国成立以来，华州皮影戏逐渐发展壮大，成为中外交流的文化使者，足迹遍及世界30多个国家和地区。2006年6月，华州皮影戏被文化部列入第一批国家级非物质文化遗产保护名录。2007年3月，"华州皮

---

① http://www.weinan.gov.cn/news/gxdt/hx/492996.htm

影"被列入陕西省第一批非物质文化遗产保护名录。华州皮影戏在国内外皮影戏史上的地位与秦陵兵马俑在国内外考古史上的地位相似。2008 年，西安市华州区被文化部评为"中国皮影戏艺术之乡"。同年，华州皮影戏产业集团被文化部命名为"国家文化产业示范基地"，华州皮影戏被区委、区政府认定为该区四张名片之一。华州皮影戏是民间工艺美术与戏曲的巧妙结合，也是国内外皮影戏界公认的集中国和世界各地皮影戏艺术门类于一体的综合性皮影戏。2011 年，华州皮影被联合国教科文组织列入人类非物质文化遗产代表作名录。2017 年 5 月，华州皮影戏受邀参加世界三大艺术展览之一的威尼斯双年展，为来自世界各地的客人献上了一场中国文化魅力的独特视觉盛宴。

2017 年后，华州皮影艺术家们主动适应艺术发展的时代趋势，创作了如卡通剧《鹤与龟》、芭蕾舞剧《白毛女》、现代皮影剧《迈克尔·杰克逊》等一系列剧目，让皮影戏这一古老艺术实现历史与现代的交相辉映、传统与时尚的融合。在雕刻技巧上，皮影戏与精细的笔法相结合，用刀雕刻的人物更有动感和活力。在人物设计方面，增加了卡通形象、动物形象、现代人物等系列，吸引了大批年轻观众。在戏剧创作中，大胆尝试对传统戏剧进行改编，吸收国际元素，引入纯粹的音乐。在表现形式上，加入了现代的声、光、电、乐等新元素，使舞台表演更具现代感。从工业发展的角度，改变了传统的侧面人物的刻画方法，从收藏、装饰、观赏的角度进行人物面设计。同时，将皮影戏与高科技充分结合，制作出皮影戏壁灯，使素雅的皮影戏进入普通家庭装饰收藏的行列。

陕西有句谚语："中国的皮影戏在陕西，陕西的皮影戏在华州。"目前，华州皮影戏已成为华州区的主导文化产业，从业人员 1000 余人，皮影戏相关企业 20 多家，年产值 3000 万元，建立"国家皮影戏传承人培训基地"1 个，皮影戏员工近 2000 人，年产皮影戏件 10 万多个，产品畅销国内外。在人才培养上，建立学校 284 所，在校生近 5 万人，其中小学在校生 21088 人。2018 年，华州皮影戏出口到加拿大、法国、日本、德国、中国台湾等国家和地区，年产值达 3 亿元。

四、陕西皮影戏的出海元素挖掘及平台建设

（一）陕西皮影戏的出海元素挖掘

1. 历史的起源

皮影戏是我国古代劳动人民在长期的生产生活实践中，集绘画、雕塑、文学、戏剧、音乐、表演于一体的一种古老而独特的民间戏曲，它巧妙地运用了自然界中的"光"与"影"原理。"一口讲古代史，两手舞万兵"，非常生动地总结了皮影戏艺术的历史风格。从南宋到清代，皮影戏作为友谊的使者，流传到南亚、埃及、伊朗、土耳其、法国、英国、德国等国家和地区。它的传播对近代电影艺术的产生、它在世界艺术史和科学史上的影响不容忽视，法国人曾称它为"电影的前驱"。

2. 独特优秀的皮影戏制作技术

传统的华州皮影是用优质牛皮制作而成的，要经过刮、磨、洗、雕刻、染色、缝缀等24道工序。一个成品需要三到四把刀，其雕刻采用独特的"推皮走刀"，即在雕刻时刺穿牛皮保持静止，再前后推牛皮，使皮影刀刃圆润，线条流畅、整齐，此工艺在国内独树一帜。

今天，华州皮影在保留传统制作工艺的同时，不断改进和创新。华州皮影戏艺术家薛洪泉在皮影戏制作中引入了工笔画技法，开发了皮影戏装饰、饰品、首饰等文化创意产品。在皮影戏剧目的内容安排上，发展了皮影戏芭蕾、迈克尔·杰克逊皮影戏等全新的表演内容，使具有浓郁地方气息的皮影戏变得更加时尚、现代。

3. 多元化的价值表现

华州皮影戏有四个独特的特点：一是皮影戏雕塑作品造诣高；二是唱功深厚；三是表演技巧精湛；四是华州皮影戏博大精深，综合艺术水平高，可以说是戏曲艺术的最后一首歌。

华州皮影简单而独特，不仅具有内在的表演价值，而且具有巨大的审美价值和收藏价值。它的寓意深刻的纹饰和造型手段，是研究中国原始文化的"活化石"。皮影戏需要5个人手工操作超过17种乐器表演，丰富美

丽的造型、精致多变的雕刻、绚丽厚重的染彩和动听委婉的唱腔使其一直兴盛不衰，流传至今。其多次参加国内外文化交流活动，曾参与张艺谋导演的电影《活着》和田壮壮导演的电影《孙子从美国来》的拍摄。

4. 皮影戏的创新越来越广泛

在互联网普及的今天，陕西雨田文化产业投资集团意识到，只有借助互联网的新技术和大量现代流行元素，古老的皮影戏艺术才能复兴，很快形成了一支以国家皮影戏雕刻家汪天稳为核心的皮影戏创新团队，并诞生了 LED 手绘皮影戏、家装皮影戏等一大批创新产品。

2007 年，他们吃到了动画片皮影戏中的第一只"螃蟹"。他们投资拍摄的八集皮影戏动画《小藏羚羊的荣耀》不仅收到了社会各界的广泛好评，在电视上播出后还获得了青海省"五项工程"奖。这一尝试让玉田人看到了动漫皮影戏广阔的市场前景，此后，现代皮影戏、卡通皮影戏、皮影戏包、皮影戏铅笔盒等一系列衍生产品迅速问世。2008 年，美国动画电影《功夫熊猫》全球票房达 6 亿美元。雨田公司分析认为该片成功的一个重要因素是以中国民间文化为基调，用现代人的情感来展现故事。公司管理人员表示，他们计划实施一系列的动画皮影戏制作，并计划在四年内制作出自己的动画皮影戏产品，并将其推向世界。

（二）陕西皮影戏的出海平台建设

为充分挖掘本省历史文化资源，打造文博创意产业聚集平台，陕西省文物局、西安高新区管委会和陕文投集团三方联合发起成立"互联网+中华文明"文博创意产业联盟，联盟成员包括秦始皇帝陵博物院、陕西历史博物馆、西安碑林博物馆、西安博物院等多家博物馆及高校、设计机构。

作为中国（陕西）自由贸易试验区建设人文交流高地的重点项目，联盟一方面招募了 30 个国内知名博物馆、大学和设计机构加入联盟，建立文化和文化资源与信息智库，构建先进的生态文化和创意产业，继承和发展优秀的中国传统文化；另一方面借助中国（陕西）自由贸易试验区建设人文交流高地的契机，依靠西安高新区科技企业聚集优势，打造"丝绸之路"国际文创交流基地，这将进一步促进中外文明的交流互鉴。同时，联盟积极规划服务中心、研发中心、生产推广和品牌营销中心、金融资源和版权运营中心，通过理念创新、技术创新、模式创新，建立优势互补、互利双赢的合作机制，引导社会参与，促进文物信息、内容、产品、渠道、消费的完整产业链的形成，深度挖掘博物馆文物资源、人力资源和品牌资源，打造企业、高校、企业家共同参与的文博创意产业生态圈。立足陕西自贸区，借助互联网和文化创意，激活陕西省深厚的历史文化资源，推动中华文明走向世界。

五、陕西皮影戏的出海路径探索

（一）互通有无，美美与共

1. 传统古典戏曲"花竹皮影"表演

由陕西省外侨办公室主办的"2018 国风秦韵问侨美国行"活动，华州皮影戏作为我国非物质文化遗产的代表之一，在本次慰侨演出中大放异彩，展示了中国悠久的历史和深厚的文化。华州国家级非遗传承人魏金全在美国堪萨斯城为华人演出了皮影传统经典剧目《猪八戒背媳妇》《三打白骨精》等。本次慰侨皮影戏演出不仅展示了中国优秀文化的魅力，还是一项以传播友谊为主题的文化交流活动，充分提升了华州地区对外的影响力，搭建了华州地区文化国际化发展的平台。

2. 皮影牵手海外文化交流活动

由国务院侨务办公室主办的"2016 澳大利亚悉尼营中国文化园"正式启动。作为中国优秀非物质文化遗产的代表之一，华州皮影戏在这次活动中大出风头，展示了中国文化的悠久历史、博大精深。12 名优秀的非物质文化遗产教师入选，其中包括来自陕西省西安市湖州区的皮影戏师王海燕，被送往悉尼进行为期 8 天的展览和讲座。

3. "陕西皮影节"在澳大利亚墨尔本澳华历史博物馆展出

中国驻墨尔本总领事馆与澳大利亚墨尔本澳华历史博物馆联合举办"陕西皮影展"。40 件精美的皮影戏展品来自中国原文化部在陕西省收集的皮影戏原创作品。这些作品生动地展现了《西游记》《三国演义》《西厢记》等名著中的传统文化历史人物，引起了澳大利亚人民的关注。展览设置了中国民间故事人物制作的展台，吸引了更多的观众参与和体验。展览中展示的中国皮影戏动画和介绍中国皮影戏的纪录片，使澳大利亚人民更加了解具有悠久历史的中国传统皮影戏艺术，欣赏中国灿烂的历史文化。

（二）陕西皮影借力电竞共谋发展

随着中国成为世界上最大的游戏市场，游戏产业竞争力的不断提高，为中国文化在这个载体上走出去提供了条件。游戏的文化传播价值一直备受关注，在国家对外形象建设方面，游戏逐渐发挥出独特的影响力，成为不可忽视的竞技场。

在上海举办的 2018 年 DNF（地下城与勇士）嘉年华上，腾讯公司展示了剪纸、景绣、锡雕等联合国著名非物质文化遗产传承人共同创作的文化创意作品。其中，DNF 皮影戏动画由 DNF 和陕西皮影戏大师汪天稳共同打造，通过皮影戏的艺术形式，围绕玩家熟悉的故事，运用现代技术和光影手段，使皮影戏重现 DNF 经典人物和场景。其清新的表达方式赢得了众多玩家的一致好评。汪天稳表示，DNF 的跨维度解读让他对游戏有了新的视角，游戏 IP 与非物质文化遗产的融合也为进一步构建中国文化符号探索了更多可能性。

（三）推出文创产品

近年来，华州皮影戏的传承人汪天稳一直在研究如何使中国传统皮影戏风格更好地向世界传播，汪天隐创办的皮影戏工作室也在不断加强国际融合，推出了许多文化创意产品。在推广传统手工艺的基础上，他利用皮影戏强烈的温度感和人情味，与 Burberry 等注重"人文气息"的国际知名品牌展开合作，将中国皮影戏推向了国际舞台。目前他正在为《新梁山伯》创作皮影戏雕塑，该作品将被翻译成英语和西班牙语，由西班牙和土耳其的两位大师共同设计。

（四）注册国际商标

2018 年，华州区皮影戏被批准为国家地理标志保护产品和地理标志认证商标。为进一步扩大华州皮影戏的知名度和影响力，华州区开展了"华州皮影戏"的国际商标注册工作，并通过国家知识产权局向法国提交了注册申请。"华州皮影"国际商标的成功注册，扩大了皮影戏的国际知名度，对继承和弘扬中国优秀的传统文化坚定了信心，发挥了积极的促进作用，也将进一步扩大皮影戏的渠道销售及国际市场份额，促进群众的创收。

六、陕西皮影戏出海存在的问题

（一）"华州皮影"出海缺少市场化手段

华州皮影文化出海项目以政府主导的非营利性的文化交流项目为主，缺少市场力量。近年来，陕西省和西安市积极推进中华文化走出去，取得了巨大成就，但更多的是以赠送为主，缺少市场化的推广手段，传播手段单一。

（二）"华州皮影"文创出口产业整体上还处于起步阶段

近年来，西安文化创意产业虽然取得了一些成绩，但文化创意产品出口的发展还处于起步阶段，出口型的大型文化创意企业较少，主要是小微企业。大多数文创企业在创意、资金、人才等方面处于明显劣势，产品转换困难。同时，海外文化市场尚未形成一种新型的商业运营模式。

（三）"华州皮影"文化贸易未形成"品牌"效应输出

谈到拥有几千年历史古都西安，诸如丰富的历史文化资源等词语总是挂在我们嘴边。当人们问起西安有什么，大多数人都会说出大雁塔、兵马俑、钟楼、城墙、石碑林、回民街等著名景点。当被问及古都西安的历史或其他不知名的历史遗迹时，很多人可能都会哑口无言，努力去思考，却发现自己并不是真正了解西安的历史和文化。之所以出现这种情况，更多的是因为文化产出大多以原材料为基础，文化资源背后深厚的历史积淀和文化价值没有得到充分挖掘，没有形成良好的"品牌效应"。

七、总结

"一口诉说千古事，双手对舞百万兵"，陕西皮影戏以其非凡的魅力，为中国非物质文化遗产绽放光彩。在陕西皮影文化出海的过程中，我们需注意以下几个问题。

（一）积极打造国家级文化贸易平台，造船出海

文化之所以走不出去，是因为传统优秀文化和文化艺术家缺乏外部的信息窗口和交流所需物品的平台。目前，各级政府应创新服务模式，建立文化市场和出口贸易服务平台，促进文化企业走出去。

以"互联网+中华文明"文化创意产业联盟为桥梁，通过平台传播，让更多的人了解陕西省的文化和产品，立足陕西，面向世界，满足国内外众多文化企业、艺术家和消费者的文化需求。

（二）加快新型文创龙头企业的建设，运用文创衍生激发传统文化活力

文化符号和文化元素是一种资源，只有将优秀的传统文化创造性地产生、发展和转化为现代文化产品，并融入现代人的日常生活中，传统文化才能真正具有生命力和文化竞争力。文化、文化创意、文化衍生品之间是一种互动关系，可以促进文化的传播，给传统文化带来一些附加价值。

千里之行，始于足下。新型龙头企业建设是文化出海的关键所在，文创人才队伍建设是其重要保障。应该积极引进国内外高级管理人员、创新人才和营销人才，使之服务于新一代龙头企业的发展，力保文化之帆成功地到达大洋彼岸。

（三）品牌的延续，反思商品的生命力

大众消费文化经常面临的问题是文化和创造性的机械应用，这很难深入文化的本质，所以在美学上很难真正进入历史背景。应在陕西皮影文化出海贸易中科学评估文化资源，找准自己的特色，以对象国需求为导向，始终把创意创新贯穿到文化产品的生产与销售的各个环节，形成特色文化品牌，延续文化商品的生命力。

国际经贸学院　王　凡

动漫游戏

DONGMAN YOUXI

创新运营模式　推动国产游戏出海

一、背景

随着智能手机普及率的提升及无线网络技术的发展，中国网民规模不断增长。根据中国互联网络信息中心（CNNIC）发布《第 44 次中国互联网络发展状况统计报告》，截至 2019 年 6 月，中国网民规模达 8.54 亿，与 2018 年年底相比，半年新增网民 2598 万人，互联网普及率为 61.2%。互联网的普及使得网民通过互联网满足碎片化时间的娱乐需求不断增长，中国网络游戏用户数不断上升。2019 年 6 月，中国游戏市场用户数量约达到 4.94 亿人，与 2018 年年底相比，半年增长了 972 万，占网民整体的 57.8%；手机网络游戏用户规模达 4.68 亿，较 2018 年增长 877 万，占手机网民 55.2%。

根据中国音数协游戏工委（GPC）与国际数据公司 IDC 共同发布的《2019 年 1—6 月中国游戏产业报告》，2019 年 1—6 月，中国自主研发游戏海外市场实际销售收入达 55.7 亿美元，同比增长 20.2%，高于自主研发游戏国内市场收入增速。从游戏种类的角度来看，角色扮演类、策略类和多人竞技类（MOBA）游戏最受欢迎，收入合计占据海外总收入的 83%。

近年来，网络技术迅猛发展，技术的进步助力文娱产业快速发展，打破了地域限制。在获得更大市场规模的同时，中国企业也在思考如何利用自身的优势，向世界讲述中国的故事。弘扬中国优秀传统文化对于中国企业来说是一种责任，也是一种使命。企业应该将这项工作和主营业务做一个融合，发挥自己的优势，弘扬中华优秀传统文化。

芜湖三七互娱网络科技集团股份有限公司（简称三七互娱）秉承"传承中华文化精髓"的理念，以游戏为载体，通过游戏世界架构搭建、游戏人物设置、传统文化作品游戏再创作等方式，在潜移默化中弘扬优秀文化经典、传播社会主义核心价值观、传承与创新中国优秀传统文化精髓。

三七互娱自 2012 年便开展了海外业务，是国内最早出海的游戏厂商之一。2018 年三七互娱的海外业务收入近 10 亿元，2019 年上半年海外业务收入同比增长近 15%。其中，国漫 IP 自研产品《斗罗大陆 H5》于东南亚等地区上线发行，取得首月流水突破千万的成绩；卡牌游戏《SNK オールスター》于日本上线后迅速登上了 Google Play 游戏下载榜榜首；公司王牌产品《永恒纪元》《大天使之剑 H5》等持续在东南亚、欧美、日本、韩国等地区市场保持稳定的流水。

二、三七互娱集团走出去的运作实践

（一）集团概况

三七互娱（上海）科技有限公司成立于 2011 年 9 月 30 日，主要从事行业属于计算机网络游戏行业的细分网页游戏及手游行业，2015 年上市，公司名称为芜湖三七互娱网络科技集团股份有限公司。三七互娱被纳入中证沪深 300 指数、明晟 MSCI 指数、高盛"新漂亮 50"名单，是国内 A 股优秀的社会公众公司，全球 TOP25 上市游戏企业，位列中国游戏行业第三。三七互娱的研发与发行总部设在广州，并在北京、上海、安徽、江苏、湖北、香港、东南亚、日韩及欧美等多个地区设有子公司或办事处等分支机构。

作为全球领先的游戏研发商、运营商，三七互娱以"传承中华文化精髓"为理念，积极推动国产游戏的全球化发展，旗下拥有全球顶尖的游戏研发品牌三七游戏，以及 37 网游、37 手游、37GAMES 等全球知名的专业游戏运营平台。

（二）海外运营模式

综合考虑企业经营策略及出口地的实际情况，目前三七互娱所采取的网络游戏出口模式主要有以下四种：一是版权出口模式，即三七互娱和海外游戏运营商签署代理合作协议，获取收益，收益既包括一次性授权金，也涵盖后期运营提成；二是在海外设立分公司独立运营游戏，三七互娱获取全部游戏运营收益；三是与海外游戏运营商联合运营，三七互娱与对方进行收入分成；四是通过应用商店 App 下载或社交平台直接获取海外收入，主要是三七互娱移动网络游戏和社交游戏。

三七互娱近年来最主要的海外运营模式是上述模式中的第四种。三七互娱移动网络游戏通过应用商店 App 下载直接获取海外收入的模式日渐成熟，应用商店 App 下载全球性的特点，使得移动网络游戏一旦上传到应用商店内，就具备了获取海外收入的能力。一些优秀的移动网络游戏作品在进行相应的本地化后，其海外市场收入大大超过在中国内地所获取的收入，这既反映出我国移动网游戏品质较高，也体现出我国移动网游戏市场还有很大的发展潜力。数量可观的对中国游戏文化接受能力较强的海外华人，是推动国产网络游戏企业走向海外市场的强大用户基础。因此，海外市场成为三七互娱发力的重点，为拓展更大的市场容量也必须执行走出去战略和国际化布局。

（三）盈利模式

用户规模、付费率、ARPU 值（即每用户平均收入）是网络游戏行业的三个核心因素，用户基础及变现能力是驱动网络游戏 2000 多亿元市场的基石。目前，国内外网络游戏行业营利模式主要分为三种，即按虚拟道具收费、按时间收费和按下载收费模式。按虚拟道具收费是指游戏为玩家提供网络游戏的免费下载和免费的游戏娱乐体验，而游戏的收益则来自游戏内虚拟道具的销售。虚拟道具收费模式是三七互娱网络游戏的主流营利模式。游戏玩家成功注册游戏账户后，即可参与游戏而无须支付任何费用。若玩家希望进一步加强游戏体验，则可选择付费购买游戏中的虚拟道具，即游戏玩家主要通过支付宝、快钱等第三方支付方式在三七互娱运营平台游戏账户内充值购买游戏币或者平台币，然后在三七互娱平台运营的游戏内购买虚拟道具进行游戏体验。三七互娱营利模式主要是通过获取其所运营的游戏内销售虚拟道具来获取相应收入，同时将取得的收入分成一定比例给游戏研发商并支付相关推广费用后取得经营利润。按虚拟道具收费模式有助于降低游戏门槛、增加用户数量、提高用户黏性等。

（四）海外业务最新状况

作为全球十大国际发行平台，37GAMES 海外发行平台的月流水已经超过 1 亿元，运营产品总数近 250 款，总开服数已经超过 1.5 万组，在中国、东南亚、日韩及欧美等多个地区开设了发行业务，在全球范围内成功发行《江湖大梦》（《楚留香》海外用名）、《鬼语迷城》《永恒纪元》《大天使之剑 H5》《镇魔曲》《诛仙》《六龙御天》等多款自研及代理产品。未来，37GAMES 将进一步发挥海外市场的先发优势，依靠先进的游戏研发能力以及本地化营销能力，不断扩大海外业务规模。

近年来，三七互娱在网络游戏企业海外业务的评比中获奖不断。

2017 年 11 月第六届全球游戏开发者大会暨天府奖，三七互娱获"2017 年度最佳出海游戏公司"。2017 年 12 月第八届牛耳奖，三七互娱荣获"年度最佳海外发行奖"。2018 年第三届金陀螺奖，三七互娱荣获"年度最佳出海游戏企业奖"。2019 年 5 月 Twitter 出海营销高峰会，三七互娱旗下品牌 37GAMES 荣膺 Twitter "最具海外影响力品牌奖"。2019 年 9 月广州三七互娱及旗下安徽三七极光网络，入选商务部、中央宣传部、财政部、文化和旅游部、国家广播电视总局共同认定的"2019 — 2020 年度国家文化出口重点企业名单"。

三、三七互娱集团走出去的经验

（一）抓住机遇，注重发力海外市场

近两年是中国游戏的出海大年。从游戏企业自身发展的角度来看，近

两年国内游戏审核标准愈趋严苛，促使游戏向精品化发展，国内游戏人口红利的消失以及海外市场的巨大潜力，也大大激发了中国游戏企业出海的热情和动力。而站在整个行业发展的高度来看，自 2015 年起，按总流水计，中国已成为全球最大的网络游戏市场，中国游戏也已成为"讲好中国故事"重要的文化载体，中国游戏企业有能力也有义务向世界展示中华优秀文化。

以移动游戏为例，App Annie 在 2019 年 8 月发布的《2019 年中国移动游戏出海深度洞察报告》指出，全球移动游戏市场在消费量级上保持强劲增长势头，尽管下载量增长趋于平缓，但用户使用时长显著提高。在 App Annie 发布的 2019 年 7 月、8 月、9 月全球手游指数报告中，三七互娱均位于中国 AppStore 发行商收入榜第三名，仅次于腾讯、网易。

同时，从中国发行商在海外移动游戏市场的用户支出占比来看，2019年中国移动游戏海外用户支出占海外移动游戏市场份额的 16%，在过去两年中提升了足足 60%。由此看出，海外是中国游戏新的增量市场，中国游戏出海，是未来中国游戏产业发展的趋势所在。三七互娱充分抓住这一机遇，发力海外市场，取得了可喜的业绩。

（二）重视文化传播，传承中华文化精髓

三七互娱一直以"传承中华文化精髓"为理念，积极推动国产游戏的全球化发展。随着中国游戏在全球市场拥有越来越高的话语权，现已成为向世界"讲好中国故事"的重要载体。目前，三七互娱在海外发行产品的选择上会优先选择具有中国传统文化特色的产品。2019 年上半年，三七互娱就在海外成功发行了自研产品《斗罗大陆 H5》。《斗罗大陆 H5》的题材是中国独创的玄幻题材。此外，游戏的世界观架构、场景以及人物等游戏元素都融入了不少的中国传统文化元素，如在人物派系的设置中融入了"青龙""玄武""白虎""朱雀"等中国传统文化中的"四象"。

（三）做好本地化，深耕海外有秘笈

三七互娱持续推进全球化战略布局，在中国港澳台、东南亚等优势区

域保持竞争力的同时，在日本、韩国等新开拓的业务区域取得了突破。截至 2018 年年末，三七互娱在日韩地区的发行取得了突破：《永恒纪元》于 2018 年 6 月末在日本地区上线发行，获得月流水逾千万的好成绩；新游戏《운명：무신의후예》在韩国地区次月流水突破千万，冲进游戏畅销榜 TOP10。除此以外，三七互娱在中国港澳台、东南亚地区仍保持优势地位：2018 年，自研产品《大天使之剑 H5》分别在中国港澳台和越南地区上线发行，上线 2 个月即问鼎中国台湾地区畅销榜首；2018 年推出的 MMORPG 游戏《楚留香》在中国台湾地区上线 3 天即登录下载榜榜首，日最高安装量突破 15 万，刷新该地区游戏当日下载量记录。2018 年年末推出的《鬼语迷城》在中国台湾地区上线首月取得畅销榜二、下载榜第一的好成绩。三七互娱王牌产品《永恒纪元》近年来不断更新迭代，持续在中国港澳台、东南亚、欧美、韩国等地区市场保持稳定的流水。

目前，三七互娱与中国港澳台等地区众多当地厂商保持良好合作关系，海外品牌 37GAMES 覆盖 200 多个国家和地区，全球发行手机游戏近 80 款，游戏类型涉及 ARPG、MMOPRG、卡牌、SLG、STG、MOBA 等，语言更是覆盖了繁体中文、英语、日语、韩语、泰语等 14 种。这其中涉及方方面面的不同，在这些不同的市场上进行游戏发行，三七互娱有着比较丰富的经验积累。例如，三七互娱发现，亚太市场对 IP 的需求比较高，一些具有东方武侠、仙侠文化的产品往往更吸引玩家的关注，所以他们会更有针对性地去做产品选择，如《江湖大梦》《诛仙》《青云诀》等就深受当地玩家喜好。而在欧美地区，SLG、棋牌、三消等产品更受欢迎，在游戏类型、题材、画风等方面有一定的进入门槛。同时，这些地区的用户更热衷于主机游戏，忠诚度高、对游戏世界观非常挑剔。这些都是中国游戏厂商在出海时需要关注的地方。

（四）制定更为灵活的策略

面对情况复杂的海外游戏市场，三七互娱采取的是"分区突破+产品多元+定制营销"的策略。所谓的分区突破，是指三七互娱会在不同地区推出有针对性的产品来突破当地市场。例如在日韩会主推二次元题材产品，在欧美地区则主推 SLG 和中轻度 ARPG 的产品。产品多元，一方面是指在游戏题材、游戏类型上的多元，另一方面是指产品源头的多元，包括了代理发行、自研自发以及投资成功产品的团队做定制等。最后是定制营销，包括了推广、市场以及本地化运营在内的"一体化内容式营销"。从游戏本地化来看，三七互娱不仅对游戏进行语言上的翻译，而且会在细节上迎合玩家需求。

例如，在越南版《永恒纪元》中，特别注重春节期间的推广，三七互娱会在此期间投放具有春节元素的角色套装，如春联、鞭炮、灯笼等；而在欧美版本中，却很少会在春节期间搞活动，但是在圣诞节期间会设计具有欧美玩家更喜欢的圣诞树、圣诞帽、袜子、雪花等游戏素材。同时，在市场营销上，会聘请当地网红、KOL 等录制宣传视频来吸引玩家试玩。

四、面临的问题

（一）品牌知名度有待提高

我国网络游戏平台运营行业经过多年的发展，培育了一批优秀的网络游戏平台，如腾讯游戏，在发展过程中逐渐确立了自身市场地位并形成了一定的品牌优势。三七互娱等网络游戏平台中小企业需要经历较长时间来探索市场偏好、建立与开发商及渠道的关系、完善游戏运营服务体系、摸索具有自身特色的游戏推广及平台运营模式，从而形成良好的品牌信誉，以吸引并积累更多的游戏玩家。有较好品牌信誉的平台，如腾讯游戏，往往可以培育出广泛且固定的游戏用户群，为网络游戏产品推广打下更坚实的市场基础，用户基础亦增强了平台对网络游戏开发商的吸引力及议价能力，有利于网络游戏精品的引进，进而形成良性循环。对三七互娱等中小游戏企业来讲，没有品牌优势意味着要面临更大的市场推广难度且需要承担更高的市场推广成本，引入精品游戏的机会较小且困难较大。

（二）精品游戏占比较低

中国网络游戏行业迎来了爆发期后，行业进入了发行的快车道，大量的网络游戏企业及创业团队涌入市场。伴随着行业初期爆发式增长，行业同质化竞争、质量参差不齐等现象存在，有些企业不重视知识产权，部分"换皮""山寨"等低质网络游戏进入市场，使用户失去了尝试体验更多网络游戏新产品的乐趣，网络游戏企业依赖主打游戏产品和生命周期较短的风险被放大，后期增长前景不明。

游戏运营平台引入流量的成本不断攀升，如何不断延长生命周期、长期留住用户已经成为三七互娱必须面临的问题；如何提升三七互娱产品的文化品位，打造游戏的核心内容和亮点已经成为三七互娱面临的最大挑战。一方面，网络游戏研发和运营分开的模式难以保持深入挖掘文化价值的利益一致性；另一方面，网络游戏运营与开发承受高昂的成本压力，如来自电视广告等传播形式带来的每用户成本高达数百元，部分游戏公司迫于成本和营利压力急于转嫁成本、透支用户，在游戏策划和研发阶段就已经忽略了产品的文化价值，可能导致长期用户逐渐流失。

（三）研发和运营成本较高

游戏产品开发过程往往涉及设计、制作、美工、程序、测试等诸多环节，耗费时间长，开发周期通常在1年以上，由于该行业高端人才相对稀缺，成本较高，在目前商业环节下，中小游戏开发商在产业链上较为弱势，分成比例较低；在游戏运营环节，网络游戏运营平台集中度越来越高，网络游戏平台的流量成本和运营成本日益上升，用户导入成本较高，三七互娱等中小网络游戏平台在激烈的竞争中将面临更大的压力。这可以从网页游戏和移动游戏两个细分市场中看出端倪。

由于网页游戏行业的竞争日趋激烈，网页游戏的推广成本也在不断上升。首先，用户面对层出不穷的营销手段，疲劳感日益提高。其次，高企的营销推广成本将影响网页游戏行业的营利能力，制约行业快速发展。

随着大量团队和制作人涌入，移动游戏行业竞争迅速升温，其白热化程度甚至位居各细分市场首位，从而导致移动游戏研发、运营成本的高速上涨。目前移动游戏行业中重量级产品的开发费用动辄数百万元甚至上千万元，开发周期也达到一年以上。移动游戏的研发成本呈几何式增长，无形中抬高了中小创业型团队的生存门槛。移动网络游戏用户资源被渠道掌控的弊病，导致研发商依旧处于相对弱势的地位，以电信运营商、腾讯、360、百度等为代表的互联网巨头企业基本已经占据了移动互联网的入口。移动游戏市场的分发渠道缺乏规范管理和有效监督、行业标准不明朗等原因导致开发商在产业链上的话语权和选择权被削弱。

（四）网络游戏厂商人员流动性较大

网络游戏行业人员流动性较大，即使创业成功的大型游戏企业，核心人员离职自立门户也较为频繁。行业内相互挖角现象严重，用人成本被迅速抬高，使核心技术人员流失和不足的风险被放大。三七互娱如果不能有效保持核心技术人员的激励机制并根据环境变化不断完善，不能从外部引进并保留人才，经营运作、发展空间及营利水平将会受到不利的影响。

五、解决的路径

（一）利用好政府扶持政策

2018 年 12 月国务院办公厅印发《进一步支持文化企业发展的规定》，明确加大对国家文化出口重点企业和项目扶持力度，加强国家文化出口基地建设。很多地方基层政府将"加快发展文化创意、数字出版、移动多媒体、动漫游戏等新兴文化产业"作为构建现代文化产业体系的重要一环，为网络游戏行业的发展提供了强有力的政策支持依据和保障。

目前，从中央政府到地方政府层面，特别是 IT 产业、文化创意产业发达的省市地方政府层面均已意识到发展创意产业在可持续经济转型中的重要拉动作用，均从政策方面、经济方面、孵化方面加以鼓励与扶持，这将对网络游戏产业的创新与发展提供较好的培育环境与契机。三七互娱在相关部门的指导下，借助自身经验优势，借着游戏这一文化载体，助力中国传统文化在全球范围内得到弘扬与发展。

（二）抬高游戏品质门槛

目前，在网络游戏领域，市场集中度高，竞争格局基本形成。受此影响，运营平台之间的竞争也更为激烈，网络游戏用户导入成本也逐渐提高。为维持企业和产品活力、吸引更多用户，三七互娱开始转变重心，将持续提供优质的产品和服务作为提高平台价值的重要手段。拥有大量用户和渠道资源的游戏平台，逐渐向精品化方向转变，更加注重对精品游戏产品的挖掘与争夺，以期能够获得更高、更长久的回报。而这一转变使得运营平台与游戏研发企业合作时会更多地考虑投入产出比最大化原则，对拟引进的游戏产品进行严格的考察和筛选，不断提高产品投放门槛，保证精品化路线的实施。

（三）加强品牌建设

产品优胜劣汰有利于创造更多精品游戏。经过过去几年市场的激烈竞争，部分实力较弱的网络游戏厂商关闭，而在市场洗牌过程中留存的企业往往拥有较为优质的产品，能够产生稳定的现金流，进而支撑研发、运营团队的进一步发展，在市场压力下不断完善，形成自己的品牌，增强竞争力。比如在流量趋于饱和的压力下，野蛮增长阶段网络游戏忽略营销、过度依靠流量导入用户的状况已经得到改善；在版权压力之下，网络游戏山寨化的问题也将得到改善，从过去鲜有购买知识产权转变为当前竞相购买知识产权的状态。三七互娱应积极加强品牌的建设，做大做强自己的37GAMES海外品牌。同时，也要重视知识产权的保护。

（四）完善全产业链经营模式

从整体上看，游戏开发与游戏运营的边界越来越模糊，一方面，早期以游戏开发为主的企业不断提升自主运营的能力，期望占据更大的市场份额；另一方面，传统运营企业也不断提升自主开发能力，以应对激烈竞争的游戏运营市场。游戏自主开发与自主运营不断融合，形成游戏"开发—运营—发行"全产业链经营模式，将是行业发展的趋势。三七互娱起步较晚，要不断完善这种全产业链经营模式。

（五）加强人才队伍建设

三七互娱属于技术密集型的网络游戏行业，网络游戏的研发及运营的各个环节都较大程度上依赖于相关技术人员。我国网络游戏行业发展时间短，发展速度快，中高端技术人才供不应求，对人才的争夺成为我国网络游戏行业竞争的一个焦点。腾讯等大型运营平台凭借其资历、市场声望及资金实力，更容易通过高薪引才、招聘、内部培训等方式获得并留住人才，市场新进入者很难在短期内培育起自己的技术团队。三七互娱应加强人才队伍建设，不仅要吸引人才过来，更要留住人才，培养一批又一批的人才梯队，形成良将如潮的人才格局。

马克思主义学院　方小军

"5+1"业务矩阵打造"完美世界"

一、国产网络游戏的发展背景

网络游戏简称"网游",是指以互联网为传输媒介,以游戏运营商服务器和用户计算机为处理终端,以游戏客户端作为信息交互窗口的旨在实现娱乐、休闲、交流和取得虚拟成就的具有可持续性的个体性多人在线游戏。我国网络游戏自 2000 年兴起,2005 年进入快速发展时期,在这一阶段《传奇》《魔兽世界》《梦幻西游》等多款优秀的网络游戏出现,为我国整个网络游戏行业带来了光明的发展前景。数据显示,2014 年,我国网络游戏市场规模为 1145 亿元,到了 2018 年实现翻倍,达到 2345 亿元,而且后面也一直处于快速发展当中。

从全球市场来看,中国游戏企业一直积极布局海外市场。自主研发的游戏海外市场实际销售收入在 2019 年达到 825.2 亿元,实现 21.0% 的增长率。中国游戏企业凭借差异化的产品定位与优秀的游戏品质,成功塑造了一批优秀的中国游戏品牌。随着国内游戏企业出海战略的不断成熟,国内企业与海外游戏企业、内容平台之间的合作也在不断加深,这助推了国内游戏企业更为专业化、本地化以及快速高效的研发运营体系的搭建,从而使得国内游戏企业可以精确地针对海外游戏市场的当地文化、用户习惯等方面打造契合海外本土用户偏好的产品,为中国游戏走向海外奠定良好基础。

二、国产游戏出海的运作实践

(一) 企业概况

完美世界股份有限公司成立之初主要以游戏业务为主，且发展于国内游戏市场早期，立足于自主研发，研发范围覆盖多个领域，包括端游、移动游戏、主机游戏、VR 游戏等，推动完美世界游戏业务持续发展，其自主研发的引擎 Angelica 3D 首创了飞行系统和形象自定义系统，是完美世界游戏研发的核心创新力。通过游戏业务的迅速发展，公司成立三年之后于美国纳斯达克成功上市。之后，逐渐发展完美世界影视业务、电竞业务、院线业务、动画业务、教育业务等板块，同时战略布局文学、传媒等领域，形成具备国际化的文娱产业集团——完美世界控股集团。集团在中国主要城市以及美国、法国、日本等国家均设立分支机构，旗下产品遍布美、欧、亚等全球 100 多个国家和地区。

完美世界围绕着"创造幸福、传播快乐"而发展，经过集团 15 年的积累，取得了令人瞩目的成就。自 2011 年至 2019 年，8 次被认定为中国文化企业 30 强，并获评 2011—2012 年度、2013—2014 年度、2015—2016 年度、2017—2018 年度、2019—2020 年度国家文化出口重点企业；2016 年荣获"最具社会责任上市公司奖"；2017 年荣获 2016—2017 年度中国最受尊敬企业；2018 年获得"中国游戏社会责任企业典范奖"等。未来，完美世界控股集团将继续以内容为核心，坚持技术研发，整合全球优质资源，链接文化娱乐细分领域，不断将中国文化推向全球，促进中外文化交流和文明进步。

(二) 完美世界游戏

完美世界游戏业务作为完美世界最早开展的业务，最先开始了完美世界控股集团的战略布局。经过国内两年时间的发展后，集团便开始了游戏海外出口的项目。2006 年，完美世界先后与越南、日本、韩国、菲律宾签署协议，将公司旗下的《完美世界》成功推向海外，并于次年在美国顺利上市。随后，完美世界在游戏品类以及合作国家上不断扩充，开发了如《武林外传》《Torchlight 2》等游戏，新增合作伙伴包括马来西亚、新加坡、泰国、俄罗斯、印度尼西亚等国家。作为中国最早进行海外运营的网络游戏公司，完美世界游戏在中国网络游戏海外出口市场收入中多年稳居前列，获得的荣誉包括 2006 年度中国游戏产业年会中国民族游戏海外拓展奖，2009 年网游文化出口奖，2008 年度中国民族游戏海外拓展奖，2009年度中国民族游戏海外拓展奖，2012 年最佳国产网络游戏海外出口奖，2011 年度中国海外拓展游戏企业，2012 年度、2013 年度、2014 年度中国十大海外拓展游戏企业，2016 年度中国十大海外拓展企业等奖项。完美世界游戏的发展并没有止步于此，2008 年，完美世界在美国成立第一个全资子公司 Perfect World Entertainment Inc.，此后完美世界游戏开始在北美洲、欧洲和亚洲设立全资子公司，并在一些国家收购游戏工作室。与世界各个国家在游戏方面的合作，极大地增强了完美世界游戏业务的多元化、全球化、年轻化，加强了中国与世界各国文化的交流，为中华文化在全球传播起了积极的作用。

（三）完美世界影视

完美世界影视创立于 2008 年，在企业成长过程当中得益于中国文化产业的快速成长和国家政策的大力扶持，现已成为中国领先的影视文化投资、制作及发行机构之一。自成立以来，公司凭借其对文化产业发展的深刻认知以及对优秀人才的重视，目前已成为中国影视导演孵化及发展的最重要平台之一，众多业内资深制作人、国家级导演及新锐导演纷纷加盟，赵宝刚、滕华涛、刘江等与公司建立了长期战略合作关系。基于此，完美世界影视也获得了不小的成绩：公司热播电视剧播出占中国黄金时段逾10%；影视剧作品荣获包括电视剧飞天奖、白玉兰奖、华鼎奖，电影华表奖、金马奖、奥斯卡金像奖等众多知名奖项。此外，完美世界影视还十分注重走向世界。2014 年 7 月，习近平主席出访阿根廷期间，便将完美世界影视出品的《北京青年》《老有所依》和《失恋 33 天》等影视作品作为国礼赠送给阿根廷总统。2016 年 2 月，完美世界影视宣布与美国好莱坞环球影业达成片单投资及战略合作协议。在合作片名单中，《至暗时刻》《魅影缝匠》《黑色党徒》《登月第一人》等多部影片荣获奥斯卡金像奖殊荣。2017年完美世界影视入股嘉行传媒，并成立完美威秀娱乐集团，向影视国际化更进一步。由完美威秀出品、张艺谋导演执导的电影《影》惊艳海内外，斩获金马奖等各大奖项。公司投拍的《钢的琴》在海内外引起较好反响，获得第48届台湾金马奖最佳剧情片提名、第28届迈阿密国际电影节"最佳国际电影奖"等，成为近年中国电影走出去的经典之作。与此同时，完美世界影视的多部剧集还出口到东南亚及非洲各国，受到当地观众们的欢迎和喜爱。

（四）完美世界电竞

在完美世界游戏业务蒸蒸日上的背景下，公司开始了对电竞产业的涉足。2012年，完美世界与美国公司Valve签订合作协议，获得DOTA 2在中国大陆地区的独家运营代理权；在2016年，完美世界游戏代理国际电竞游戏大作CS：GO，通过游戏促进了中国玩家与其他国家玩家的交流。同时，从2015年起，完美世界成功主办了CS：GO亚洲邀请赛、三届DOTA2亚洲邀请赛以及DOTA2超级锦标赛等国际大型电竞比赛，并协助美国VALVE公司举办世界最高级别的电竞比赛——2019 DOTA 2国际邀请赛，通过大型赛事的国际影响力，提高了中国电竞在世界的地位，积极推动全球青年交流，使电竞不再限于单纯的娱乐竞技项目，而是成为促进各国文化互通的桥梁。此外，2018年6月，完美世界与美国Valve公司开启"蒸汽平台"项目合作。完美世界负责将海外优秀游戏产品引进中国，同时推荐及支持中国游戏产品走出国门。完美世界将通过"蒸汽平台"推出更多游戏产品，为中国玩家及开发商提供高品质的内容以及更优越的体验与服务，助力中国游戏企业尤其是中小游戏公司更好地"走向"海外。

（五）完美世界动画

完美鲲鹏（北京）动漫科技有限公司成立于2015年，是完美世界控股集团旗下的动画公司，主要从事于动画创意、制作以及发行、产品营销等核心事业。企业价值观倡导"投入、创新、完美、自信"，并在价值观的引导下，组建了领先的自主研发三维动画制作引擎，搭建国际化、多元化的资深动画创意制作团队，以此为孩子们创作充满快乐的精品动画。其历时 3 年打造的首部作品《宇宙护卫队》自 2018 年 10 月上线以来，就在多个平台多个时段获得收视冠军，视频平台全网播放量逾 16 亿人次，并获得原国家新闻出版广电总局年度优秀国产电视动画片称号。未来，完美鲲鹏将继续致力于为中国和全球用户打造优质的原创 IP 内容，提供高品质的衍生授权产品，并进一步推动中国动画的发展，成为全球著名的动画公司。

（六）完美世界教育

完美世界教育是完美世界控股集团业务板块之一，致力于打造中国文创行业教育领域的高端品牌。自 2015 年成立以来，完美世界教育围绕"产教融合、校企共建"，整合教育资源，为高校、企业和政府提供创新服务模式。在完美世界教育布局当中，共分为五大板块，包括数字与艺术创意中心、音乐创意中心、科技商孵化中心、全球青年领袖实验室、完美世界教育研究院，统领文娱科教全方位布局。而且，完美世界教育投资创立像素种子数字与艺术教育基地，是中国"艺术+科技"创作型专业人才孵化地，致力于在游戏、影视、动漫等数字文化创意领域培养设计、研发、运营等专业人才。此外，完美世界教育还积极与国际高校或教育机构进行合作。完美世界教育与游戏设计欧洲第一的大学——英国阿伯泰大学达成战略合作，以纯项目式教学、国际大咖导师指导为学生提供游戏行业一线资源和技术。还与美国著名在线视觉特效、游戏与动画制作教学品牌 Gnomon Workshop 达成战略合作，引进 Gnomon Workshop 全套课程，完成开发具有中国本土特色的顶尖 CG 在线课程平台，并配有独家中文字幕，130 余位来自皮克斯、迪士尼、漫威、梦工厂、暴雪、EA 等制作公司的在职导师亲自录制课程、分享专业经验。

三、路径分析

（一）多模块战略布局，多模块融合发展

自 2004 年游戏业务成立之后，完美世界又于 2008 年成立完美世界影

视业务，2012 年至 2016 年间相继获得 Dota 2、CS：GO 在中国大陆的运营代理权，逐渐开展电竞业务，2016 年收购今典院线，运营院线业务，后逐渐扩展网络文学、教育等板块，并于 2017 年正式推出完美世界"七大业务矩阵"，逐渐搭建出如今我们看到的以文化传播为核心的多模块战略布局的完美世界集团。完美世界在成立之初，选择以游戏这种独特的方式开展业务，并且随后也以游戏作为支柱，来作为传播中国文化的主要方式，这在之前是极为少见的。游戏这种形式易于接触且存续时间长，对于文化的传播和渗透来说极为有利，这也是完美世界能够连续多年成为第一文化出口企业的原因。更具特色的是，完美世界并不单单依赖游戏业务，而是多模块共同发力，打造一系列文化传播方式。而且，突破原有多战线各自发展的老式路线，积极寻求模块之间的融合发展。完美世界通过影游联动实现了游戏业务与影视业务的强强联合，影游联动不仅仅是两个不相关产业的简单融合，而是影视文化产品与游戏的深层次交互，是产品层面与推广层面的联动。通过影视作品故事情节与游戏的联系，带动玩家的热情，在游戏当中找到归属感，提高了玩家与游戏和影视的黏性，使得完美世界能更快地融入其他国家。此外，游戏在未来还将与医疗、快消、教育、通信等行业进行融合与渗透，让游戏成为一种健康的生活方式。

（二）着眼全球市场，促进资源整合

起初完美世界在推动中国文化走向世界时多以文化贸易输出为主，后来随着公司的发展，完美世界不仅仅局限于在世界各地进行游戏代理商的建立，而是推出了完美世界全球化的发展战略。完美世界在 2013 年公布了中国第一个游戏领域的全球投资战略 PWIN，其内涵是"全球研发、全球投资、全球发行、全球伙伴战略"的全球化发展战略，是实现全球投资与全球资源配置的一项重要举措。首先，PWIN 不只局限于产品本身的投资，更多的是对于技术的投资。下一代互联网娱乐技术将呈现出多维呈现、立体融合、技术革命和全球创意的特点，当下产品更新速度快，只有对于技术进行投资，才不会被快速变化的时代所抛弃。其次，关注新兴经

济体的发展潜力。诚然，就目前来说，游戏影音行业的主要需求大国在于美、欧、日。但在，新兴经济体近年来发展迅速，现在的抢先布局将为未来完美世界的高速增长打下坚实的基础。此外，在进行资源整合或者在推出中国化游戏时，还注重了内容的本地化发展，开发本地化版本。文化产品出口，首先要解决的就是尊重出口地人民的宗教信仰、语言、服饰和传统习俗等。文化的交流同样符合我国求同存异的外交思想。全球市场巨大，其中蕴含的资源和潜力同样巨大，整合全球资源，才能更好地促进未来游戏及其他文化传播媒体形式的高速增长。

（三）加强人才培养，打造精品内容

加强人才培养，打造精品内容是完美世界取得成功的又一重要经验。在文化传播领域当中，内容为王是颠扑不破的真理。不断追求精品内容才能够保证企业健康成长，而精品内容的产生源于创新。再进一步来说，创新源自人才的培养，所以加强人才培养与打造精品内容是相互关联的两个部分。在人才培养方面，完美世界自成立之初便十分注重积累美术和创意人才，打造人才集群基地，储备丰厚的人才力量，推出了"有你才完美"的宣传口号。同时，完美世界还积极与国内外知名高校合作，比如清华大学、中国传媒大学、纽约视觉艺术学院、英国阿伯泰大学、美国马里兰大学、美国哥伦比亚大学、莫斯科大学、欧洲学院等，将国际一线优质教育资源与本土需求紧密结合，共同培养优秀的游戏设计、研发和运营人才，而且在北京第二外国语大学设立"完美世界"奖学金，旨在激发国际文化贸易专业学生的学习热情，使其发展成为高层次应用型文化贸易人才。有了丰富的人才储备，完美世界还在管理模式上进行创新，认为在技术创新、产品创新、运营创新、管理创新当中，最重要的、起决定性作用的是管理创新。因为轻松自由的工作氛围更容易触发员工的创作灵感，激发员工主动创新的热情，从而创作出深受用户喜爱的作品。此外，在追求精品创新的过程中，完美世界还从民族化、本土化出发，同时加入了国外用户文化背景以及当下文化网络年轻化、泛娱乐化等元素，使得出品更容易在本土文化与现代用户之间架起桥梁。

（四）紧跟国家政策导向，充分发挥企业活力

中国经济在近40年来迅速向好发展，中国方案、中华文化、"中国梦"等也越来越受到世界的关注，中国开始越来越走近世界舞台的中央。在这个过程当中，作为文化企业，应承担起"中国梦"的全球传播责任，通过创新形式，发挥企业活力，紧跟国家政策导向，将中华优秀文化故事讲给世界去听。完美世界一方面在深刻理解"中国梦"这个全新概念的基础上积极进行全球化的拓展，传播中国文化，提升中国影响力，通过多种媒体传播形式引导国际社会全面客观认识"中国梦"；另一方面积极响应国家"一带一路"政策，认为"一带一路"是世界上所有企业的机会，对于中国来说，不应只进行文化贸易上的输出，还应进行多方面的合作，比如可以利用美国的设计、法国的美术和中国的程序等，借助"一带一路"倡议，帮助国家提升软实力。此外，完美世界作为企业，其进行文化传播的方式更为灵活，以完美世界旗下的一款游戏产品《完美世界》来说，这款游戏是将中国经典名著《山海经》作为灵感来源，以中国上古神话传说为蓝本，为海外玩家带来了具有丰富中国传统文化内涵的游戏，也让各国人民在游戏过程中潜移默化地了解了中国文化。

（五）参与文化交流平台，促进文化产品推广

作为文化媒体传播企业，应积极参与国内外举办的大型文化交流平台，在会上向各国参展商以及民众充分展示本企业的优秀产品，传播公司理念，宣传本国文化。中国曾多次举办国际动漫游戏博览会，该博览会是由中华人民共和国文化部和上海市人民政府共同主办的动漫游戏类综合展会，具有专业化、国家化、高层次、大规模的特点。每次举办都将吸引来自国内外一线厂商汇聚于此曝光新产品、分享本年的发展成果与公司理念。作为历届展会的重要参与商，完美世界都会携带其口碑制作，如《诛仙》《完美世界》《射雕》《神雕侠侣》等游戏参展，每次都会受到媒体的积极关注，并受到深度玩家的热切追捧。另外，完美世界还设置了大量试玩区，吸引新老玩家前来试玩，往往成为展会中的人潮聚集地。还有，完美

世界不仅关注游戏本身的展示，在为玩家带来快乐游戏体验和娱乐活动之余，还为广大玩家准备了精品周边，以游戏元素为延伸的手办、T恤等让完美世界的展示更加完整，提高了完美世界企业及其展品的曝光度，这些无疑是国内企业促进发展的有效途径。

四、完美世界面临的挑战

（一）本地化难度大

完美世界出海的过程并非一帆风顺的，其中将本土游戏由中文转化为英文版本是首要难关。在游戏各个场景以及运行当中，语言的转换十分困难，也带来了更加昂贵的成本。寻找资深中译英译者并不容易，在转换的过程中还要求翻译人员对于游戏故事的发生背景非常熟悉，这样才能实现精准的转换；同时，在转换的过程当中不只是简单的文字表达，还会涉及大量的语音转换，寻找经验丰富的英语配音人员更是难上加难。此外，中国游戏的玩法、机制及货币化方式都是基于本国玩家而设计的，这些多多少少会与世界其他国家的用户有所差异。因此，中国游戏在走向海外的过程中还应重置游戏里的某些内容，重新考虑游戏的商业模式。

（二）游戏主题背景狭窄

中国游戏的创作背景涉及中国历史、神话故事以及四大名著等，最为集中的则是《三国演义》或者《西游记》这样一小部分主题。在中国国内，三国题材的游戏多达数百款，但在中国本土之外，除了日本、韩国这些东亚国家知晓外，绝大多数国家的玩家都不太了解三国故事的基本情节，西游题材的游戏亦是如此，所以，从游戏体验上来说对国外的玩家进行渗透存在一定风险。另外，完美世界在游戏题材开发过程中大胆跳出常规内容，选取了如《山海经》这样的经典著作中的神话故事作为游戏背景，从现阶段看运营情况良好，但也要警惕对原版内容修改过度，造成面目全非的境地。

（三）创意抄袭问题严重

就全球范围内来说，游戏抄袭或者说"借鉴"问题十分严重。通常只有少数游戏开发商致力于制作独特游戏，大多数游戏公司更擅长照猫画虎。市场上一旦出现一个优秀的游戏机制设计，其他游戏公司便纷纷效防。造成这种局面的原因在于法律诉讼的困难，在过去的历史实践过程当中，也有不少相关案件发生，但最终多以举证困难、判定方法模糊、诉讼周期长等而不了了之。这也是导致如今游戏同质化的原因之一。在完美世界的发展过程中，也应警惕自身游戏被抄袭的风险，提早防范，以免卷入长期诉讼当中。

五、完美世界成功经验分析

（一）开发文化传播新途径

在文化的传播过程当中，文化的内容与形式是相辅相成的，内容是其核心，是文化传播的本质，而形式是内容的外在表现形式，两者同等重要。然而，在较为传统的文化传播形式当中，如话剧、影视等，其传播形式过于老套，在当下互联网快速发展的背景下，这类传播方式难免会满足不了受众的需求。在4G网络逐渐普及下，人们对于在传播过程当中的参与感需求更为强烈。完美世界提供了中华文化传播的新途径，开创性地将中华传统文化植入游戏当中，增加了受众在文化传播过程当中的参与度，以游戏为媒介极大地推动了中国乃至世界文化交流。对于国内其他文化类企业来说，在5G时代到来的背景下，一方面还是应植根于中华传统优秀文化，从我国上下五千年的历史长河中汲取内容，另一方面更应在传播方式上进行创新，开发文化传播新途径，创造出更容易贴近世界各国人民的文化传播方式。此外，还应学习世界其他文化与文明的传播方式，在文化内容与文化传播技术上做到互通有无。

（二）以点带面布局发展

完美世界连续多年成为第一中国文化出口企业，一方面源自其对产品质量的不懈追求，另一方面在于其多领域、全球化的战略布局。在 2004 年成立之初，完美世界就提出了全球化、精品化的发展方向，从一家以研发、运营端游为主的中国民族企业，通过自主运营、整合全球资源，蜕变成为一家全球化的文化产业集团。国内其他企业在发展时可以模仿、学习这种以点带面的布局发展方式，在文化的推广传播中，创新创造出自有的传播途径，以此作为企业的支柱业务，并结合较为传统的传播形式，进一步推广到世界各地。在未来，各行业、各领域的融合发展将成为趋势，在自身公司发展的前提下，还应在各业务之间进行融合渗透。如完美世界就将游戏打造成为全球人人皆可享受的一种快乐体验，将游戏打造成为一种健康的生活方式。

（三）培养人才保证内容质量

在文化类企业当中，内容决定着产品的质量，精致化的内容才能够打动受众群体，死板陈旧的内容不会令人提起兴趣，更何况在当下这个变换迅速的互联网时代，因此内容的创新成了一个文化企业生存的灵魂。而内容的持续创新来源于专业人才的储备，坚持对人才培养进行投入，才能够保障产品内容的质量。完美世界不仅通过各种活动营造出轻松舒适的工作环境，激发员工的创造能力，还经常与国内外知名院校进行合作，为培养后辈人才做出努力。企业应该意识到，人才才是企业不断发展的源源动力，抢占了人才，便赢得了企业的未来。

（四）抱团出海互相合作

近十年来，中国政府增加了对于中国文化产品走出去的重视程度，加强了对于文化自信的提升，出台了各种鼓励中国文化产品通过贸易形式走向海外的优惠政策，定期发布的《国家文化出口重点企业目录》和《国家文化出口重点项目目录》加大了对于入选企业和项目的扶持力度，鼓励文化企业的发展。在这基础上，对于目前规模不太大的企业来说，可以适时有针对性地选择"抱团出海，互相合作"的发展理念，而对于中国文化企业走出去的一些中坚力量应积极主导"抱团出海"的发展方式。"抱团出海"具有多种优势，首先，在已有成熟企业的领导之下，极大地降低了企业的海外探索成本；其次，"抱团出海"有利于企业推广的集体宣传，更容易吸引目标群体，拓宽了中外文化交流的窗口；最后，"抱团出海"有利于加强国内各企业之间的合作，形成中国企业协同作战，避免单打独斗的现状。

（五）以传播中华优秀文化为己任

中华历史源远流长，在中华上下五千年历史长河中，孕育着优秀的中华文化。如今，作为中华儿女应当接过继承和传播中华优秀文化的重担。从另一方面来看，自党的十八大以来，习近平总书记曾多次谈到文化自信。文化自信是一个国家、一个民族的灵魂，文化还是一个国家的软实力。企业作为社会运行当中活跃的主体，应当以传播中华优秀文化为己任。完美世界便从中国古老传说当中挖掘优秀故事，加以制作，推向世界。中国的文化企业应在吸纳、汲取中华文化营养的基础上，在通过各种传播方式获取商业利益的同时向世界展示我泱泱大国文化风采。另外，注重将中华文化与各国当地文化相融合，创造出能让世界接受的东方文化形象，让更多的外国民众更容易地了解中国，喜欢上中华文化。

国际经贸学院　王宇琛

中国移动游戏创新手游出口模式

文创是文化创意在特定行业的物化表现。自古以来，优秀的文化作品就有着深远的影响，中国的许多经典作品具有世界级的传播价值和不可估量的文化价值。数字娱乐产业作为文化创意产业的最新形式，不仅可以利用科技进步成果，而且具有便捷、快速的数字传播方式，发展潜力巨大。就文化传播的效率而言，数字娱乐具有其他艺术形式所不具备的独特优势。其中，网络游戏作为新兴文化形式中最具互动性的内容之一，在过去的 10 年里为亿万用户带来了多样化的产品体验。近年来，随着娱乐产业的迭代升级，游戏已经成为一个重要的媒介，广泛连接不同的文化内容，如音乐、动画、影视、文学等，为用户带来了丰富的体验参与，其文化价值和产业价值越来越突出。

一、中国移动游戏国内发展研究

（一）行业发展历程

近年来，随着移动互联网技术的快速发展，以及智能手机、智能平板电脑的兴起和不断普及，中国的手机游戏产业发展迅速，在游戏产业中占有举足轻重的地位。中国移动游戏产业经历了十多年的发展，大致可以分为探索期、萌芽期、快速增长期三个阶段。第一阶段是探索期，市场表现为以单机游戏为主，手机游戏主要是由手机制造商直接提供，游戏画面粗糙，游戏用户体验感差；第二个阶段是萌芽阶段，随着 iPhone、HTC、三星等智能触摸屏手机和 IOS、Android 操作系统的兴起，手机游戏的商业模式进入 App Store 模式，游戏产品也逐渐丰富，ARPG、RPG、RPG+SLG、FPS、纸牌游戏及音乐节奏游戏相继出现；第三阶段是一个快速增长的时期，这主要反映在 4G 通信技术的快速发展、移动支付行业的逐步改善、游戏产品的爆炸式增长、业内分工越来越清楚，逐步形成一个研究、开发、分销和渠道，向海外市场出口游戏的产业链模式。

（二）行业发展现状

1. 国内市场规模

在国家政策不断鼓励、社会经济环境和游戏产业链发展成熟、移动智能装备普及、移动互联网和技术升级的推动下，国内移动游戏产业的市场规模迅速扩大。2018 年，中国手游市场实际销售收入达 1339.6 亿元，比 2017 年增长 15.0%。预计未来中国手游行业的市场规模将继续稳步扩大。

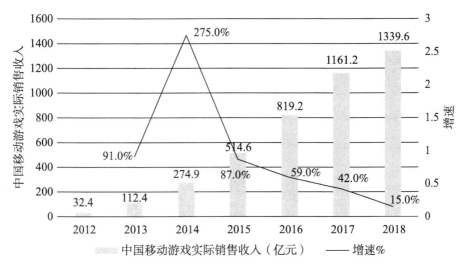

图1　2012—2018 年中国移动游戏收入规模及增速

数据来源：公开资料整理。

在中国整体游戏市场快速发展的背景下，客户端网游、网络游戏、手机游戏等主要细分市场保持稳定增长。其中，移动网游的增长尤为显著，从 2008 年占中国游戏总收入的 0.81% 上升到 2018 年的 62.50%，超过了客户端网游的市场份额，成了网游行业最大的细分市场和主要增长动力。

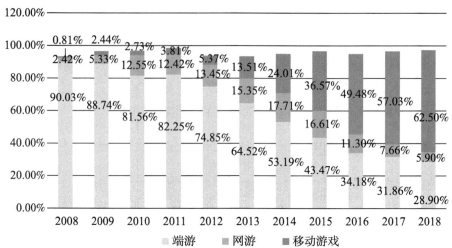

图2 2008—2018年端游、网游、移动游戏市场份额占比情况

数据来源：公开资料整理。

2. 用户规模

基于4G网络在中国的普及、用户年轻化以及细分市场的深化，手游用户规模实现了爆发式增长。2018年，中国手机游戏用户数量达到6.05亿，比2017年增长9.21%。

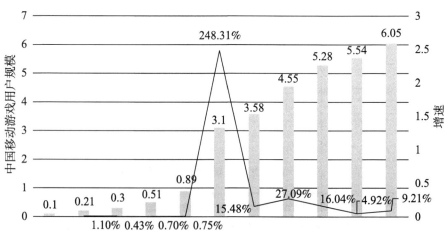

图3 2008—2018年中国移动游戏市场用户规模

数据来源：公开资料整理。

（三）行业政策环境

党的十八大以来，在以习近平同志为核心的党中央领导下，全国各地大力发展创意设计服务业。"创意创造价值，设计改变生活"从一句口号变成了现实。从 2013 年到 2018 年，在政策、市场、资本驱动下，市场环境的不断改善和产业结构的升级调整，为中国经济的"中国制造"到"中国创造"转型提供了一种新的方法和模式选择。在文化、创新、设计的发展正迎时代的潮流下，文创产业规模不断增大，产业融合强度不断增强，产业增加值逐年稳步增长，产业边界不断扩大。

游戏产业是文化产业的重要组成部分，也是世界上最常见的文化服务产品，具有很强的海外拓展能力。手游走出去，既拓宽了游戏厂商的营利渠道，也是中国文化走向世界的快速通道。手机游戏通过在游戏场景、人物等符号的设置中加入中国文化特色元素，可以达到潜移默化的传播效果。

二、中国移动游戏海外出口研究

（一）海外市场出口现状

随着国内手游产业规模的不断扩大、手游自主研发能力的迅速提升和原创力量的不断壮大，手游自主研发逐渐成为市场开发的重要组成部分。国家有关部门采取各种措施鼓励和支持符合条件的网络游戏企业加快走出去的步伐，优秀的国内游戏产品逐渐推广到东南亚、日本、韩国、俄罗斯、欧洲、美国和其他地区，代表企业有昆仑万维、巨人网络、易幻网络等。中国手游产业的海外市场发展迅速，并随着海外游戏运营平台的逐步完善和合作方式的逐渐多样化，我国自主手游的海外市场规模将进一步扩大。自 2013 年以来，中国国产手游海外市场呈现爆炸式增长。2018 年，海外市场规模达到 69.2 亿美元，同比增长 72.2%。2018 年，中国手游海外营业收入占全球手游营业收入的 9.84%，同比增长-2.16%，增速有所放缓。

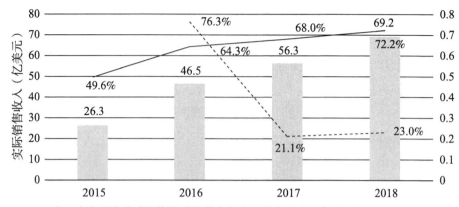

中国自主研发移动网络游戏海外市场实际销售收入（亿美元）

····· 中国自主研发移动网络游戏海外市场实际销售收入增长率

—— 中国自主研发移动网络游戏海外市场实际销售收入占中国自主研发网络游戏海外市场比例

图 4 2015—2018 年中国自主研发移动游戏海外市场实际销售收入

数据来源：公开资料整理。

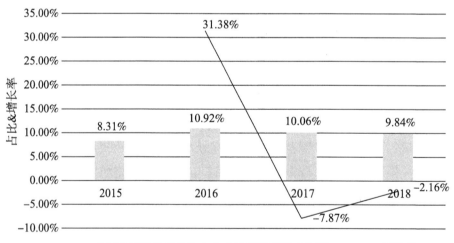

中国移动游戏海外收入占全世界移动游戏份额%　　—— 增长率%

图 5 中国移动游戏海外收入占全世界移动游戏收入份额

数据来源：公开资料整理。

（二）中国移动游戏海外出口模式

根据游戏产业委员会和 CNG 中心新游戏研究公司联合发布的《2013

年中国游戏产业报告》，中国手游的海外出口模式主要包括以下四种：一是自主运营、全球发行模式；二是产品授权、代理运营模式；三是产品预安装及硬件绑定模式；四是联合运营和渠道推广模式。

1. 自主运营、全球发行模式

独立运营和全球分销模式是指原创游戏公司专注于应用商店，通过iOS App Store、谷歌 Play Store、Windows Store 等国际产品分销渠道直接发行游戏。

自主运营和全球发行模式实现了研发企业与产品平台的市场对接，节省了许多中间环节和部分运营成本，运营流程和数据相对透明，利润较高，可以促进优秀产品脱颖而出。但这种模式对游戏企业的本土化水平和全球运营能力提出了严峻的挑战。因此，对于普通手游企业来说，员工较少，经营实力较弱，虽然可以轻松地向世界发布产品，但很难获得大规模的收入。

2. 产品授权、代理运营模式

产品授权、代理运营模式是指游戏企业将产品运营权出售给拥有丰富运营经验的企业，企业可自行选择推广区域、推广模式和运营模式。产品授权和代理运营模式可以让研发企业专注于产品本身，集中资源优化产品或投资下一个项目。这种模式的弊端授权费用和运营利润相对较低。

3. 产品预装、硬件绑定模式

产品预装和硬件绑定模式是指游戏企业与移动设备厂商合作，将游戏产品构建到移动设备中，使移动设备买家直接访问预装游戏，形成一种独特的移动游戏出口模式。预装产品和硬件绑定模式的优势在于用户转化率高，优秀的产品容易吸引大量用户，从而获得规模利润。但是，这种模式也有消极的一面，有时容易引起用户反感。

4. 联合运营、渠道推广模式

联合经营、渠道推广模式是指游戏企业负责游戏的更新和操作，分销渠道负责产品推广和产品宣传，以推动移动游戏产品给用户。联合运营和渠道推广模式是跨类型合作。游戏公司需要为分销渠道支付真实的用户推广费用，每个分销渠道的费用金额和计算方法都不一样。因此，游戏公司获取游戏用户较为方便，营利空间适中且可预测。但是这种模式导致了游戏公司对分销渠道的严重依赖，分销渠道的质量高低最终决定了利润的多少。

（三）中国移动游戏主要出口厂商

盘点 2018 年的国内游戏出海状况，有五家出海"大厂"从游戏厂商中脱颖而出。

1. 点点互动

2018 年，世纪华通旗下的 FunPlus 在帆船运动领域表现突出，长期位居帆船运动收入前三名。这多亏了两个产品的优秀性能：火枪手的年龄和阿瓦隆王。《点点》一直是海上最卖座的三部电影之一。据 Sensor Tower 的数据，自两年前推出以来，《阿瓦隆之王》已经在海外市场获得了逾 3.8 亿美元的票房，而《武器时代》估计获得了近 2 亿美元的票房。

2. 网易

根据 Sensor Tower 的数据，网易的《疯狂动作》2018 年连续五个月位居榜首，在其 3.7 亿美元的全球累计营收中，日本占 74%。网易的《终结者 2：审判日》在欧洲和美国也有一定的市场。除此之外，《第五人格》《永恒边境》等重点游戏在我国港台地区、日本和东南亚市场表现良好。《第五人格》在日本和韩国也进入了前 20 名。

3. 盛大游戏

盛大游戏 2018 年推出了两款出海手游，其中一款是《没有月亮的上帝》。《没有月亮的上帝》首先在我国港澳台地区的苹果应用商店推荐，然后在日本谷歌商店推荐，登上了日本 iOS 免费榜前 10 名。在韩国获得谷歌游戏预订推荐后，位居 iOS 免费列表第一名，并登上谷歌免费播放列表 Top10。盛大游戏旗下的另一款产品《龙谷》手游，2018 年更是在海外"百花齐放"。在我国，港澳台地区《龙谷》手游位列 iOS 免费榜第一、畅销榜前三，并多次获得 iOS 精选和谷歌手机 App Store 推荐。后来，它赢得了韩国 iOS 和 Android 的免费列表畅销榜第 1 名和前 10 名，并被 iOS 和

Android 平台推荐。随后，《龙谷》手游再次在东南亚市场打响，在泰国、马来西亚、菲律宾、印尼、新加坡等国家的谷歌免费游戏榜中排名第一。它还在 iOS 免费列表中排名第一，在最畅销列表中排名前三。基于在东南亚市场的出色表现，2018 年 5 月，《龙谷》手游在中国手游海外营收和下载量排行榜排名前 30，分别位列第 15 和第 21 位。《龙谷》手游凭借其在海外的出色人气，在 2018 年年底还获得了谷歌玩法的最佳对战类推荐。值得一提的是，在 2018 年年底《龙谷》手游在中国也掀起了一股热潮，获得了 iOS 年度中国流行网游推荐。

4. 腾讯

腾讯 2018 年在海外发布的 PUBG Mobile 在 100 多个国家和地区的下载量排名第一。随着腾讯在 PUBG Mobile 上大赚一笔，游戏收入也有所增长。截至 2018 年 10 月底，PUBG Mobile 已经在海外积累了 1.13 亿美元。在国内大赚一笔后，《王者荣耀》开始向海外出口。《王者荣耀》的海外月收入超过 3000 万美元，海外 DAU 达到 1300 万美元。

5. IGG

在 2018 年，IGG 在中国出海游戏收入排行榜上排名第一，主要是因为其《王国时代》成为美国 2018 年上半年第二受欢迎的中国出海游戏。

（四）中国移动游戏主要出口国家

目前，国际手游市场主要分为欧美、日本、中东、拉丁美洲和东南亚五个部分。欧洲和美国是传统的成熟市场，中东地区近两年发展迅速，拉丁美洲和东南亚是潜在市场。虽然日本手游在欧洲和美国的营收较高，但其手机游戏在这些国家的份额低于东南亚国家。

中国手游在美国、日本和韩国的份额相对较低，而在自主开发产品稀缺的欧洲、拉美、中东和东南亚的份额相对较高。中国台湾、马来西亚和菲律宾分别占据 24% 和 21% 的市场份额，泰国也占据 20%。这些市场的固化程度不高，开发潜力巨大，本土游戏公司尚未对其进行深度培育。一方面，这些区域的游戏主要依赖进口产品，对国外手游的接受度相对较高；另一方面，中国制造商必须与全球精品产品竞争，这些精品产品往往在很多地方需要本地化。

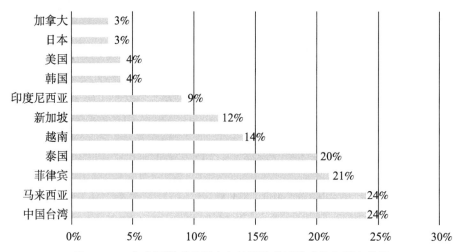

图6 2017年中国游戏公司在各地区的移动游戏收入所占份额

数据来源：公开资料整理。

（五）出口游戏类型

近年来手游的出口类型主要集中在策略、卡牌、中欧背景战争、幻想等主题。全球热门风格如wise star expert的clash of Kings, IGG era of kingdoms, dragon creation的zombie war and joy都属于这一类。经过多年的海外市场开拓，证明这种游戏更容易突破欧美等巨头的市场，也更容易拓展产品布局，在世界上没有任何死胡同。这些产品也有较长的生命周期和收入能力，因为《王者争霸3年》仍然是最赚钱的出口手游。值得注意的是，由于中国厂商的不断入侵，结合了西方魔法元素的MMORPG和ARPG逐渐受到美国和美国市场的欢迎。例如，旅游网络的美国magic 3DARPG《狂暴之翼》已经成为该地区最赚钱的ARPG手机游戏。这也意味着中国制造商已经从迎合用户转向积极培养用户。

表1　中国手游出口前十名情况

排名	游戏名称	研发商	游戏类型	IP 类型
1	荒野行动	网易游戏	射击类	无
2	王国纪元	IGG	策略类	无
3	火枪纪元	趣加科技	策略类	无
4	阿瓦隆之王	趣加科技	策略类	无
5	列王的纷争	智明星通	策略类	无
6	PUBG MOBILE	腾讯游戏	射击类	客户端游戏
7	碧蓝航线	勇士网络	射击类	无
8	奇迹：觉醒	掌趣科技	MMORAPG	客户端游戏
9	仙境传说 RO：守护永恒的爱	心动网络	MMORAPG	无
10	奇迹暖暖	叠纸网络	模拟经营	移动游戏

数据来源：公开资料整理。

三、中国移动游戏出口面临的问题

（一）各国审查制度存在差异

国与国之间的政策差异是影响两国之间贸易的最重要因素。中国手游在出口的过程中，最重要的问题是游戏产品审查制度的差异，主要包括游戏产品的现状、受限级别、敏感人物以及对未成年人的保护。

（二）文化差异、游戏人口习惯与宗教信仰差异

文化差异影响着国际贸易的许多方面。在国际贸易中，很多有实力的公司在国际营销中失败，主要原因不是资金和技术，而是缺乏对当地文化的了解，忽视了文化差异对贸易和交流的影响。因此，与目的国进行国际贸易时，首先要了解两国之间的文化差异。

游戏用户习惯和宗教信仰应该综合考虑。例如，在一些有宗教信仰的国家，如伊斯兰教国家，每天要举行多次礼拜。游戏推送和发布活动不能

安排在礼拜时间，重要节日最好不要安排活动，不要侮辱或侵犯信仰或禁忌动物。

在许多国家，线下活动更受欢迎。在中国，周六、周日可能是人们休息和玩游戏的最佳时间，但在其他国家，周六、周日服务器上线率很低，因为当地民众会在周末选择线下聚会或出游。

（三）中国游戏公司海外营销手段传统

在中国，运营和推广活动会为产品增加很大比例的收入，但国外玩家更加注重游戏的趣味性与本质，他们更加注重真实的游戏感受。某些平台上的意见领袖是中国手游首先要找到的突破口，获得他们的青睐，会为游戏带来更多的流量与收入。

（四）海外市场具有一定的法律风险

在海外市场，对知识产权的保护更加严格，那些被发现抄袭的游戏作品可能会被下架，甚至会被起诉，要求巨额赔偿。此外，如果玩家对游戏产品的支付效果不满意，比如虚拟物品原价 100 元在半个月后被降到 50 元，他们就会进行投诉，甚至可以追回已经支付的钱。这不同于许多国产产品的"游戏性"。

（五）与海外本土游戏企业可能发生冲突

如越南、阿根廷、智利和一些中东国家已经开始意识到他们新兴的游戏服务行业的巨大利润空间。为了争取利润，这些国家开始鼓励和扶持本国的游戏产业开发商，以提高本国游戏企业的竞争力，争夺本国的游戏市场。

（六）注重数据的分析与修正

在竞争激烈的手机游戏市场，特别是在相对陌生的海外市场，要重视分销渠道的连续数据分析，通过业务数据分析确定产品的选择和产品改进的方向。

（七）注重社交网络平台的经营

虽然 Facebook 和 Twitter 在世界各地都有使用，但区域性的社交网络平台也不容忽视。例如，俄语地区的 VK 每月拥有约 3 亿注册用户、2.5 亿认证用户和 1 亿多活跃用户。每天在该网站聊天的人数超过 20 亿，估计占俄罗斯用户的 67%。

（八）小语种市场或有成功可能

小目标语言地区，如德国、土耳其等，中国经销商参与赚钱让他们极其低调，手机游戏产品选择释放小语言地区，生命周期会更长。

（九）新兴市场开拓成本高昂

中国网络游戏的发展在新兴市场仅仅是一个开始，但这并不意味着它可以立即完全建立。发展新兴市场的第一个问题是从零开始。这些地区对网络游戏和娱乐有需求，但没有现成的市场可供依赖和借鉴。除了新兴市场的市场培育问题之外，最大的问题是如何适应当地市场。在新兴市场推广手机游戏不仅需要改变游戏语言，还需要为本地玩家设计新的可玩点。

四、中国移动游戏出海对策

（一）手游海外出口市场的选择

欧洲的情况比较复杂，分为英语、西班牙语、德语、法语、土耳其语、挪威语等语言市场，但一般来说英语版本在欧洲都可以发行。

从市场规模来看，美国、日本、德国、英国、韩国、加拿大、意大利、西班牙、巴西、俄罗斯、澳大利亚、墨西哥、中国台湾和印度属于较为发达的游戏市场。在较发达国家和地区发行产品时，要考虑渠道风险和优质资源的获取。这些国家和地区正处于激烈的竞争之中。与此同时，也有许多海外出版企业在中国考虑建立本土出版公司，与他们的交流与合作明显更加顺畅。

按人均游戏消费来看，日本、韩国和美国是第一群体，英国、澳大利亚、加拿大和德国是第二群体。选择经济发达国家发行游戏，要考虑到玩家的支付习惯和支付方式，并进行本土化修改。虽然欧洲国家以英语为主，但当地语言更受欢迎。

按增长率划分，印度、拉美、中东地区、东南亚市场增长更为明显，前期布局有望收获长期收益。这些国家的手游产业规模和发展程度都落后于中国。中国的手机游戏产品在技术和形象上更容易吸引本土玩家，但整体的移动支付习惯需要花费一定的时间来养成。

（二）鼓励创新，由"中国制造"转变为"中国智造"

要想从根本上扭转中国网络游戏的现状，就必须鼓励创新。网络游戏产业的性质决定了它是一个高度原创的产业，确保网络游戏内容的原创性和新颖性是吸引玩家、占领市场的关键。要改变这种情况，开发者应该降低自己的形象，将游戏内容的决定权留给用户，这是一个不错的选择。

（三）加强人才培养，为网络游戏的开发与运营注入新鲜血液

国内网络游戏要想真正占领世界主流市场，人才是最大的瓶颈。高素质人才是网络游戏设计开发的核心。网络游戏的特点决定了他们的创作是计算机技术、程序设计、美术设计、文学、音乐等专业创作的集合，所以对人才的需求也是多层次的，这使得行业对网络游戏从业者的要求相对较高。

为了避免网络游戏行业缺乏人才，并使中国网络游戏产品在国际市场上有更多的竞争优势，政府和人民必须注意游戏人才的开发和培训。在人才培养方面，政府必须与企业、高校共同努力，培养熟练、有能力的网络游戏从业者。同时，电子竞技也可以用来寻找相关人才。世界各国的实践证明，大多数"游戏大师"都有开发游戏的天赋。

（四）政府加大财政投入和政策扶持

支持网络游戏产业发展，政府首先要做好舆论引导工作；其次，政府应加大对网络游戏产业的财政投入，更加关注那些有潜力但缺乏必要资金的开发商和公司，以及那些有好的创意的公司；最后，政府对这个新兴行业的政策支持和合理监管是重中之重，同时，要完善和规范市场的法律法规，履行好监管者的职责。

国际经贸学院　　胡　歆　王　凡

全球化布局，推动游戏产品走出去

一、背景

游戏行业泛指所有游戏，包括 PC 网络游戏、移动网络游戏、PC 单机游戏等。网络游戏又称在线游戏，是指以互联网为传输媒介，以游戏运营商服务器和用户计算机为处理终端，以游戏客户端软件为信息交互窗口的在线游戏，分为 PC 网络游戏和移动网络游戏，其中，移动网络游戏占比最大，2018 年年底市场占有率已达 62.5%。单机游戏是指不需要以互联网为传输媒介的一种游戏形式，随着网络游戏的迅速发展，单机游戏正逐渐退出游戏市场，2018 第一季度，占比仅达 0.4%。

近年来，国内游戏市场竞争不断加剧，众多游戏企业在国内出现业绩下滑趋势。2018 年，游戏市场面临行业寒冬，市场总体销售收入 2144.4 亿元，同比仅增长 5.3%，对比前几年市场业绩，收入增速下降明显。与全球同行业相比，中国游戏企业的游戏开发产品质量及游戏发行能力一直在全球市场拥有强大的竞争力。面对国内游戏版号停发、网游数量调控的行业形势，许多游戏公司在国内的发展遭遇了瓶颈期，而国外较多国家的游戏产业还未发展起来或者仍有可深耕的细分市场，因此，越来越多的游戏企业逐渐将下一步业绩增长希望寄托于海外市场，纷纷选择出海，寻求海外投资机会。从机遇层面看，海外有着 6000 多万华侨华人，他们对中国文化有着天然亲近感，我国游戏走出去有一定的用户基础。

目前，中国手游收入约为游戏总收入的 60%，而在美国这一比例仅为

30%～40%。未来随着手机游戏的渗透率及付费率的提升，美国手游市场的空间有望加大。欧洲的情况与美国类似，因此，欧美游戏市场均有较大的提升空间。同时，印度及东南亚国家正在成为全球游戏市场新的增长点。根据移动视频广告平台POKKT的数据，作为全球人口第二多的国家，印度现在也是用户数量最多的移动游戏市场之一。虽然印度到1997年才有了国内第一家游戏公司，但如今印度已有不同规模的游戏公司250余家，游戏产业的收入也达到了前所未有的规模。印度游戏产业虽然起步较晚，市场规模也不大，但随着宏观经济的变化、人口结构的改善、可支配收入的增加以及消费者的游戏喜好变化，近年来游戏市场规模逐步扩大。目前，印度整体游戏市场以移动端为主，其次是主机游戏，PC游戏市场份额最小，约占15%。截至2017年，印度已经有2.22亿多位活跃游戏玩家，平均日游戏时长约为42分钟。根据App Annie的预测，到2020年，印度游戏产业的总收入将达到11亿美元。目前，在印度的安卓手机市场中，中国众多著名手机制造商，如小米、华为（荣耀）、一加、OPPO、vivo等已经成为印度的主流手机制造商。如果我国游戏企业能与这些手机制造商展开多方面的合作，对于出海印度的游戏和App开发者以及手机制造商而言无疑都是利好消息。

在游戏公司走出去的区位选择上，日韩和欧美市场是中国游戏公司出海的主要选择地，而中东、非洲及东南亚虽然目前整体市场规模较小，但其增长率均超过了40%，未来有望成为游戏出海的重点市场。在走出去的渠道上，游戏企业主要有以下几种实现路径：首先，公司可与Facebook、谷歌等公司达成合作，在其软件商店中上架公司游戏，还可通过软件商店的推荐模式提高游戏的下载量；其次，受益于华为、小米等手机企业走出去的先天优势，游戏公司可与此类公司合作，在手机中预装游戏或通过应用商店对产品进行推广；最后，国内游戏企业可以通过收购或自建公司的形式实现海外经营，例如腾讯、三七互娱、游族网络等游戏企业已全面展开了海外平台的布局，企业一般会在当地设立子公司或游戏研发中心，以此强化对于用户的深度运营。预计未来游戏产业走出去的通道将进一步拓宽，游戏走出去的前景将更为广阔。此外，受益于我国悠久的历史文化积淀，游戏公司在出海时也会有意识地把国家传统文化元素引入开发的游戏中，在中国游戏走出去的题材类型上，以武侠、玄幻等富有中国元素的产品居多，并且此类游戏在海外市场得到了用户喜爱。

2018年国内游戏企业出海的步伐取得明显进展，游戏工委发布的《2018年中国游戏产业报告》显示，中国自研网络游戏的实际销售收入达1643.9亿元，海外销售收入达到95.9亿元，同比增长15.8%，约占国内手游市场一半规模。与2017年同期相比，中国移动游戏发行的海外iOS及Google Play综合收入在2018年上半年的增幅超过40%，海外游戏市场已成为中国游戏企业重要的收入来源。同时，国内出海游戏的下载量和用户支出在各主要地区均呈现出同比增长的态势。在下载量方面，新兴国家成为增长点。在印度游戏市场中，手游的下载量连续两年呈现高速增长，并且在2018年上半年，手游市场的总下载量已超越美国，成为第一。此外，在中国出海手游下载量排名前10的国家中，就涵盖了东南亚六国（印尼、菲律宾、马来西亚、泰国、越南及新加坡）中的4个国家。在收入方面，目前中国游戏出海的主要收入来源为美国、日本、韩国等市场较为成熟的地区。根据App Annie统计，2018年上半年，中国发行商在美国的收入超过6亿美元，同比增长52%；在日本的收入超过4亿美元，同比增长34%；在韩国的收入超过2.5亿美元，同比增长153%，东南亚六国的收入超过2亿美元，同比增长52%。在出海游戏类型上，2018年出口收入前50的移动游戏中，策略类游戏有21款，收入占比46.9%；角色扮演类游戏有13款，收入占比20.8%；射击类游戏收入占比15.9%。

随着对游戏行业政策的不断颁布，国家也在激励行业培育一批具有较强品牌影响力和国际竞争力的骨干游戏企业，创作生产一批内容健康向上、富有民族特色的精品游戏。在大力推进游戏产业结构升级，推动网络游戏、电子游戏等游戏门类协调发展的同时，积极促进移动游戏、电子竞技、游戏直播、虚拟现实游戏等新业态发展。因此，作为新型文化产业之一的网络游戏产业，在国家逐步建立了完善的监管体系及产业鼓励政策的推动下，预计未来将持续健康繁荣发展。

未来，新技术的出现将更大地赋能于游戏产业，游戏厂商将继续加深与手机厂商的合作，语音、人像识别等 AI 技术将丰富现有游戏的交互模式，5G 技术将有效解决 VR 设备面临的延迟及成本问题，云游戏平台的建立将帮助降低对游戏终端设备的硬件要求，未来将出现更加丰富的游戏付费模式，游戏平台将成为 PC 硬件厂商的重要布局方向，未来也将有更多的移动游戏对线下场景进行拓展。

在用户类别上，男女用户的性别比例正在发生巨大变化。根据调查数据显示，从 2013 年到 2018 年，女性用户规模迅速扩张，女性玩家数量不断增长，从不足 8000 万人增长到如今的 2.9 亿人，未来预计将有进一步提升，这也启示游戏企业需更关注女性偏好，设计更多适合女性玩家的游戏。

二、走出去的运作实践

游族网络股份有限公司成立于 2009 年，创始人为林奇，公司作为中国互动娱乐供应商，业务包括全球化游戏研发与发行、大数据应用、IP 管理工程、泛娱乐产业投资四个方面。

公司自成立以来，已经打造了"女神"系列、"少年"系列等经典 IP。在国内手游用户规模增速下滑和市场竞争日益激烈的环境下，中国自研游戏在海外市场的销售增速却远超国内增速。同时，公司海外业务收入已超国内，成为长期增长动力。截至 2017 年年底，公司海外收入达到 19.68 亿元，同比增长 55.2%，占比 60.82%，并仍在保持高速增长。同时，公司积极总结成功经验，继承全球发行的成功模式，并将发行产品线由自研游戏扩展至代理游戏。

与同行业相比，游族网络布局全球发行具有先发优势。早在 2013 年，公司就已进军海外市场，公司核心页游《女神联盟》成功登陆以北美为主的多个海外市场，海外地区流水迅速超过 1000 万美元。目前该款游戏已成功发行至 150 多个国家及地区，在全球拥有超过 2 亿人的注册用户。公司已在北美、中国台湾等地区启动运营公司，海外发行版图已经扩展至全球 250 多个国家及地区，在全球范围内已经成功发行 30 余款网页游戏及移动游戏。国内大部分企业在拓展海外市场时会选择我国港澳台地区或者日韩、东南亚等与国内文化圈相近、本土化更为容易的地区作为首选目标，但这些市场规模较小，发展空间有限。游族网络则选择了与中国文化差异较大、本土化难度相对较大但市场规模较大的欧美国家作为海外布局的重点方向，同时兼顾东欧、南亚、中东等新兴市场。

2015 年 4 月 28 日，游族网络与 Google 在上海正式达成 JBP（Joint Business Plan，联合商业计划）合作，以拓展海外市场。2016 年 3 月 22 日，游族网络发布公告称，拟投资不超过 8000 万欧元，购买德国知名游戏研发商 Bigpoint 的 100% 股权。2017 年 3 月，游族网络在印度浦那成立子公司，进一步拓展海外业务版图。

2018 年，谷歌与 BrandZ 联合发布了《2018 年中国出海品牌 50 强》报告，该报告统计了在海外市场中表现优异的 50 家中国品牌。在本次统计的中国出海品牌 50 强中，有 9 家为中国的游戏企业，游族网络位列第 23 名。2019 年，在第六届游戏茶馆金茶奖上，凭借在海外市场中的优异表现，游族网络荣获 2018 年度"最佳出海游戏企业"大奖。

公司拥有具备敏锐市场感知和强大反应能力的海外市场开拓团队，通过持续执行"全球化"战略，积极开拓全球市场。2017 年，依靠手游《狂暴之翼》海外版《Legacy of Discord-Furious Wings》、自研手游《少年三国志》以及页游《女神联盟 2》在海外市场的强势表现，游族实现了业务全球化布局的领先。《狂暴之翼》（Legacy of Discord-Furious Wings）在全球发行，游戏上线即获得 Google Play 及 App Store 联合推荐，并且上线以来在 App Annie 上的排名稳定，长期处于畅销榜单前列，在海外多个地区均取得了优秀的成绩。

2018 年 2 月，游族网络与育碧（Ubisoft）达成合作，《刺客信条》系列角色登录《狂暴之翼》游戏内变身系统，开展了为期 6 个月的游戏联动活动，再次引爆用户口碑。截至目前，游戏先后登顶 57 个国家及地区游戏畅销榜，成了 ARPG 类游戏出海的标杆之作。

另外，游族自研游戏 MMO《Era of Celestials》也于 2018 年正式进军海外市场，依托优质的产品品质和本地化的产品包装，游戏上线前已收获海外市场的极大关注，累积预注册人数达 100 万，8 月初正式登陆 App

Store 及 Google Play 后获得全球推荐，首月 DAU 突破 50 万。目前，游戏已推出中文（简体、繁体）、英语、德语、土耳其语等 11 个语种，并成功跻身 2018 年 9 月中国成功出海手游收入榜中位列 TOP25，成了游族海外市场又一全新的发力点。

在把握出海"起跑时间"领先优势的基础上，游族也持续深化"全球化"战略布局，以"本地化的思维"布局"全球化市场"，针对性地深挖区域市场，扶持由总部人才和本土人才共同搭建的区域化团队，针对不同区域不同文化，精细化深耕当地市场，提升产品在海外区域市场的竞争力。继在汉堡、伦敦等地设立子公司后，游族网络 2018 年又在新加坡开设了分公司，进一步整合全球化资源，深化在海外业务上的竞争优势。

目前，游族网络已将全球发行版图覆盖至 250 多个国家和地区，能够完成一站式发行全球服务，并已经总结出成熟的海外发行策略，能稳健且高效地开拓全新市场。游族网络以全球化视野总体布局，在保持国内领先地位之外，持续增强在海外市场的竞争力，实现均衡协调发展。

同时，根据公司官网信息，2019 年第一季度，公司将有《女神联盟起源》（MMO 手游）、《猎魂觉醒》（代理的网易手游）、《权力的游戏》（页游）这三款游戏在海外发行，而下半年又有 2 款重磅代理的腾讯、网易游戏大作在海外上线。此外，截至 2019 年 1 月 29 日的重启后第 5 批游戏版号，公司旗下手游《一球超神》也在新发放的第四批游戏版号中获批。依托于强大的团队与优质的产品，预计公司的海外业务将进一步扩张。

三、路径分析

（一）与国外应用商店及本国手机厂商合作

游族网络的海外推广方式包括纯硬广推广和商务化推广两种。其中硬广推广分为两种渠道，一种是公司与 Facebook 及 Geogle Play 合作，在此类应用商店平台投放游戏，另一种即营销化推广，公司会借助 YouTube 等海外平台网红资源，并借助大数据、渠道特性等进行精准营销。商务化推广主要是和国外手机应用商店的公司谈判，向他们展示本公司产品的突出特点及优势，从而请应用商店将公司游戏放在首页推荐或放在搜索页面的前列，从而提高下载量。一般来说，一次推荐一周可带来 10 万~20 万的新增下载量。

此外，通过与本国手机厂商的合作，游族间接实现了走出去战略。例如，公司与华为展开合作，将游戏预置于华为手机内，在华为出海的情况下，公司游戏跟随手机一同进入海外市场。在营销层面上，华为也将公司游戏作为发布会上的展示游戏进行展示，从而帮助公司产品获得大量曝光，间接达到了推广的目的。同时，相较于与国外应用商店公司的分成比例，公司在与华为等本国厂商合作时，可争取到更为优渥的条件与分成比例，总体来说，与本国手机厂商的合作也是走出去的一大路径。

（二）参与展会，积极交流，推广产品

展会主要是为了展示产品和技术、拓展渠道、促进销售、传播品牌而进行的一种宣传活动。成功的展会将对企业进行产品推广、树立品牌形象起重要的推动作用。同时，参与世界性的展会更可帮助企业走向世界，向世界推广本公司产品。作为国际商贸活动的一种重要形式，企业参加国内外举办的会展无疑有着许多好处：一是扩大商务接触面，开阔视野、启发思路。本国游戏起步较晚，在许多技术及游戏理念上均可以同国内外优秀同行探讨学习，也可以了解本行业最新的发展趋势。二是可以通过展会，在此寻求最佳的上下游合作商，通过面对面的交流，可以更便捷地建立起合作关系，为日后的进一步深入合作打下基础。游戏企业在出海时面对的一大问题即渠道问题，而展会为行业中的许多上下游厂商提供了展示的平台，企业走出去带来了较多便利。

（三）海外设立子公司及研发中心，进行深度运营

国内大部分企业在拓展海外市场时会选择我国港澳台地区或者日韩、东南亚等与国内文化圈相近、本土化更为容易的地区作为首选目标，但这些市场规模较小，发展空间有限。游族网络则选择了与中国文化差异较大、本土化难度相对较高但市场规模较大的欧美国家作为海外布局的重点

方向，同时兼顾东欧、南亚、中东等新兴市场。

在海外区位布局上，公司会根据当地员工的认知与影响力来提高在当地的地位，同时根据每个地区特点设立不同职能的办事处，比如在新加坡公司会设立研发中心，但在土耳其等地则主要配备的是运营团队。

四、遇到的困难

受文化政策、推广渠道、营销模式等障碍的影响，以及面对文化、宗教、政策、习俗等方面的差异，游戏出海必然会面临很多困难。游族网络在走出去的过程中主要遇到两大核心问题：一是渠道问题，二是文化差异问题。主要原因在于游族网络的海外布局集中在法国、德国等欧洲国家，以及有着强烈国家文化特色的印度等国家。这些国家的地域性特色为企业走出去带来了较多障碍。

首先，渠道层面的问题分为两个方面：一是发行渠道问题，二是支付渠道问题。在发行问题上，对于进入海外市场的企业来说，打通上下游渠道是最重要也是最困难的一环。我国与海外诸多不同国家在语言上的差异就为双方的沟通带来障碍，即使可借助翻译，但由于文化上的差异，在公司双方沟通及谈判的过程中，极易由于对事物不同的理解而引发歧义并阻碍双方的合作。由于语言因素，公司和东欧国家的交流相对是比较少的，如果可以和当地的制作团队进行交流，公司则有可能通过收购团队的方式进行海外投资，海外团队对当地用户更深入的了解，可帮助公司开发出更当地化的作品。而在支付问题上，欧洲国家的电子支付手段较少，较多使用现金、储蓄卡、点卡、充值卡等方式进行支付，这与国内已普及的移动支付有着极大差异，因此公司还需要和当地机构合作，打通支付的渠道。

其次，在文化差异问题上，一款游戏的海外运营工作要面临不同国家间文化、历史、喜好、法规、文字等的巨大差异。例如，海外玩家的游戏喜好与国内有何不同，如何搭建和运营海外玩家社区等，这些问题都需要有专门人员开展相关国际比较研究工作，并制定相应调整方案，拟定多样化的宣传、发行和运营计划。游族网络的游戏在进入海外市场时，首先需要解决的就是语言翻译问题，公司需要根据当地语言翻译出符合当地用户习惯的游戏。翻译的一般流程是首先需要找本地的翻译公司翻译，并由公司内部的小语种团队校验，再由当地公司进行二次校验，以确保游戏内容的完善性。因此，公司在国外发布一款产品时，通常会根据当地的文化进行内容的全新的改版。例如，在印度，文字的阅读方向是从右向左，这与本国有所差异。同时，我国的游戏人物在国外可能不被理解，这就需要根据国外的情况改变人物形象，比如在印度，为了符合当地的文化，就需要把女性角色替换成戴面纱的形象，以《女神联盟》这款手游为例，它的繁体中文、英文版本针对不同市场从界面 UI 到底层代码都做了细致的二次开发。因此，游戏出海并非简单地进行海外发行，而需要根据当地情况将游戏重新进行制作，而这会大大增加公司的游戏成本。

同时，针对众多以武侠、神话为主要元素的中国游戏，如何让更多海外玩家顺利理解中国神话传说、武侠文化、武术招式等更为复杂的文化元素，是一个十分复杂的文化转化和文化传达工程，这需要游戏开发人员加强在剧情、世界观、视觉、操作体验等方面的设计，用更为内在、更为柔性的方式讲好中国故事。这对游戏开发及相关工作人员带来了较大挑战。

五、走出去的成功经验

（一）保持全球视野，实现研运一体

企业要实现走出去战略，首先就需要了解国外市场。尤其对于游戏这一行业来说，相较于国外，我国起步较晚，经验略显不足，在走出去时更需谨慎了解国外市场。在 2017 年前，国内已有较大规模的游戏出海企业，但出海动因主要为国内竞争激烈以寻求新的增量市场。自 2018 年以来，国内游戏企业出海具备了较成熟的发展模式，由被迫出海转变为主动扩张。在出海前期，企业主要打开了我国港澳台地区、东南国家等市场，但随着国外市场情况的变化，印度、日本以及欧美国家也将成为新的增长点，因此企业必须时刻关注市场变化，保持全球化的视野，把握机会。

游族网络的海外商务战略部会在每年进行市场研究，经过测算后再制定每年游戏海外发行的战略。同时，公司也一直专注于精细化运营，做足

用户调研、流量监控、数据分析等各方面的工作，进而为策划线上活动、指导研发、调整更新提供及时有效的参考信息。正是基于研运一体化优势，游族网络的手游代表作《少年三国志》前期 LTV 值迅速爆发，后期 DAU 持续坚挺在百万级别。

（二）积极参加展会，了解行业整体情况

展会是一个向消费者及公众展示产品的最便捷的平台，也易于引起较大影响力。同时，企业要走出去就不能闭门造车，需要积极了解行业整体情况，并通过便捷的渠道将产品推广出去。各个产品展会不仅为企业提供了产品展示的平台，也为各企业提供了上下游厂商和同行间交流的平台，通过与上下游厂商的交流，企业间可建立起合作；通过与同行的交流，企业间可借鉴学习。

例如，在 2018 年 8 月，世界三大游戏展之一的科隆游戏展在德国拉开帷幕。在此次科隆游戏展上，游族网络就携带《权力的游戏》IP 改编而成的游戏 *Game of Thrones Winter is Coming* 成为唯一一家在核心展区参展的中国游戏公司。在 2018 年的第十六届中国国际数码互动娱乐展览会上，游族网络推出了"大游可玩"的游戏主题，成功吸引了诸多玩家的眼球。

（三）准确布局，精准投放

海外布局要有战略眼光，需根据每个地区不同的特点进行布局，并且根据每个国家对游戏产品类型的偏好推出产品，比如相较于其他国家，二次元游戏在日本就受到更大的欢迎。

游族网络是游戏行业中较早布局海外业务的公司，并且与其他企业不同的是，国内大部分企业在拓展海外市场时会选择我国港澳台地区或者日韩、东南亚等与国内文化圈相近、本土化更为容易的地区作为首选目标，虽然可降低走出去的风险，但这些市场规模较小，发展空间有限。游族网络则根据本公司战略布局，首选了与中国文化差异较大、本土化难度相对较高但市场规模较大的欧美国家作为海外布局的重点方向，同时兼顾东

欧、南亚、中东等新兴市场。如今公司海外业务已涉及 250 多个海外市场。同时，根据每个市场不同的需求偏好，公司会精准发行不同的游戏产品，例如东南亚国家更偏好三国类、仙侠类的游戏，公司会加大此类游戏的发行，通过对每个市场精准的布局，可开拓游戏细分市场，实现效益的最大化。此外，游族自有的 ShareSDK 工具能无缝连接 Facebook、Instagram、Twitter、微信、微博等全球 40 多个主流社交平台，做到精准推送，游戏推广成本由此大幅降低。

（四）广纳优秀人才，开展多方合作

在人才战略上，公司主要收购海外优秀的研发团队来提高公司研发实力。大多欧洲国家的游戏研发团队都有较高的研发实力，同时相较于外国研发团队，他们可更好地理解本国玩家的需求，开发出本地化的游戏，游族通过与当地团队接触并收购，建立起一支实力强大的海外研发队伍。在海外业务运营团队的人才选拔上，公司会更偏重于招聘有过国外生活经历的候选人，这使他们能够更好地理解海外市场，为工作的开展带来较多便利。

在游戏出海的运营过程中，游族以深度区域化为导向，在推动公司产品与全球性知名 IP 联动的同时，深度调试游戏内容，整合区域流量入口，扶持由总部人才和本土人才共同搭建的区域化团队，如公司曾与百事（Pepsi）在土耳其展开联动营销，与电信巨头 Maxis 在马来西亚达成异业合作，游族网络在各区域的合作伙伴累计超过 1000 家公司。此类创新尝试不仅避免了游戏出海"水土不服"，更是为精品游戏业绩锦上添花。

（五）转变运营模式，精细化运营助攻 IP 价值最大化

根据公司在不同时期的业绩状况和战略规划，公司制定出不同的运营模式。公司早期出海的目标定位于在海外市场建立品牌，将公司游戏推广出去，能够产生一定营利，对公司来说，品牌的成长性优先于营利目的。因此，公司早期的海外业务采用的是粗放式管理，并未针对不同地区采用不同的运营模式，而这会带来管理效率低下、收益偏低的问题。随着游族

海外业务的逐渐成熟，公司的目标转变为在海外各个区域的市场占有率达到一定比例，而早期的粗放式推广对于一个非本国企业来说，是很难达到此目标的，因此公司开始转变运营方式，由粗放管理向精细化运营转变，在各个国家探索可以深入的游戏细分市场，具体表现在根据不同地域的特点推广适合当地的游戏产品，游戏类型的多样化探索以及根据不同地域的特点组建不同类型的子公司等。

从 2014 年开始，IP 改编逐渐成为国内游戏行业的风口，及至 2015 年和 2016 年，市场上已有近四成的手游产品是根据 IP 改编而成的。然而，此时市场上充斥的大量 IP 概念的资源并不能带来真正的收益。另一方面，随着优质 IP 资源的逐渐减少，市场上出现越来越多的同质化产品，用户在此过程中也开始对 IP 消费趋于理性和成熟化，因此 IP 的精细化运营能力，成为深度挖掘 IP 价值、制胜 IP 游戏市场的关键。

公司游戏《少年三国志》在运营方面坚持以用户为核心，对产品持续进行精细化运营，时刻注重用户体验。例如，公司定期策划举办和面对面活动，并在游戏内投放问卷进行用户感受调研，时时以用户的需求来对游戏版本和内容进行更新，以更大程度地提升用户的游戏参与感。同时，根据不同用户的偏好，公司针对年轻用户运用年轻化的运营策略，在核心用户的基础上扩展新用户。公司打造了首个属于少年们的节日"少年节"与动漫"镇魂街"进行跨界联动，这些新颖的活动有效吸引了新用户的加入，从而实现了游戏内不同年龄层次与不同偏好用户的生态的平衡。根据调研结果显示，《少年三国志》的年轻化趋势在逐渐加强，其中 25 岁以下年轻用户占比已超过 55%，16 岁以下用户超过 10%。

公司另一款知名游戏《狂暴之翼》不仅在海外成为最畅销的 ARPG 手游，更是中国游戏的年度出海标杆，而这主要归功于公司的"精细化运营"模式。针对 LoD 的精细化运营体现在几个方面：首先，公司坚持本地化转换，区别于简单的游戏翻译，公司调研团队会深入本地化的需求和偏好进行海外的差异化发行，同时游戏团队会在调研基础上根据当地风俗调整游戏美术、剧情等内容；其次，进行区域化营销，针对海外不同地区的特点，公司会去寻找与游戏品牌调性重合的渠道和方式，覆盖不同的媒体平台，从而实现品牌最大化，然后持续性跨界，例如公司与育碧达成的跨游戏合作，实现了多位《刺客信条》系列经典人物以特殊角色的形式出现在 LoD 中，从而快速激起了国内外玩家的热情，为产品收获了好口碑。

国际经贸学院　陈晓菲

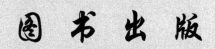
TUSHU CHUBAN

精准定位，促进国产书店走进北非

一、发展背景

（一）星空书店背后的公司

2019 年 3 月，一家来自中国的书店在摩洛哥首都拉巴特悄然开业，这家名为"星空"的书店是由人民天舟（北京）出版有限公司（以下简称"人民天舟"）全资主办的。人民天舟是经中共中央文化体制改革和发展工作领导小组办公室同意，原国家新闻出版广电总局批准，人民出版社与天舟文化股份有限公司共同出资设立的出版机构，是首批获得对外专项出版权的试点企业之一。天舟文化成立于 2003 年，以图书出版发行为基础产业，2010 年 12 月 15 日在深交所上市，成为我国民营发行业第一家上市公司。作为一家国际化的文化企业，人民天舟致力于以高水准的文化情怀，讲好中国故事，传递中国声音。

在摩洛哥开设书店并不是人民天舟（北京）出版有限公司首次与摩洛哥进行文化交流，实际上，人民天舟早就瞄准了摩洛哥的市场，于 2017 年就已经在摩洛哥设立了分公司。

（二）"摩洛哥星空书店"项目背景

人民天舟公司的摩洛哥项目目前入选了 2019—2020 年度国家文化出口重点项目目录。选择在摩洛哥开设书店绝非偶然，这不仅与中摩两国友谊源远流长有关，而且与人民天舟公司与摩洛哥当地政府以及出版机构等一直保持良好的合作关系密不可分。

1. 摩洛哥的历史及区位优势

虽然中国与摩洛哥两国相距较远，但是两国在历史上的文化交流源远流长。早在 14 世纪，摩洛哥的旅行家伊本·白图泰就曾沿着"海上丝绸之路"来过中国，并将在中国的所见所闻编著成了《伊本·白图泰游记》。

摩洛哥虽然地处北非，但是与我们对北非的传统印象有很大的不同。我们印象中的北非大部分是沙漠，自然资源匮乏，经济水平落后，人民的生活水平得不到改善。然而，摩洛哥作为非洲西北部的一个沿海阿拉伯国家，其地理位置非常优越，东部以及东南部与阿尔吉尼亚接壤，南部紧邻西撒哈拉，西部濒临大西洋，北部和西班牙、葡萄牙隔海相望，拥有着狭长的海岸线，水资源丰富，风景秀丽，因被誉为"北非花园"，在非洲国家中独树一帜。

2. 中摩两国的当代情谊

到了现代，中摩两国之间的交流日趋频繁。2013 年，我国提出"一带一路"的美好愿景。摩洛哥是我国推进"一带一路"过程中重要的国家之一，独特的位置使其"一带一路"通往非洲的桥梁。而摩洛哥更是对我国的"一带一路"倡议给予了积极响应。因此，开设星空书店这样一个举措是从文化层面积极响应国家"一带一路"倡议的一次有益尝试。事实上除了图书等版权产业以外，借助"一带一路"，中摩两国在多个领域展开了友好合作，其中包括茶文化、中医药产业等。

中摩两国之间的交流不仅局限于文化产业方面。由于摩洛哥工业基础薄弱、专业技术人才缺乏，在基础设施方面，中国给予了摩洛哥很大的帮助。摩洛哥一直有电力紧缺的问题，其南部城市瓦尔扎扎特地处撒哈拉沙漠边缘，光热资源丰富，因此为了解决电力紧缺问题，政府在城市中建造了努奥发电站。该电站是目前世界上最大的太阳能聚热电站，可以解决摩洛哥的电力紧缺问题。而这样一座大型的发电站，其招标的是中国的一家电建公司——山东电建。对于中国来说，努奥发电站的建成也是中国技术和中国装备迈向国际市场的重要的代表工程之一。

3. 人民天舟与摩洛哥结缘之路

人民天舟与摩洛哥自 2017 年以来一直保持着频繁的文化交流。2017 年 2 月，人民天舟代表出版商受邀前往摩洛哥参加第 23 届卡萨布兰卡书展。这是我国图书走进北非的重要一步。2018 年是中摩建交 60 周年，摩洛哥文化新闻大臣穆罕默德·拉哈吉、摩洛哥文化新闻部图书司司长哈桑·瓦扎尼等一行 16 人应邀访华参加 8 月 22 日—26 日的第 25 届北京国际图书博览会，而人民天舟承担了此次摩洛哥代表团在北京的接待工作。如此一来二去，书展使得人民天舟与摩洛哥的文化部门结下了日渐深厚的友谊，并且受到了摩洛哥文化部和中国驻摩洛哥大使馆的肯定。这为后面人民天舟在摩洛哥开设中国书店打下了坚实的基础。在两国的书展上，双方除了交流书籍，人民天舟还向摩洛哥介绍了我国的其他传统文化，如博大精深的茶文化。在 2019 年 2 月份的第 25 届卡萨布兰卡书展上，人民天舟将黑茶带到摩洛哥，与当地进行了一次黑茶与茶文化交流。此举意在将中国的黑茶和茶文化在中东和北非地区进行广泛传播，让中国的茶文化受到更多当地群众的喜爱。

人民天舟在摩洛哥开设书店之前是做了两年多的准备工作的。在这两年多间，人民天舟与摩洛哥的文化部门进行过多次文化交流，这不仅有利于巩固两国之间的友谊，也有助于加深双方对彼此文化的了解。频繁的文化交流有利于人民天舟快速摸清当地人民的文化"口味"，进而可以对书店做到精准定位，有利于这家拥有中国文化的书店打入摩洛哥市场，受到当地人民的喜爱。

从宏观角度来看，中摩两国友好交往历史悠久，同时，两国在现代各个领域一直保持密切交流为中摩两国进一步在文化领域的深入交流奠定了良好的基础。从微观角度来看，人民天舟作为国家首批获得对外专项出版权的试点企业之一，不辱使命，多次参加国际书展，对摩洛哥当地进行深入调研，与当地政府、出版机构保持着密切联系，推动两国文化深入且友好的交流。"天时、地利、人和"最终让星空书店落地宁静祥和的古都拉巴特。

（三）书店主要介绍及发展现状

摩洛哥星空书店目前位于摩洛哥首都拉巴特。经过多方选择，最终书店的地址确定在当地高校密集的一个区，地理位置非常优越，同时，首都拉巴特的文化氛围也非常浓厚。然而，书店的开设并非一帆风顺，事实上这一构想自从 2017 年就萌发出来了，工作人员为此筹备一年半，中途可以说经历了不少曲折，但是在工作人员的不懈努力下，书店最终于 2019 年 3 月 28 日与摩洛哥人民见面。

摩洛哥星空书店的定位是店社合一的高品质文化体验式书店。与以往传统的书店或者国内的一些"网红"书店有很大的不同，最重要的一点是其承担着特殊的责任。星空书店不仅具有图书销售、文化体验、艺术品和艺术衍生品销售与展示的综合功能，而且致力于打造成为摩洛哥文化地标，成为传播中国文化的窗口，沟通中摩友谊的桥梁。

星空书店店内设计主打中国风，并且非常注重人文关怀，重视读者的体验。据了解，书店占地约 350 平方米，分为上下两层：第一层是成人阅览区，设计巧妙糅合了中国文化的元素；第二层为儿童活动区，小小乐园温馨生动。人们一进门首先会被天花板上的如点点星光般的景色所吸引，这正契合了书店的名字"星空"。书店取名"星空"，可以解读为两层含义：第一层是将书店喻成浩瀚的星空，每一本书都是一颗星星，读者徜徉在浩瀚书海中寻找乐趣，就如同在无边无际的宇宙中感受生命的奥妙；第二层含义是"星空"二字有"脚踏实地，仰望星空"之意，即希望两国人民对未来怀有共同美好的憧憬，视为"仰望星空"，并且在当下共同携手建设美好未来，视为"脚踏实地"。

在星空书店里，读者可以找到当前中国畅销的中文图书，让摩洛哥人民了解现代的中国文学世界，还有与中国相关的阿拉伯语、法语、英语图书，以及专门为摩洛哥读者挑选的阿拉伯语、法语本土畅销书。总体来看，中文图书占比 20%，主要还是以阿拉伯语、法语、英语这三个语种的图书为主。中国水利水电出版社与人民天舟在版权贸易方面有稳定的合作，因此双方达成一致意愿，共同在书店内打造中国水利水电科技图书展示平台，进一步向海外读者展示中国的水文化。

书店不仅给读者提供阅读空间以及卖书，还会举办一些文化沙龙活动，定期邀请中国及摩洛哥的作家、艺术家、文化学者举办交流活动和阅读体验活动，除了与阅读有关的活动之外，还有其他类型的文化交流活动，如茶艺表演、书画讲座等。从这个层面上来说，这是"星空"与传统书店的不同之处，它为读者打造了一个良好的阅读空间和文化艺术交流空间，并且向当地人民积极展示中华文化。摩洛哥星空书店将分品种、分阶段展示和销售中国现当代艺术品和艺术衍生品，将设立中国茶专区，展示中国茶文化。目前，书店内雇佣了6名摩洛哥当地员工在星空书店工作。鉴于书店"高品位、高品质"的定位，书店对员工的学历有一定的要求，高素质的员工可以为读者提供更加优良和全面的服务。这些员工均拥有大学本科或以上的学历，在摩洛哥均是非常优秀的人才。员工掌握多种语言，包括阿拉伯语、法语、英语，甚至还有员工能够进行简单的中文交流。

根据当地读者的反馈，他们走进书店均表示非常享受高品位的环境和良好的体验，而提到消费者所关心的价格，他们表示当购买所喜欢的书籍时对于价格是可以接受的。现在星空书店在摩洛哥的知名度越来愈高，作为北非地区首家中国文化体验式书店，受到了当地人民的喜爱。摩洛哥媒体和当地读者称赞星空书店是"摩洛哥最美的书店"。书店自从2019年3月试营业以来，每月销售额呈20%递增，在当地的名气和口碑逐渐传开。

二、中国书店走进摩洛哥的实践探索

中国书店走进异国他乡也许较为轻松，但是想要经营得好，深深扎根在当地却不是一件易事。以往其他国家也出现过中国书店，但已实现成功的仍然是少数，原因在于以往那些国家的中国书店大多是国内企业和国外华人合资开设的，甚至有些书店只有中方投资者出钱，却并未派遣管理者。这就导致书店发展到一定程度后，如果双方投资者发生分歧，中方有好的想法也无法有很多的话语权，致使书店的发展停滞不前，最终走向失败。

因此，开书店易，开好书店难。星空书店的北非之路想要长远发展需要汲取以往中国书店经营的失败教训，从根本上改变发展模式，而这背后离不开中摩两国出版人才的共同努力。

（一）国内因素：本土出版社积极走出去

中摩两国文化存在差异，这使得中国书店走进摩洛哥存在着一定的困难，需要在充分了解和尊重当地文化传统的情况下成立书店。

目前，国内在阅读空间建设方面已经形成了各具特色的阅读公共空间，全国各大城市经过多年的精心打造，对于书店的建设早已不局限于传统书店的那种格局，而是越来越多地开始打造高颜值、高品位、高品质的书店。这些书店或许坐落在商场的某一处，或许在街头拥有一处独立的门店，比较知名的书店如苏州的诚品书店、南京的先锋书店、上海的钟书阁、广州的方所书店等，其中有些书店甚至在全国开有连锁店。实体书店已经不是单一卖书的地方了，其功能愈加全面，力求为消费者打造一个舒适、高雅具有文化性和艺术性的阅读空间。

国内城市打造阅读空间的能力得到认可，但是想要中国书店走出去，就必须结合当代的文化特色。在不了解当地人民的文化习俗、消费习惯情况下的单一输出很有可能造成书店在当地市场反响平平，最终关店。所以，中国书店想要得到摩洛哥人民的认可，首先需要一番对当地市场的调研。从书店的装修、书本的种类、语言的种类，星空书店都尽可能地入乡随俗。

除了在书店的布局上花费心思，人民天舟在运营书店的人才选择上也尤为重视。人才是制胜的关键，人民天舟为了深入开展外文编辑出版，进行海外市场拓展与分支机构运营，首先打造出一支具备出版专业背景、语言优势和跨国企业运营经验的综合队伍。据人民天舟总经理张立坤描述，这支队伍，看个人，有魄力进行独立市场开拓，单兵作战；看集体，又能团结协作、随时补台，共同攻坚克难。在运营书店方面，目前书店的店长秦子涵是一位90后的年轻小伙。选择年轻人作为店长代表着星空书店是有活力的和创新精神的。实体书店想要实现转型，必然需要一股新鲜血液的注入，所以应当鼓励更多的年轻人参与进来建设实体书店。

（二）国外因素：摩洛哥的支持与助力

1. 文化认同

摩洛哥与中国友好交流的历史已久。长期以来，摩洛哥人民对于中华文化非常喜爱，他们愿意学习汉语、来中国留学，主动了解中国文化。在我国提出"一带一路"倡议之后，摩洛哥政府更是积极响应，与我国的文化交流愈加频繁。虽然摩洛哥是阿拉伯国家，但其包容开放的国家性格使得它更容易接纳外来文化。正因为摩洛哥文化的包容性很强，两国长期交好的历史才使得摩洛哥对中国文化有着充分的尊重和认同。

2. 书店的选址

星空书店的地址位于摩洛哥首都拉巴特哈桑区穆莱·伊斯梅尔大街50号，这里高校云集，文化气息浓郁。拉巴特不仅是摩洛哥的政治中心、文化中心和交通中心，也是摩洛哥的四大皇城之一，具有悠久的历史，并保存着摩洛哥的历史和文化。2012年拉巴特入选联合国教科文组织世界遗产名录。因此，将书店开设在这样一座历史感和现代感兼备的城市，契合了书店本身的气质，也更容易受到摩洛哥人民的关注。

3. 出版社的选择：走合作出版道路

中国要想在异国他乡开设一家书店，必须与当地的出版社取得联系，共同合作。早在星空书店之前，人民天舟就在摩洛哥开办了一家灯塔出版社，专注于多语种出版和中摩文化交流。作为人民天舟在摩洛哥的分公司，这家出版社已于2017年9月在摩洛哥运营。

人民天舟本身属于人民出版社旗下公司，关于推广图书，一直是由人民出版社授权，由摩洛哥阿曼出版社、灯塔出版社翻译出版。据人民天舟总编辑涂潇描述，人民天舟始终坚持走合作出版的道路，即国内翻译完成之后，还必须请国外的出版社多次把关。这样是对图书质量的双重保证，为我国图书在国外赢得好口碑打下坚实基础。

三、"摩洛哥星空书店"模式的成功经验分析

到目前为止，星空书店落地摩洛哥已经有一年多之久，在当地读者中

获得了不错的反响。自开店以来，其定位的是文化体验式书店，同时承担着中摩两国友好交流的重任，这两点势必让星空书店走出与其他传统书店以及一些新型网红书店不一样的道路。摩洛哥星空书店有着自己的发展模式，这种模式目前来看是较为成功的，受到当地热爱中国文化的读者的热烈支持。因此，接下来，笔者将要分析这种模式具体是怎样的，以及它是否可以为中国书店走出国门、走进其他国家、扎根于其他国家提供良好的借鉴。研究星空书店的成功经验及其对其他中国书店走出的启示，根本上也是在讨论中国的出版业如何走出困境、走出国门、走向一条出版业的国际化道路。

（一）多重手段深耕海外市场，精准定位，搭建平台，保持交流

在开设星空书店之前，人民天舟早就与摩洛哥的文化部门有过多次接触。公司于 2017 年开始多次参加过摩洛哥的书展，以及定期参加阿拉伯语、法语和英语区域的国际书展，和当地读者、供应商、书店建立并保持着良好的关系和往来。人民天舟总经理张立坤曾表示，人民天舟参展的这些国家和地区，虽然有一部分经济非常发达，但是书展仍然是出版业重要的销售渠道，而在这些地区，书展实际上是卖书的一种重要形式。在书展上，可以大批量找客户、谈合作，建立稳定的采购渠道，同时和当地政府机构建立良好的合作关系。

人民天舟对于自己开拓海外市场具有一定的规划蓝图，并经过了深入的市场调研和审慎论证。人民天舟制定了"合作出版""企业落地""商业性中国文化艺术中心"三步走战略。

（二）强化人才培养，提升版权输出的创新力

目前，版权输出人才的匮乏是制约我国版权输出的重要因素之一。人才的选拔与培养对于星空书店在摩洛哥扎根扮演了重要角色。星空书店作为人民天舟公司在海外市场落地经营的举措之一，运营好海外市场对于人才的要求更高。人民天舟拥有专业的编辑、翻译和海外推广队伍，员工均为海外留学生或拥有国内知名大学本科及以上学历的高才生，覆盖英语、

法语、阿拉伯语等多个语种，有高级职称的员工占 20%。根据人民天舟的经验，国内的书店想要走出去要特别重视对人才的选拔。

首先，需要熟练掌握多种语言甚至部分小语种。例如开在摩洛哥的书店，最好能够掌握法语和阿拉伯语。其次，要具有一定的市场运营能力，老话常说"酒香不怕巷子深"，但在现实市场中，再香的酒也需要做好市场营销工作。合理的营销手段对于我国文化走出去是很有必要的，要制定因地制宜的营销手段，精准地把握海外读者的阅读心理和习惯，了解目标国家的人民需求，可以减少因为文化折扣而产生的不必要的文化传播成本，让中华文化更好地入乡随俗。

人民天舟背后的团队是一支年轻的队伍，星空书店的店长也是一位 90 后。年轻的团队更富有创造力。这种以书店为代表的图书版权产业在引进人才时可以多输入一些新鲜的血液。值得关注的是，星空书店的员工大部分雇佣的是当地人民，这些员工大多是从摩洛哥有名的大学毕业的，是当地的高素质人才。我国书店在走出去的时候，为了更加接地气、更快融合当地市场，可以多注重与当地人民进行交流。星空书店雇佣当地员工的做法可以增进当地人民对于这家中国书店的亲切感，而摩洛哥的员工在星空书店里工作，可以比普通读者更深入地接触中国文化，他们在为书店工作的同时也会受到中华文化潜移默化的影响，然后会将中华文化介绍给自己的同胞，这是雇佣当地员工的"隐形福利"。

（三）认真挑选书籍，贴合目标群众

人民天舟成立的主旨是面向海外出版主题出版物和社科类、少儿类、艺术类图书，服务国家外宣工作大局。人民天舟紧紧围绕对外宣介阐释习近平新时代中国特色社会主义思想这个首要任务，做好有关习近平总书记的权威读本的译介推广。因此，人民天舟的定位本身就是很高的，走出去代表的就是国家，在挑选书籍方面会更加用心与谨慎。在具体出版物的选题方面，出版企业应该关注目标市场和读者群的特点，将传统文化与地域、读者的特征结合，使其以更新颖、更易于读者接受的方式呈现。

（四）经营遵循本土化原则

人们常说入乡随俗。中国的书店走进摩洛哥不是简单的文化输出，而是意在文化交流，因此要注重尊重当地文化。本土化主要体现经营的本土化和出版物的本土化上。

一是经营的本土化。星空书店在店员的挑选上大多选择了当地的人民。以往中国人在国外开设书店，基本上都是选择华人作为店员。但是考虑到书店在当地健康持续的运营，以及能够更好地在当地开展业务，摩洛哥星空书店在员工的选择上组成国际化团队。目前，星空书店共有 6 名员工，只有 1 名是中国员工，其他都是当地人民，同时，每位店员还接受了专业的培训。人民天舟总经理张立坤针对选择国际化团队问题表示，中国企业开展海外业务首选当地华人，确实能够很快开起一家店，而培养当地人团队，虽然开头很难，但通过培训，员工既能理解业务的要求，又能深入理解当地的文化，这在未来能带来更大的利好，只有在尊重、理解别人的文化的基础上，才能更好地传播自己的文化。因此，摩洛哥星空书店想要深深扎根摩洛哥、消除文化差异、受到当地人民的喜爱，必须要学会让当地人融入进来，而书店雇佣当地人民，则可以加速当地人的一种文化认同感。

二是出版物的入乡随俗，要在展现当代中国风貌的同时入乡随俗，在深刻了解出版输出国在文化传统、风俗习惯、宗教，信仰、经济发展水平、出版贸易规则、版权意识等方面的差异的基础上，推出不同类型的出版物，并注重出版物的翻译和推广。书店对于书籍的挑选也是非常严格的，并且要特别重视书本的翻译工作。星空书店内的书籍既能充分展现中华文化和目前国内的主流价值观、市场的一些畅销书，又贴合摩洛哥当地人民的喜好。

（五）突破传统，打造创意书店

互联网时代，人们的注意力大多集中在电子产品上，即使阅读，很多人为了省事省钱，也会选择在电子产品上阅读，地铁上随处可见的低头族就体现了这一点。大城市的快节奏使得当下人们越来越选择碎片化阅读的模式，大多数时候，人们不再手捧一本书去阅读大段文字，而是倾向于选择阅读碎片化的信息，例如一些社交平台上提供的信息。在这样的时代背景下，传统书店在市场中越来越难以存活，如果书店的定位仍停留在卖书，那么迟早会被市场淘汰。但是随着人们收入水平的提高，尤其在一些一二线城市，人们早已不满足于物质消费，消费者对于精神文化产品的需求日渐增加。这说明人们并非不再重视阅读，而是对于书籍质量、阅读环境的要求更加严格，这也意味着"供给方"书店需要进行转型。

国内一些一线城市早已意识到市场的这一需求，纷纷开设打造各种风格的精美书店，这些书店往往容易成为"网红"打卡点，吸引年轻人前来拍照留念。但笔者认为，"网红"热潮终究会淡去，能让一家书店持续受到消费者的喜爱，并且形成自己的品牌，是需要有一定的"真材实料"的，书店的转型在于从传统的单一的卖书的地方变成人们在忙碌生活中愿意停下脚步、接受文化与艺术熏陶的一个阅读空间。

要做到吸引读者，首先外观上要能够让人眼前一亮。摩洛哥的星空书店从其店名到店内的装修，就足见其下了功夫。书店的空间设计需要有一个度，美来自布局、产品、陈设、消费者组合而成的美，而不是硬性的空间设计。

如果单从店铺的美观角度来看，摩洛哥的星空书店也许比不上国内的一些知名的连锁书店，虽然店内设计没有给人一种强烈震撼或者视觉冲突的感觉，但是一进大门，读者会立即被如星空一般的天花板吸引。整个书店的装修风格较为古典简朴，星空书店是一个海外的中国文化的阅读空间，因此书店的装修风格上也有一股浓浓的"中国味"，既不异常高档，给人以无形的压力，又没有如街边的便利店般充满市井气息。书店的装修恰到好处，给人一种舒服的感觉。事实上，书店的外观装修只是吸引过路的人们驻足的原因，而要想让读者在书店里停留，还得归结于书店内的书籍或者一些文化创意产品以及书店营造的一种独特的阅读空间。切不可让外观喧宾夺主。

星空书店的定位不仅在于"卖书"，更在于"体验"。它将分系列举办各类文化交流活动，活动内容涵盖文学、艺术、电影等，打造立体文化交流平台。书店定期举办各种各样的文化沙龙活动，鼓励当地人民参加，让读者拥有了更加丰富的文化体验。

（六）抛弃"枣核型"，借鉴"哑铃型"运营模式

以往对外出版运营模式属于"枣核型"，即在中间的生产环节投入巨大的人力、物力，而忽视了前期对目标市场的调研以及后期对经营目标的跟进。人民天舟则打破了以往传统模式的弊端，借鉴国际主流传媒出版集团的"哑铃型"运作模式。在前期对目标市场和目标读者做了充分的调研，且积极参加书展，与摩洛哥当地政府和出版机构保持友好合作往来，为星空书店落地一直在铺路。书店建成之后，人民天舟及时跟踪书店在海外市场的反应，并且不忘初心，充分发挥书店作为中摩两国友好交流的桥梁。每当有新书发布会，星空书店就成为承办地，吸引中摩两国学术界、出版界代表前来参加，不断增加书店在当地的知名度，提高其影响力。

（七）借助政策背景，打造中国品牌

中国正在一步步地实现"一带一路"倡议这个美好愿景，并且政府已将文化产业的发展列入国家整体发展战略。

摩洛哥作为"一带一路"建设的重要国家，独特的地理位置使其成了"一带一路"通往非洲的桥梁。历史上，摩洛哥虽然被法国占领过，但是法国对其是一种保护国的关系，摩洛哥拥有自己独特的文明。摩洛哥独立之后，发展成了一种独具特色的政治制度，在这样一种政治制度下，摩洛哥国内政治稳定，经济和文化都得到较快发展。对于我国提出的"一带一路"倡议，摩洛哥积极响应，因为"一带一路"倡议的受益国不仅是中国，沿线国家同样受益，摩洛哥可以借助"一带一路"倡议再次振兴自己的文明。

摩洛哥的政权稳定使得其经济、文化都得到了一定发展。相对于其他非洲国家，摩洛哥更具有包容性，并且当地民众对中国非常友好。摩洛哥政府官员中有不少早年曾在中国留学，对中国有很深的感情，他们的家人

受此影响，也多对中国这个神秘的国度产生向往，对中国文化充满好奇。

自党的十八大以来，我国的文化产业发展进入新阶段，党中央、国务院将文化产业发展纳入国家整体发展战略。党的十九大继续提出"坚定文化自信，推动社会主义文化繁荣兴盛"的决策部署。而文化贸易是文化产业走出去的重要途径。文化贸易的核心在于版权产业。当前，图书、影视和游戏版权是国际版权贸易的主要领域。星空书店目前就是以运营图书版权为主。星空书店除了售卖书籍，向当地人民宣传中国的传统文化和目前国内的畅销书籍外，还向当地人民展示包括文创产品在内的一些艺术品。目前，国内以"故宫文创"为代表的文化创意产业正在蓬勃发展，由此掀起了一股"博物馆"热潮，文创产业为博物馆带来了巨大的收益。在星空书店里摆放一些有趣的文创产品，可以引起读者的兴趣，从另一个方面来说，也为文创产品走出国门打开了一个新的窗口。

星空书店落地成功得到了中国驻摩洛哥大使馆、摩洛哥文化新闻部等各方机构的支持。这每一步都是紧紧跟随着国家的政策，借助政策的优势是顺风而上，也会得到政府的支持，开拓海外市场代表的是国家的形象，所以有必要与中国政府进行良好的互动。

在这样的国际、国内大背景下，星空书店的走出去可以说既响应了国家推行的"一带一路"倡议，坚持与"一带一路"沿线国家进行交流，又抓住了国家有意积极发展文化产业的政策方向。

四、总结

通过前文的介绍，我们可以了解到星空书店落户海外并不仅仅是单纯地将书店的版图扩展至国际市场，更是通过借助实体书店这一线下体验空间来传播文化。星空书店的定位是文化体验式书店，落户摩洛哥后，不仅为当地读者提供书籍以供他们了解中国文化，而且这样一家极具中国风又开放包容的书店可以为当地读者提供一种独一无二的文化体验，亲身体验永远能够带给读者更深的感受，同时星空书店承办的各种文化活动也为两国人民提供了交流互鉴的好机会。星空书店将逐渐成熟，形成属于自己的模式，成为其他中国书店"走出去、走进去"的良好范本。

当然，星空书店也面临着自己的困境，这种困境也是所有实体书店面临的困境——房租、人工等运营成本。星空书店处在古城拉巴特文化区域的黄金地段，每个月的房租压力比较大。面对这样的困难，人民天舟需要与政府多加沟通，反映在运营中遇到的一些困难，获得一些资金上的支持。与此同时，星空书店要坚持最初的设想，按部就班进前行，形成自己的品牌，在当地获得稳固的读者群体，促进中摩两国友好交流，实现了长久稳固的发展，那么书店运营的成本问题就可以迎刃而解。

因此，总体上来看，星空书店可以给其他中国书店走出去带来的借鉴意义居多。国内的书店如果想要"走出去，走进去"，实现长久发展，势必要形成属于自己的品牌，从而产生持续影响力。

国际经贸学院　王学茹

文化贸易平台

WENHUA MAOYI PINGTAI

艺术品博物馆促进文化艺术交流

一、背景

上海艺术品博物馆，是中国国内第一家以艺术礼品为馆藏特色的专题性博物馆。该馆由上海市创意产业协会、上海创意产品开发中心等单位发起筹建。博物馆馆名由原中国国家博物馆馆长吕章申先生题写，并在上海世博会期间被上海市妇女联合会、上海市长宁区人民政府等单位指定为官方外事接待点。

上海艺术品博物馆聘请了原中国国家博物馆馆长吕章申、著名工艺美术家常沙娜，著名书画家、海派书画领袖陈佩秋，原中国篆刻艺术院院长韩天衡、朵云轩艺术总监、中国美术学院博士生导师卢辅圣，中国工艺美术大师黎铿和日本文化功勋赏艺术家十代大樋长左卫门、日本人间国宝吉田美统等一批顶尖艺术家为顾问，并与奥地利全国博物馆联合会、韩国清州国际艺术双年展组委会、日本富山市立玻璃博物馆及中华书局、上海教育发展基金会、上海工艺美术学院等众多机构签订了友好合作战略协议。

博物馆成立以来，先后举办了著名舞蹈家杨丽萍服装设计展，梁思成、林徽因珍藏艺术展，陈佩秋书画展，吕章申、卢辅圣、黎铿"三峰映秀"展，人间四月天——林徽因诞辰 110 周年纪念特展，玉兰芬芳——上海市巾帼创新成就特展，从上海滩到好莱坞——上海百年戏曲电影珍档特展，国际少儿创新艺术邀请展，第一至第六届中、日、韩艺术邀请展等独具特色的展览和第七、八届国际传统艺术邀请展，并承办了第一至第六届国际（上海）非物质文化遗产保护论坛，国际文化旅游项目推介会，中、日、韩文化交流论坛，产生了良好的社会效益。其中，连续举办六届的中、日、韩艺术邀请展已成为有国际影响的品牌展，连续举办六届的国际（上海）非物质文化遗产保护论坛已成为上海市人民政府外事办公室正式批准的国际论坛。

目前，博物馆收藏了一批极富特色的艺术礼品，其中胡锦涛同志赠日本前首相福田康夫的国礼《端溪鼓砚》样品、清代成哲亲王手批《文选》、梁启超的书法代表作《临张迁碑》、林徽因设计的中华人民共和国国徽图样、梁思成著《中国雕塑史》手稿、著名舞蹈家杨丽萍的孔雀裙等均为国内孤品。除此之外，博物馆还收藏了一批极具特色的梁启超家族馆藏和一大批中国书画家、国家工艺美术大师作品，还收藏了日本文化功勋赏艺术家浅藏五十吉，日本人间国宝三代德田八十吉、吉田美统、中川卫等艺术家和韩国数十位著名艺术家的作品，并正在积极筹建中国国内首个亚洲艺术专题馆。

博物馆还承担了上海世博会、上海世界游泳锦标赛等大型国际活动和全国政协、国务院新闻办公室、上海市人大常委会等单位委托的定制产品开发任务。

上海艺术品博物馆先后被授予上海市学生社会实践基地、上海市科普教育基地、长宁区文明单位、长宁区"十佳"好事提名单位、长宁区志愿者服务基地、长宁区妇联"社会家中心"、上海公益基地等诸多荣誉。博物馆获省部级荣誉数十项，出版各类专著十余种。

二、文化走出去运作实践

近几年，上海艺术品博物馆一直致力于走出去，通过展览的方式来宣传民族文化。上海艺术品博物馆的展览主要分为两大类：一是在国内办展，二是在其他国家办展。

（一）国内展览

上海艺术品博物馆连续举办了六届国际（上海）非物质文化遗产保护

论坛，分别以"传承与创新""年轻的力量——工艺传承的当下责任""融·和——传统非遗的当下创新形态""恒·心——工艺传承的源泉""共性与差异——联合国教科文组织《保护非物质文化遗产公约》实施现状及愿景"和"传统再造——非物质文化遗产保护的新趋势"等为主题，得到了各国政府、艺术家、非遗传承人、行业组织和社会各界的广泛支持，吸引了来自中国、日本、韩国、捷克、斯洛伐克、匈牙利、奥地利、埃及、西班牙、法国等亚、欧、非多国政府相关领导、专业机构、高等院校、行业组织的代表和专家学者、著名艺术家、非遗传承人等各方人士近千位参与。国际（上海）非物质文化遗产保护论坛促进了非遗文化和传承人群的保护和创新，推动了地区工艺美术技艺和文化的升级。国际（上海）非物质文化遗产保护论坛已经成为具有广泛国际影响的文化交流品牌。

同期举办的"中、日、韩艺术邀请展"和"中、日、韩文化交流论坛"也以其高规格、高质量受到业界广泛好评。

上海艺术品博物馆分别以"艺光融合""和谐共美""传承创新""艺用之美""融·合""恒·心"为主题连续六年组织承办了中、日、韩艺术邀请展。中、日、韩三国在地理位置上一衣带水，在文化根源上受儒家文化影响，在现代文化上相互浸润，这也是多次举办中、日、韩艺术展的原因。

"中、日、韩艺术邀请展"每年展览的侧重都会有所变化，比如第一届主打书法；第二届的主题是书画和工艺美术结合；第三届的主题是传承创新；第四届侧重工艺美术和平面设计，细分到具体展品，主要包括刺绣、陶艺、玻璃、漆器、艺雕、牙雕等，与"艺用之美"（凸显艺术在日常生活中的融入）的主题颇为贴切；第五届以"融·合"为主题，希望凭借艺术媒介，通过持续不断的文化交流，能够进一步促进中、日、韩三国人民的相互理解和信任。已连续举办了五届的"中、日、韩艺术邀请展"是一个具有广泛社会影响的品牌展览。为了进一步放大中、日、韩艺术邀请展的品牌效应，推动三国文化产业进一步发展，同时为更多的机构和组织招商引资及资源对接提供平台，从第五届中、日、韩艺术邀请展开始，组委会增设了中、日、韩文化旅游项目推介会。第六届展会以"恒·心"为主题，中国展品以"雕刻"为特色，砚雕、木雕、牙雕、微雕、槌起等各种工艺精彩纷呈，日本集中展出了"工艺之乡"金泽和古都京都的陶瓷、金工、染色、友禅等丰富多彩的工艺精品，韩国则展出了"艺术之乡"全罗北道的各类特色的工艺展品，涵盖陶器、漆器、韩纸、金工以及民画等艺术门类。第二届中、日、韩文化旅游项目推介会也是在第六届中、日、韩艺术邀请展的基础上举行的，本届推介会进一步扩大了涵盖范围，除继续开展文化旅游项目推介外，还尝试开发了有效结合文化与经济合作的新模式，为可持续的交流发展增加了新的可能。通过文化交流，更好地促进中、日、韩三国人民的理解和信任。

上海艺术品博物馆在已经连续举办六届的中、日、韩艺术邀请展基础上全面"升级"，吸引了西班牙、法国、俄罗斯、匈牙利、奥地利、斯洛伐克、埃及等十多个国家的工艺美术家、非遗传承人，以"西风东韵"为主题举办了第七届国际传统艺术邀请展。其后，在第七届国际传统艺术邀请展的基础上，博物馆以"传统再造"为主题举办了第八届国际传统艺术邀请展，参展国家进一步扩展至乌克兰、伊朗、英国、以色列、捷克、印度等亚、欧、非十多个国家，无论是展览的范围还是作品的丰富性都有了前所未有的提升，进一步扩大了国际影响力。

另外，2014年10月，为纪念林徽因诞辰110周年，上海艺术礼品博物馆举办了"永远的四月天——林徽因诞辰110周年纪念特展"，展览得到了梁思成、林徽因家属的授权，并得到了清华大学等方面的支持，通过珍贵的手稿、遗物和影像，为观众深入了解林徽因精彩的人生提供了难得的机会。也因为这次展览，上海艺术礼品博物馆获得了更多来自女性的关注，2015年8月，举办了"玉兰芬芳——上海市巾帼创新成就特展"这样的以当代女性群体为展示对象的展览。展览期间，博物馆连续推出"教苑芬芳——上海女教授与女大学生创新之路分享会""创新绽放美丽——巾帼创新奖获得者与女医务工作者面对面""书香伴行——女性英杰与社区民众读书交流会"。博物馆还站在都市年轻母亲的立场，不断举办包括造纸、活字印刷、古法扎染、手工绘制等多种少儿美育体验活动。

（二）国外展览

上海艺术品博物馆积极发展与其他国家的友好关系。2018 年，由上海市文化广播影视管理局、上海市人民政府外事办公室主办，由上海艺术品博物馆联合埃及亚历山大图书馆等机构承办的"文化越古今——生活中的上海非物质文化遗产"在素有"世界第一座图书馆"美誉的埃及亚历山大图书馆隆重举行。这次展览既是落实上海市、亚历山大省政府主要领导加强友好城市间合作意向的具体行动，也是"一带一路"沿线重要城市文化深入交流的重要活动，同时标志着由上海市人民政府文化和外事部门联合推动的上海非物质文化遗产国际巡展的开端。

展览以"文化越古今"为主题，精选了一批广受欢迎、有代表性的上海非遗项目，展品涵盖金山农民画、海派绒绣、海派丝绸、戏曲服饰、木版水印技艺、海派玉雕、嘉定竹刻、金银细工制作技艺、民族乐器制作技艺等 130 余件展品，集中呈现了中国上海的非物质文化遗产的传承及其与当代生活的融合。

展览分为"生活如画""锦被罗裳""情趣方寸"和"雅思幽韵"四大展区。"生活如画"展区汇聚了来自上海金山的农民艺术家创作的 20 余幅画作，从农民生活的淳朴乐趣到新时代城市建设的飞跃，艺术家将日常生活的点点滴滴以全新的方式展现在观众面前。"锦被罗裳"展区集中展现了上海戏曲服饰与丝织艺术的最高水平，从舞台戏服、戏曲人物画以及艺术档案实物，到宋锦、云锦、缂丝、真丝绡等丝绸织锦和海派绒绣艺术作品，这些在古丝绸之路上曾使西方为之倾倒的服饰与丝织艺术在当今仍散发着新的活力。"情趣方寸"展区集上海非遗工艺精品之精粹，展出木版水印、木雕、玉雕，金、银、铜、陶瓷、玻璃、漆器等传统手工艺品 50 余件，每件作品都在方寸之间充分展示了超级中国非遗传承人的独特匠心，以及传统手工艺的非凡魅力。"雅思幽韵"展区展出竹编琵琶、竹编月琴、敦煌新品等十余件限量版乐器，这些乐器采用玫瑰檀木、酸枝木等名贵木料，融合珐琅、漆画、雕刻、镶嵌等中国传统制作工艺，展现了中华文明中对于音乐之美和乐器之美的极致追求。

三、文化走出去路径分析

（一）拓宽资金渠道

上海艺术品博物馆在文化走出去过程中的资金问题主要通过两种方式来实现：一是政府拨款，二是自主走出去。政府拨款主要是政府为了宣扬民族文化，给予实施走出去战略的企业一定补贴的制度，但是这种方式应该与企业日常的经营活动区分开来，它并不是支撑企业常态发展的有效路径。简言之，政府拨款的方式并不能保证企业的可持续发展，它在发展前期可能有一定的促进作用，但是从长期来看，机构或者企业发展还是需要依靠自身营利。自主走出去战略是企业看清了市场的需求和特点，综合分析了自身的定位和优势，有针对性地开拓海外市场，积极推动文化产品走出去。

1. 政府主导

按照党中央、国务院的总体部署，2008 年中宣部、财政部、文化部、国家文物局印发了《关于全国博物馆、纪念馆免费开放的通知》（中宣发〔2008〕2 号），对全国博物馆、纪念馆、全国爱国主义教育示范基地免费开放做了明确规定和要求。从 2008 年至今，纳入中央财政支持的免费开放博物馆、纪念馆和全国爱国主义教育基地已达数千家，中央财政已累计安排专项资金近 200 亿元，对纳入免费开放范围的博物馆、纪念馆、全国爱国主义教育基地的门票减收、运转经费增量和改善陈列布展等予以补助。除此之外，"政府主导"这种模式在我国还通过中央政府，各省、自治区、直辖市政府，以及各州市政府等对文化走出去项目进行资金支持。

但是，政府资助的力度是有限的，对展会的各种规模也有限制，因此力度比较小。并且，政府的资金支持会抑制个体的积极性，最后的投入产出率较低，因此，这不是一种可以大规模推广的方式。从长远来看，政府支持展会后并没有对目标市场进行维护，如果缺乏一种追踪反馈机制，对文化走出去的作用是比较小的。

2. 自主走出去

在我国，文化事业单位是非营利组织的重要组成部分。近年来，政府出台了一系列支持文化产业发展的政策文件，中央部委和不少省份也纷纷开展了"文化单位文创试点"工作，包括博物馆在内的文化创意工作迎来了新的发展契机。在这种背景下，一些政府部门对于博物馆的"公益性"和"非营利性"还是存在模糊认识，他们将"公益"与"经营""文化事业"和"文化产业"对立起来，认为"非营利"就是"不能营利"。一些省份的现行政策中规定作为公益性事业单位的博物馆不能开展经营活动，实际上就是没能建立对非营利性的正确理解，没有认清文化产品研发与经营活动的关系。其实，"不以营利为目的"强调的是博物馆的本质，并不意味着博物馆不能有经济收入。所以，博物馆是能够通过自主经营来获取正当利益的。

在保持非营利组织的公益性质的同时，博物馆立足于市场经济现状，开展适度的经营，既可以满足观众将博物馆"带回家"的需求，又可以为博物馆的发展补充必要的资金支持，这也是未来中国博物馆的可持续发展之道。

在中国的 4000 多座博物馆中，超过 70% 属于国有博物馆，而这些博物馆中的大多数又是公益一类的事业单位。这些博物馆的资金来源渠道相对单一，绝大部分运行经费依赖政府拨款。面对文化事业的发展和公众对博物馆服务的需求的增长，政府财政的投入对大多数国有博物馆来说只是维持和保障基本运行的需要，远远无法满足文化和事业高质量发展的客观要求。并且从全世界博物馆的发展轨迹来看，只依靠政府财政单一投入作为博物馆长期发展支撑的情况并不多见。

当前，我国占主体的国有博物馆自身的造血机能严重不足，需要在坚持公益属性和"非营利"的前提下，鼓励并支持国有博物馆适当开展经营活动和进行文创开发，增加博物馆自身活力并减轻财政负担，实现博物馆的健康可持续发展，以更好的文化服务和文化产品满足人民群众对美好生活的需求。

博物馆自主走出去要求企业充分发挥主观能动性，对目标市场有一定的了解，对文化走出去存在的障碍有清醒的认识。目前，上海艺术品博物馆已经在埃及等地举办过展览，但是收效甚微，文化走出去对海外市场的冲击比较小。中国艺术品具有自己的民族特色，这些具有民族基因的艺术品并没有受到海外大众的热捧，盲目走出去必然带来资源的浪费和结果的差强人意。这些都会对上海艺术品博物馆的长期发展提出了挑战。总之，对于上海艺术品博物馆而言，文化走出去的道路是具有前景的，也是曲折的。

（二）展会营销：产品销售的突破口

当前，展会越来越受到众多企业的欢迎，成为企业走出去的重要途径。国际展会上的国内参展机构的数量同比增长，参展产品也大幅增加。上海艺术品博物馆主导的中、日、韩艺术邀请展等展会每年都吸引了大量来自世界各国的艺术家、社会组织、企业等，艺术邀请展是很好的产品推荐平台，可以加深国外游客对我国文化的了解，也有利于博物馆文化产品的销售。

（三）与国际机构合作，共推作品进军海外

国际机构在展会准备和开展过程中发挥了极其重要的作用。例如，上海艺术品博物馆于 2018 年在埃及亚历山大图书馆举办的以"文化越古今"为主题的展览，中国驻埃及大使馆、开罗中国文化中心、中国驻亚历山大总领事馆、埃及外交部、埃及文化部、埃及财政部、亚历山大省政府等政府部门都为本次展览的展览申请、签证申请、展览报关以及通关、现场布展、开幕仪式、媒体宣传、代表团接待等方面提供了种种便利和支持。

在工作过程中，由于中埃两国语言和文化的差异，上海艺术品博物馆的团队遭遇了种种困难，临展期间还遭遇了展品滞留海关等棘手的问题。博物馆调动了前期考察与拜访埃及时建立的各方资源，争取了包括中国驻埃及大使馆、中国驻开罗文化中心、中国驻亚历山大总领事馆的大力支持，使展品得以准时放行，也确保了展览的顺利开幕。所以，国际机构在上海艺术品博物馆的对外展览中发挥了重要的作用，与国际机构的紧密合作可以使得博物馆更快地实现文化走出去，推进民族文化进军海外市场。

（四）扶持原创展览，层次多样化

随着社会的不断进步，人们对于精神文化生活的追求越来越高。所谓原创性展览，是博物馆专业人员在深入研究馆藏文物资源的基础上，通过

对文物的重新整合而打造出的具有特定主题意义的首创性展览。举办原创性展览有利于馆藏资源的整合利用，充分发挥人类文化遗产的作用；有利于推动学术研究，加强博物馆的业务建设；有利于提高展览水平，更好地发挥博物馆传播知识、传承文明的作用；有利于发挥公共文化机构的职能，推动社会的发展和进步。同时，原创性展览还可以作为博物馆基本陈列的补充，特展能辐射更为广泛的社会生活领域、关注更为多元化的文化需求等，从而拓展了博物馆的社会功能，使之扮演了更为广泛的社会角色。所以，博物馆举办原创性专题展览，不断推出令广大观众满意、博物馆业内认可的原创性专题展览，也是目前上海艺术品博物馆的主要工作任务。

（五）注重传统文化资源

中国传统文化源远流长，并在千百年的历练中形成了复杂而独特的风韵和审美形式。中国传统文化艺术绝不是单纯审美意义上的一种表现形式，而是糅合了众多因素，如皇权文化、民俗文化、吉祥文化等多层次的文化集合体。

近年来，国内博物馆不断寻求新的发展路径，除了门票收入外，对博物馆文创产品等的开发也越来越重视，利用博物馆的馆藏文物开发具有纪念意义或者兼具实用功能的产品，可以承载与博物馆主题相关的历史、文化信息，让消费者在参观后可以将文化"带回家"。

上海艺术品博物馆就是在馆藏文物的基础上，设计开发了一系列艺术品，并将其投入市场，目前市场反应良好。博物馆接下来的任务就是进一步开发传统文化资源，将产品和馆藏文物等紧密结合。

四、面临的问题

上海艺术品博物馆走出去不可避免地会遇到各式各样的问题，只有正确面对这些问题、解决这些问题，才能真正将民族文化推广开来。

（一）客观原因

1. 海外办展，企业个体力量有限

随着经济全球化水平的不断提升和国家间合作的不断加深，上海艺术

品博物馆走出去的步伐也逐渐加快。中国展览企业走出去起步时间不长，是从组织企业到国外参展开始的，逐步发展为与国外展览企业共同在国外办展，并将逐步发展为到国外创办自己的品牌展览。2018 年，在宏观经济面临下行的压力下，中国展览业仍然保持了稳定增长，参展项目数逐渐增多，参展企业也不断增加。但是，目前能够自主办展的企业仍然很少。上海艺术品博物馆走出去主要是以与国外企业或者机构合作的形式，目前还未能自主办展，展览前期准备和展览过程中受到的限制较多。

2. 政府部门换届造成资源浪费

博物馆在走出去之前必定要联系展会举办国家的政府部门，取得相关部门的支持，商量展会举办的相关事宜。举办国政府往往会面临换届问题，这会造成博物馆之前的努力白费，造成资源的浪费。

3. 外向型展览人才的缺乏

大力促进中国展览走向世界市场，需要大量精通国际、国内市场的相关专业型人才。就上海艺术品博物馆在埃及亚历山大图书馆举办的"文化越古今"的展览而言，展会的工作人员不仅要有较强的外语能力，还要有较高的理论专业背景。这一要求使得本来就匮乏的展览人才在专业性会展领域显得更为稀缺。

4. 宣传力度不够

基本陈列和临时展览是博物馆的主要产品，打造出高质量的基本陈列和不断举办临时展览是博物馆服务社会的主要方式。但是，打造出高质量的基本陈列和不断举办临时展览只是第一步，是起点而不是终点。俗话说得好，酒香也怕巷子深。如果不重视宣传，"养在深闺人未识"，基本陈列和临时展览再好也无法发挥作用，也就没有任何意义。我们该如何充分发挥陈列、展览的作用，让其产生良好的社会效益呢？做好宣传工作是一个重要方法。宣传就像博物馆的扬声器，要将博物馆的各种信息扩散出去，让人们知晓，产生参观的欲望，进而采取参观的行动。如此，才能充分满足人们日益增长的精神文化需求。

目前，博物馆在宣传本馆的历史、收藏、陈列等方面做得极具特色。但是博物馆的宣传力度和深度仍不够，导致观众人数上不去。根据国际惯例，博物馆的宣传工作应重点放在陈列展览和镇馆之宝上。通常博物馆在举办新的展览时，都会通过新闻媒体来做不同程度的宣传，但这种宣传多是新闻报道，仅仅突出了开幕式。对于普通观众来说，大家关注的是陈列内容、重点展品、展品的价值和意义，宣传不够就不能激发人们的参观欲望。同时，由于缺乏计划性，很多宣传匆忙上阵，对宣传内容准确不足、定位不准、深度不够，达不到良好的宣传效果。

针对上海艺术品博物馆宣传力度不够的问题，博物馆应该针对每一次展览编制出完整的宣传方案，细化宣传方案的实施步骤，逐步落实。并且要针对不同的展览主题，编制不同的宣传方案，明确受众人群，设立要达成的目标，有针对性地进行宣传活动。

（二）主观原因

1. 审美习惯的差异

人们在对自然美或者艺术美的欣赏过程中往往会出现这样一种情况：对同一种事物或艺术作品，在某些人看来觉得很美，但是在另外一些人看来，又觉得不美甚至或引起相反的效果。这种针对同一种事物或者艺术作品，同一个人在不同时期会产生不同的审美感受的现象，美学上就叫作审美差异。差异之一，就是艺术审美的时代性差异。

除了时代因素之外，人类的社会实践也制约着人们的审美理想。人类的社会实践过程是一个不断发展和变化的矛盾运动过程，它的发展水平在客观上制约着人们审美认识的发展水平。也就是说，有什么样的实践水平，就有与这一水平相适应的审美认识，任何超越社会发展历史阶段的审美认识都是不存在的。况且，作为审美主体的人本身的感受及其审美认识的丰富性也取决于社会实践的丰富性，具有明确的时代特征。

因此，在上海艺术品博物馆走向世界的过程中，由于国内与国外的时代差异和社会实践的差异导致了不同人的审美差异，很多艺术品在国内很受欢迎，但是一旦出口到国外，就很有可能得不到对方的认同，致使宣扬民族文化的作用受到限制。

2. 市场认知的偏差

上海艺术品博物馆走出去的过程中，首先要明确一个定义，就是什么是文化产品。广义的文化产品是指人类创造的一切提供给社会的可见产品，既包括物质产品，如书籍、艺术品等，也包括精神产品。一方面，在走出去的过程中，必须明确自己的文化产品能给对方带去什么，也就是文化产品所具有的价值。目前，市场上普遍存在的一种认识是我们总是简单地认为自己认为好的文化产品走出去就一定能够获得普遍的认同，这显然是不可能的。地域不同，人们接受的文化也存在显著差异，就造成了人们的审美习惯存在差异。我们无法把自己的感受带给别人，所以我们要建立对市场清晰的认识，要主动适应这种差异。另一方面，我们要分清楚国际化的标准是什么。针对不同国家的走出去战略，必须首先对目标国的各方面有清晰的了解。民族文化如果能以原始形态走出去固然是一件好事，但是如果得不到认同，我们也应该思考是否应该适当做出调整，来适应国际化的标准。

五、成功启示

（一）培养外向型人才

基于目前博物馆的人才缺乏问题，针对各种会展的外向型人才的培养就显得十分迫切。在今后一个时期，会展教育机构要更有针对性地培养会展人才，发展更有针对性的教育发展模式。

第一，采取开放式办学，体现对外开放特色，积极吸取国外先进的办学经验和教学体系，同国外最先进的管理模式接轨。对一些核心教程，应该以双语教学方式或直接使用原版教材的方式进行教学。

第二，合作办学。会展管理是一门开放性和应用性特征非常明显的学科，教学机构应坚持合作办学方式，走产学研一体化道路，既要与国内外权威的相关文化行业协会合作办学，以充分掌握专业知识和行业信息，这要与具体从事会展活动策划、经营与管理的企业合作办学，以便充分了解会展流程，培养具有实际操作技能的展会运作人员。除此之外，上海艺术品博物馆走出去还需要大量具有较强外语能力的展会人才，所以要联合外语院校培养国际会展人才。外语院校和其他综合院校相比，拥有较多的实践实训基地和平台，可以给学生更多的锻炼机会，从而更能够胜任展会的相关工作。

（二）大力开发传统资源

文化产业的第一要务是研究如何让传统文化适应现代生活。因为如果要把一种文化转化为一种现代产品，必须给这种文化注入新的内涵，并契合现代人的需求，应该根据现代人的喜好、需求、审美观念等，开发传统文化。除此之外，开发传统文化应该利用现代化的手段对传统文化进行诠释，让传统文化更容易被现代人理解。比如，如果想让一幅画的创作过程、表现方式和体现思想更容易被游客接受，就需要用现代化的手段再现画作创造的背景、过程等，这也是未来文化产业继续发展的方向。

发展文化产业要增强互动性，增强互动性最典型的方法就是引入数字化技术。伴随着数字化科技的发展，人们生活、学习的各个领域都已被数字化技术设备入侵，数字化成为当今时代发展最鲜明的特征。所以，在展馆设计中加入数字化互动展示可以增强博物馆的互动性，加深游客对文化产品的理解，更有利于文化资源的传播。

创新能为文化资源的开发注入新的活力，也有利于保持博物馆的旺盛的生命力。中华民族五千年的悠久历史和灿烂辉煌的文化所蕴含的文化积淀是一笔宝贵的文化资源，不仅为文化创新提供前人积累的相关成果，也为文化创新营造环境、氛围和土壤。中华民族优秀的传统文化是开发传统文化资源的重要积淀。但是在对传统文化资源的创新利用中，要注意不是所有的文化资源都可以进行产业化经营。传统文化资源的内涵极为丰富，精华与糟粕并存。对传统文化资源进行开发利用就要对这些资源进行甄别和扬弃。《中共中央关于深化文化体制改革推动社会主义文化大发展大繁荣若干重大问题的决定》明确指出："要全面认识祖国传统文化，取其精华、去其糟粕、古为今用、推陈出新，坚持保护利用、普及弘扬并重，加强对优秀文化思想价值的挖掘和阐发，维护民族的基本元素，使优秀传统文化成为新时代鼓舞人民前进的精神力量。"可见，传统文化资源的创新利用，很大程度上就是剔除传统文化资源中过时和不合时宜的内容，将优秀的传统文化资源和时代需要相结合，创造出适应时代需要的、原创的文化产品和服务。

（三）加强与国际机构的合作

上海艺术品博物馆长期与各种国际机构合作，建立了比较深厚的商业合作关系。国际合作能促使文化产品较为准确并且顺畅地进入目标国家，也能使博物馆获得比较准确的国际市场定位和较好的经济效益。"国际化"与"多元化"是中国博物馆行业发展的追求方向。上海艺术品博物馆始终保持与世界各地博物馆、高等学校甚至企业等单位之间的合作，这些合作使得上海艺术品博物馆在挖掘传统文化的同时紧跟时代发展，借鉴许多国外文博事业方面先进的管理理论和技术，便于融入世界舞台，也使得馆藏以及文化产品永葆活力。上海艺术品博物馆与国际机构的合作还有利于宣扬民族文化，加深海外游客对我国文化的了解，可以带动我国旅游等行业的发展。

国际经贸学院　袁雪梅

发挥贸促会办展优势
助力企业国际交流

一、行业背景

文化是一个民族的根和魂，积淀着最厚重的民族精神。依托文化资源开发的创意产业兴起于 20 世纪末期，并迅速以其高度的关联性、附加值和知识性等特点，成为世界各国和发达地区重点发展的战略性产业。近年来，随着人们消费方式的改变、实际收入的增加、信息和技术的发展，我国文创产业发展迅速，已成为国民经济新的增长点。2017 年，我国文化及相关产业增加值为 34722 亿元，占 GDP 的比重为 4.2%，继续向国民经济支柱性产业迈进。文化产业总体融资规模不断扩大。艾媒咨询的数据显示，2018 年中国手机游戏用户规模达到 5.65 亿人，音乐客户端用户规模达到 5.43 亿人，动漫用户规模达到 2.76 亿人，知识付费用户规模达 2.92 亿人。中国电影票房收入突破 600 亿元，占全球票房总量的约 19%。此外，在"一带一路"倡议下，我国的文创产业走出去的步伐不断加快，文化创意产业跨地区发展融合取得明显成效，与沿线国家和地区实现互惠共赢。

上海是一个具有深厚红色文化、海派文化、江南文化底蕴的城市。近年来，上海积极采取有效措施，推动文化产业的发展。有关资料显示，2018 年，上海文化创意产业实现增加值 4227.7 亿元，占全市生产总值的比重为 12.9%，发展十分迅速。文化创意产业作为一种无污染、低能耗、高附加值的行业，被国际公认为 21 世纪最具发展前途、最具增长潜力的朝阳产业。

二、企业走出去的运作实践

（一）企业概况

中国国际贸易促进委员会上海市分会成立于 1956 年，是中国国际贸易促进委员会成立最早的地方分会。2002 年 8 月，经上海市人民政府批准，称其为上海市国际贸易促进委员会，为上海市民间对外经济贸易组织，其主要职责是以促进上海市和世界各国、各地区之间的贸易、投资和经济技术合作，增进相互了解与友谊为宗旨，在国际联络、会议展览、法律仲裁、出证认证、经贸咨询、信息交流等领域为企业提供服务，对上海市各区县贸促机构工作进行指导和协调，并受政府有关部门委托承办相关业务。

上海市国际贸易促进委员会（以下简称贸促会）以国际联络、国际展览、法律服务三大板块及国际商会这个平台为运行模式。国际联络主要是开展对外交流，贸促会邀请和接待随外国元首、政府首脑来访的高层企业家代表团来访、组织经济贸易代表团及工商企业界人士出国访问与考察，与有关国际组织、区域性组织和各国贸促机构、商协会开展交流与合作。国际展览主要是举办各类国际、国内展会，形成了"大型化、国际化、专业化、定期化"的办展风格，逐步培育了国际汽车展、模具展、染料展、婚纱展、乐器展、养老展、轨道展、消费电子展等具有较高知名度和影响力的品牌展览会。法律服务主要是为各种贸易中的纠纷提供法律服务，成立了上海国际经济贸易仲裁委员会，以独立、公正、专业、高效的仲裁服务为当事人解决商事争议。国际商会主要是发挥平台搭建作用，目前，上海国际商会与世界五大洲 160 多个国家和地区的近 800 个经贸团体和全球著名的跨国公司、财团、重要企业建立了联系，与 113 家海外商会结为友好商会，拥有 3000 多家会员单位，服务覆盖面达 11 万家企业。

随着经济社会的发展，人们对文化的重视进一步凸显，作为国际性大都市之一的上海，尤其将文创产业作为重点产业加以发展。贸促会顺应上海文创产业的发展需要，以展览板块为依托，创新文化产业的发展模式，积极搭建平台，助推文化产品走出去。贸促会于 2014 年起，在 K11 举办千万人次的莫奈大展，在国际特展中崭露头角。近年来，随着经验的丰富，贸促会在办展与平台的搭建发挥着越来越大的作用。

（二）创新文化特色载体

文化借助载体可进行对外交流与传播。贸促会在文化走出去的过程中，依托文创设计、文化 IP 和文化商品的三大特色载体，生动地体现了其产品的设计理念和风格以及我国的文化特性。

首先，文创设计是贸促会文创产业的主要业务。它独特的设计理念和产品受到了年轻人的追捧，吸引了一大批国外客户。例如，2018 年纽约设计周 Wanted Design 展览，贸促会是其重要的承办方，它带领创意机构和设计师将东方文化呈现于展会。其中，周洪涛博士的《能量木》利用木材独有的通直纤维，通过对一块木块的切削、弯曲和围合，形成了丰富的空间、形态和光影，将东西方文化有机结合。经过实践，可以得出一个这样的结论：真正能走向国际的通常是代表中国特色的符合当地审美的产品，贸促会使东方美学进一步走向了国际。

其次，IP 授权展促进了中国生产商国际品牌化发展。授权是指授权商将自己所拥有或代理的商标、品牌、形象等（IP），以合同的形式授予被授权方使用，从而获得许可使用费。IP 授权展旨在提供平台，保证授权商和授权方的商业合作。例如，拉斯维加斯品牌授权展举办历史已经超过 35 年，2018 年 5 月的展会规模超过 40000 平方米，共吸引了代表全球超过 5000 个品牌的近 400 家品牌参展企业。通过该展，贸促会成员可有效地获得国际品牌的贴牌授权，提高产品的附加值，使工厂获得目标市场的认知度，快速被目标客户所接受及喜爱，有利于相关产品在市场上的实际销售。

最后，文化商品代表了本民族的文化特性。文化商品走出去的过程中，有利于中华民族文化的传播。例如，上海家具协会的红木家具在贸促会的带领下，走向了国外，获得了文化的认可和经济的效益。其红木家具包括桌、椅、沙发等常见产品，这类产品将中国红木家具的美学得以传播。家具具有造型优美、庄重典雅、结构严谨、做工精细、用料讲究等特性，符合中华民族的自身特色。

（三）发挥办展优势

在文化传播的过程中，平台在一定程度上起了重要的作用，实力强大的平台有利于文化的呈现与传播。贸促会发挥多年办展优势，积极搭建平台，带领企业走出去。贸促会带领我国的红星美凯龙集团走向欧洲，美凯龙是我国经营面积最大、商场数量最多以及地域覆盖面积最广阔的全国性家居装饰及家具商场运营商，以缔造品位艺术、传播居家艺术为目标，以提升中国人的居家品位为己任。其中，它有一款最具特色的书架，名曰"书香门第多宝格"。这款博古架通体为刺猬紫檀，质地坚硬、稳定性好、不易变形，多种榫卯结构更能体现产品的高档次。同时，还运用了中国传统绘画中的"点、线、面"的关系，使整体结构线条流畅，浓郁的古朴雅致的书香之气符合新中式禅意家具的特点，广受欢迎。

（四）引进来与走出去并重

走出去与引进来交流互动，上海文化产业通过优秀文创产品走出去与引进来的互动效应，打通了国内、国外文化市场。

贸促会在走出去的过程中，取得了成效。它走出去的国家和地区包括欧洲、美国、日本等，还发现了反哺问题的重要性。这个问题即中国企业在走出去的过程中，一些国外的生产商发现了中国产品的商机，并结合中国市场，进行新一轮的反哺，这就明确了化解风险机制的建立。最后，在走出去的同时，也注重引进来。例如，举办"2019一带一路名品展·上海"，共吸引41个国家和地区的260多家企业，引进来与走出去并重，更好地促进国际文化交流。

三、企业走出去的成功经验

（一）加强大中小企业合作

文化交流、传播及贸易之所以强大、通畅，其中一个重要原因是具有庞大的经济与非经济、官方与非官方的通道和平台，这为相关文化企业的国际化发展以及本国文化走出去进而纵横四海创造了极为有利的条件。应该说，在开放市场经济条件下，信息通路、沟通平台以及营销网络对于国际化经营至关重要，因此，大中小企业应该发挥合作的作用，共享资源与平台。

企业单独走出去有其局限性，必须要抱团出海，发挥不同企业各自的优势才能真正地进入对方的市场，文化产品才能实现其价值，在扶植大型文化企业的同时，也要积极鼓励和支持中小文化企业走出去。因为中小文化企业具有专业化强、经营机制灵活、对市场偏好变化敏感、转型快等特点，在国际文化市场竞争中也具有独特优势。在企业组织角度，大型企业尤其是文创领域的官方的引领者可以带动较大和中小型企业，例如，贸促会带动红星美凯龙等企业走向国际，使东方文化进一步得以传播。

（二）注重中国优秀传统文化与西方文化的结合

文化产品要走出去就必须找到能欣赏和接受它的消费者，利用国际影视节、旅游节、国际文化周（月）、文化艺术节、国际会议与培训等国际化平台，借助信息技术宣传与推介具有中国特色的文化产业与文化产品的手段，且需要针对国外不同的消费环境和消费对象，采用不同的营销模式与方法，要尊重世界其他民族和地区居民的习惯，方可实现真正意义上的走出去。贸促会将本民族特色与外国文化有机结合，形成好的创意与理念，并进行积极实践和总结经验。从目前看，走出去取得明显成效，国外消费者对中国上海文化和品牌的认可度极高。

（三）推动文创产业走出去

齐全的产业链条有助于产业的兴盛。贸促会具备办展的实力，拥有较全的产业链条，推动展览国际化。完整的产业链包括：第一，上游环节，贸促会的策划部、宣传部和组织部进行合作，共同制定方案与流程。第二，中游环节，它拥有自己的独立展馆，条件合适时可提供展览平台。第三，下游环节，它在展览的设计和展台的搭建方面有自身的特色。此外，

它在运输方面也可提供便利。因此，成熟的产业链与丰富的办展经验，有利于推动文创产业的发展。

（四）企业坚持创品牌、树形象

在全球市场上，企业品牌往往代表着国家形象。例如，美国推介的国家形象是"创新"、日本是"品质"、德国是"完美"等。因此，国家形象对于企业走出去具有重要意义，积极正面的国家形象无疑会加速企业国际化进程和企业海外形象塑造。要把中国优秀产业品牌作为中国文化传播的有力载体，作为展示包含"中国效率""中国品质""中国创造"等国家新形象的生动窗口。贸促会旨在打造上海品牌与特色，使其形成独特的东方创意，将中华文化进一步传播。比如，上海家具协会的红木家具具有自身品牌效应，赢得广大消费者的喜爱。

四、企业走出去存在的难题

（一）中华文化的传播还需要进一步强化

各个国家的文化不同，导致打开当地市场的程度不同。每个国家有属于自己的文化，不同国家在走出去的过程中，势必要了解对方的文化，从历史到人文、从生活到工作，并且需要从各个角度切入分析。但是，随着进一步的深入了解，我们就会发现，面向不同文化的国家，我国文化产业走出去的难度也有所不同。例如，美国以时尚文化为主，而欧洲则以文艺为主，包括会受到宗教、人文和历史等因素的影响，所以相对于美国，进入欧洲市场可能面临更大的困难，中华文化的传播还需要进一步强化。

（二）政策扶持力度有待进一步增强

目前，我国各地纷纷出台推进文化创意产业发展的文件和有关制度，一些地方还相继出台了一系列优惠政策措施，如税收优惠政策、进出口产品优惠政策，改造工业厂房、仓库和老城区的财政补贴政策等。然而，由于文化创意产品及其企业的高科技性质难以界定，因而在实践中往往难以享受到这些优惠政策，这成为制约文化创意产业发展的一大难题。同时，配套制度也不健全，许多园区并未形成完备的技术开发体系、区域创新网络、市场服务体系和政府支持体系。

（三）企业的参与度还需要进一步提高

文化产业在走出去的过程中，要提升其产品竞争力，势必要培育文化走出去的体制机制，且要形成一大批有较强实力和国际竞争力的文化企业和文化集团，能够积极参与文化市场竞争，推动中华文化走向世界。文化创意产业在走出去的过程中，更要提高企业的参与度，将不同理念和代表中国元素的文化进行广泛的推广，以起到传播东方特有文化的积极作用。

五、化解难题的途径

（一）实施国际化经营战略

提升文化软实力，要面向世界，将当代中国文化创新成果尤其是包含东方美学的文化传播出去。在这个发展过程中，企业要逐步打开市场。根据双方文化特性，选取有利于自身发展的国家或地区，而不能一蹴而就。围绕企业提质增效升级，谋划和实施好企业国际化经营战略。第一，要大力加强国际化人才队伍建设和培养力度，完善国际化人才培养培训体系，重点培养一批具有国际视野、熟悉国际商业规则、善于跨文化经营管理的领军人才。第二，要健全风险管控体系，完善风险管控制度。做到从市场进入、市场营销、合同签署、项目履约到争议解决全过程的风险防范全覆盖。注重合规运营管理，自觉遵守所在国家和地区的法律法规，熟悉掌握和运用国际规则。第三，坚持诚信经营，遵守市场秩序，实现从比较优势向以人才、资本、技术、服务和品牌为核心的综合竞争优势转化，促进提质增效升级。

（二）增强资金支持力度

文化创意产业的创意从构思到产业化，具有一定的高风险，需要得到不同的资金来源。应鼓励各级政府设立科技专项经费、技术改造资金，能适当安排用于扶持文化创意产业。首先，加大对文化创意企业的信贷支持力度，鼓励银行开展金融产品创新，开发满足文化创意企业发展需求的金融产品。在这个过程中，要建立健全信用担保体系，对符合条件的中小文化创意企业信用担保给予一定的财政担保贴息。其次，拓宽各类文化企业的直接融资渠道，优先引导和扶持一批符合国家文化产业政策、公司治理较规范、市场发展前景较好的中小文化企业上市。最后，政府扶持设立文化创意产业投资基金，按照"谁投资，谁受益"的产业化运作机制，吸引制造业等产业资金进入文化创意产业领域。完善产业投资的有效运转和退出机制。

（三）增强引导服务

文化企业在走出去的过程中，政府要在充分尊重市场规律的情况下，整合利用各方资源，做好引导服务，建立健全中介组织，为文化企业开拓海外市场提供公共信息服务。在讲好上海故事的同时，尽可能多地动员和吸引企业参与其中，让更多企业从中分享成果，得到实惠，实现城市形象传播、企业品牌宣传、交流领域扩大、合作渠道拓展的"多赢"。企业类型多种多样，规模有大有小，实力有强有弱，行业各不相同，走出去的想法不尽相同。只要企业有意愿、有创意、有项目，都可以参与进来，帮助他们找到属于自己的舞台。贸促会作为行业的领跑者，应适度进行宣传，以此进一步做到真正有为和增强业界知名度，带动大中小企业更多、更广地走出国门，展现上海文化，扩大中华文化影响力。

马克思主义学院　赵丽琴　马争婧

提供优质办公空间　共享文化创意资源

一、背景

2014 年，国家大力呼吁"大众创新、万众创业"，主张将"互联网+"、投融资及第三方辅助服务整合在一起，成为全民创业的助力，进一步释放了创业的活力。在创新创业理念下，上海 People2 联合创业办公社基于"共享"的理念，将整体的办公区域进行有效分割，结合现有的空间范围及设计理念，有效地实现数据和服务的共享化，进而降低基于创新创业环境下的企业办公成本，推动创意文化产业发展。

随着我国经济发展进入新常态，"创新驱动发展"成为国家发展战略，我国各个行业都不断进行着创新改革，使得某些因经营不善、发展落后的企业倒闭，出现了空置厂房、空置写字楼、空置产业园等区域。这些空置区域的价格相对较低，成为联合办公空间行业开发的目标，降低了整个联合办公空间行业发展的成本。同时，大量创业团队和新兴企业的产生以及中小企业的大幅增长，产生了一大批具有进入联合办公空间进行办公的需求群体，为上海 People2 联合创业办公社的发展提供了广阔的市场。

二、企业发展的运作实践

(一) 企业概况

上海 People2 联合创业办公社由创业者郑健灵在 2010 年创立。2016

年，为了加快上海市文化创意产业的不断创新发展，在上海市委、市政府的领导下，结合时代发展的大趋势，上海 People2 联合创业办公社在创客中心原本优质的发展潜力基础上，与国内首屈一指的新媒体平台新榜合作，共同创建独特的内容空间。它重点关注当前最热门、最受欢迎的内容文化领域，将大批优质创业者召集和汇聚在一起，使之成为一个集创客、时尚、艺术、文化于一体的跨界社区。目前，在上海、北京、深圳、宁波、杭州、成都等城市拥有超过 40 个空间，为 800 多家企业、4 万余名会员提供服务。

上海 People2 联合创业办公社为创业团队提供了灵活专业的办公环境，空间内诞生及入驻了许多优秀团队和企业。如优酷土豆、太合音乐集团、猩便利、足记、周末去哪儿、中国加速、新车间、阅面科技等。优质合作伙伴包括 Google、阿里巴巴、百度、万科、太合音乐集团、芒果娱乐、北京国华置业、上海城开集团等，致力于从用户体验、内容深耕到社区运营，多维度为用户提供产业办公空间。

（二）搭建交流平台

良好的沟通平台是获得共识认可、资源共享、企业间进行开放互动的有效渠道。通过搭建企业沟通的平台，可以促进企业间业务的技术集成融通，并为区域企业集群形成开放式的交互式交流沟通机制。上海 People2 联合创业办公社汇集了中国最有思想、最有创造力的创业者，公司可以借助这一平台来进行技术交流和技术共享并拓展企业间业务合作的机会。这个空间不仅提供每周一次的午餐分享会以供大家交流认识，而且每个月组织大型"神经病集会"以供企业交流想法和创意。例如，2019 年 1 月 16日，Google 亚太地区传播团队访问了上海 People2 联合创业办公社。作为 Google for Startups 中国空间合作伙伴，上海 People2 联合创业办公社举办了 Google for Startups 高质量的活动和项目，让更多中国创业者能够运用 Google for Startups 的全球创业资源，学习全球企业的发展经验，让入驻在联合创业办公社的创业者进行交流和分享他们的经验，并为公司创造更好地走出去的高效交流机会和互动平台。

（三）助力发展文化品牌项目

在社会主义市场经济环境中，品牌与一个人的姓名同等重要。品牌的主要作用就是在消费者心目中塑造本企业鲜明而独特的形象，将其与同类竞争对手明确区分开来，并使消费者在进行选择时能迅速想到和记住这个品牌。如果市场中没有人认识该企业，那该企业实际上也就基本没有市场机会。所以，培育具有独特徽标的品牌对于企业而言至关重要。

上海 People2 联合创业办公社致力于根据每个企业的自身特点，开发每家公司的品牌文化，并诞生了优酷土豆、猩便利、太合音乐集、团新车间、足记、周末去哪儿、阅面科技、中国加速等优秀团队和企业。例如，"上行旅行"是上海 People2 联合创业办公社根据公司特色与已经在园区建立自己的企业的特征而共同打造的一个品牌名称。上行旅行成立于 2016年 9 月，是一家专业机构，致力于接待中国公民前往以色列进行商务和文化旅行。它提供个性化旅行服务，目前开发的商务文化旅游产品丰富，涵盖科学、技术、历史、人文、农业考察、商务、新婚蜜月团、摄影团以及企业游学等。它以旅行为依托与以色列政府职能部门、科创中心、教育机构等世界领先的企业建立了紧密的合作关系。通过用心而专业的定制化服务，这一品牌已经被公众所认可，该企业已经走出去，既让越来越多的犹太人了解到中国文化，也让国内的人能够全方位地了解犹太人、犹太文化以及以色列的过去和现在，真正搭建起中以两国互通的文化桥梁。

（四）挖掘空间内容

上海 People2 联合创业办公社的目标定位是成为国内最大的联合办公空间，为企业提供服务。因此，该公司非常注重空间内容的挖掘和探索。为了保持成为国内最大的联合办公空间，People2 联合创业办公社注重空间内容的挖掘。例如，2016 年 9 月，它宣布了一项跨境合作，与音乐巨头太合音乐集团共同建立一个以音乐为主题的垂直一体化联合办公空间 T-House。这个空间成为音乐人和文化人的聚集地，不仅包括针对音乐人的联合办公室，还融排练社、录音棚和唱片制作于一体；2018 年 5 月，它与以太坊爱好者（EthFans）和 Mix Labs 合作成立了区块链社区品牌 Block²，旨在共同打造具有探索精神的区块链技术开源社区①。通过对空间内容的不断挖掘和建设，不断扩大规模，使无数的企业家和企业聚集在一起，成为一个集创客、艺术、时尚、文化于一身的跨界社区。

三、企业发展的成功经验

（一）创新发展模式的应用

上海 People2 联合创业办公社基于共享理念，它引领了联合办公与开发商之间的合作模式，以其独有的优势迅速占领了市场并引领了潮流。上海 People2 联合创业办公社是国内的先驱者，率先引领联合办公与开发商合作模式。目前，它已经和万科、金隅、华贸、张江集团、中关村 e 世界等众多知名开发商合作。2016 年年初，上海 People2 联合创业办公社携手万科在上海的第一个购物中心虹桥万科中心建立了 P2·Vip 空间。除此之外，上海 People2 联合创业办公社也在北京帮助中关村 e 世界进行了现代化改造，并建立了 P2·e 世界游乐园，这已成为中国迄今为止最大的商贸中心改建项目的经典案例。联合办公与开发商合作模式有效地降低了办公空间建设的投资成本，也降低了入驻企业的办公成本。原科技部长万钢充分肯定了通过结合创意空间和建筑现代化为创业者提供服务的模式。

（二）优质服务理念的实施

优质的服务不仅能够帮助企业解决创业期间不必要的麻烦，而且能够满足新兴创业团体的需求，为小微创业团体保驾护航，还能在企业快速发展阶段帮助企业更好地做大、做强，甚至走出去。与传统的创业孵化基地只是提供场地服务相比，上海 People2 联合创业办公社为公司提供一站式服务。一方面，上海 People2 联合创业办公社可以为入驻的企业提供包括获取办公场地选址的资源、招商入驻、办公空间的精美设计及建造和企业运营管理等在内的基础性服务。它有着灵活的工位与空间出租制度，可以

---

① P2 跨界合作，打造区块链垂直空间布局全球 https://www.sohu.com/a/232620402_ 115035

实现月租甚至日租，不仅价格低廉，而且提供定制化办公空间设计，针对不同人群设计推出各具特色的空间产品。它巧妙地设计出了三条空间产品线：根据设计师、音乐人、时尚圈人群的特殊需求而打造出 M 系列，以互联网、创业公司为目标而设计出 S 系列，以及针对商务人群而打造的 X 系列①。把原有的所有空间产品标准化，让再小的创业团队也能享受到与硅谷办公室相媲美的创业氛围。另一方面，它提供由此产生的包括创业培训、专业服务、财务指导以及政府优惠与媒体宣传等各种增值服务。这样一来，入驻企业与联合办公运营商紧密捆绑在一起，最终形成入驻企业与联合办公运营方利益共同体的紧密联系。通过增值服务，入驻企业可以享有更全新的办公体验，还将获得全新的品牌体验。

（三）注重优势资源的整合

上海 People2 联合创业办公社汇集平台、社群、资本等产业资源并且注重优势资源整合。企业可以借助这一平台提供的资金、技术交流以及分享平台，了解国内外顶尖技术资源，传播其影响力，让创业者的创业之路变得更加简单便捷，让入驻企业可以走出去。例如，2016 年 4 月 14 日，上海 People2 联合创业办公社与谷歌（Google for Entrepreneurs，GFE）开展合作，宣布加入其全球创业网络，并在上海、北京各设立一个 GFE Network Hub，为企业提供资源。所有入驻企业的会员都有机会享受到 GFE 遍布全球 125 个国家创业网络的资源，例如 Google Demo Day、Black box Connect 等。通过上海 People2 联合创业办公社的推选 Cast box 在谷歌全球的 Demo day 上从 800 支团队中脱颖而出，获得冠军，并荣获 2016 年 Google Play 用户增长速度最快的前三名 App。此外，People2 联合创业办公社于 2019 年 4 月在上海举行了一次德中创业者训练营之旅，为德中两地的创业团队在深入了解创业环境，寻找合作伙伴过程中提供了坚实的服务基础，为企业进入德国市场打下了坚实基础。

---

① P2& 阿里巴巴跨界发布"神鲸"智慧空间 https://www.sohu.com/a/130676377_ 114877

（四）积极寻求政府的支持

为了营造以"大众创业精神"、重视"创新创业精神"为核心的氛围，为文化创业者提供空间服务，上海 People2 联合创业办公社积极寻求政府的支持，主动融入上海市科委联合办公空间"众创空间"考评体系。上海市科委以政府购买第三方服务的方式，对联合办公空间给予资金支持，入驻的创业型企业均可申请创业扶持和就业扶持的补贴、减免。主动加入上海市科委成立的上海众创空间联盟。2005 年，上海众创空间大会暨"2015 创业在上海"创新创业大赛举行。上海市科委在会上发布了"创业浦江行动计划"，并举行了上海众创空间联盟揭牌仪式。上海 People2 联合创业办公社成为众多联盟者之一。这项行动计划是希望立足上海，面向全球，整合国际与国内创新资源、协同创新链与产业链、联动张江国家自主创新示范区与中国上海自由贸易试验区、统筹科技创新与城市发展，打造专业化、市场化、社会化的众创空间，激发全社会创造活力，打造经济发展新引擎，引领具有全球影响力的科技创新中心建设①。通过政府的政策支持，有利于激发创新性企业的创造活力。

四、企业发展面临的问题

（一）融资渠道受限

作为一种新型的办公模式，上海 People2 联合创业办公社在融资方面受到一定的限制。一方面，虽然政府有政策支持银行等金融机构创新贷款方式，为联合办公空间提供融资渠道，但由于银行拥有严格的风险控制机制和完整的信贷程序，上海 People2 联合创业办公社获得的贷款数目极为有限。政府虽有政策指导方针，但没有不动产作为担保，银行也无法给企业发放贷款，这最终导致政策方针的实施效果大打折扣。另一方面，上海 People2 联合创业办公社在采取直接融资的方式获取资金方面也存在一定

① 全国首个区域性众创空间联盟在沪成立 http://m.haiwainet.cn/middle/456689/2015/0329/content_28578339_1.html

的难度。目前，中国政府没有为企业的经营风险提供适当的保障措施，对于企业的可持续发展也没有提供严格的保护政策。因此，在上海 People2 联合创业办公社寻求投资者支持时，投资者往往出于投资风险的考虑，不敢轻易进行投资。

（二）营利方式单一

无论是传统的创业孵化基地还是其他各种类型的办公楼，当前营利的方式都主要是赚取租金差价。在利润方面，目前上海 People2 联合创业办公社主要依靠租金收入、物业服务收入和特色增值服务收入来产生利润。大多数企业普遍采用薄利多销战略，把租金与物业服务捆绑销售，以此来降低价格，吸引客户。通过降低价格，努力提高办公空间的出租率、降低房屋空置率来保障资金流畅，从而吸引更多客户，占领更广的市场。与此同时，通过特色增值服务获取更多的盈利。但与此同时，上海 People2 联合创业办公社为企业主提供的商业咨询指导服务和媒体宣传等服务价格又存在着差异化。对于急需资金进行创业的创业者，单一的获利方式使企业自身承担着营利的重压。

（三）空间有待拓展

随着国家倡导"大众创新、万众创业"，许多高校也进行许多创业政策的扶持，鼓励许多刚毕业的大学生甚至没毕业的大学生投入到创业过程中，激发了大学生的创业热情。提供全方位服务以及入驻成本低的联合创业办公社成为创业者的需求。近年来，随着中小企业数量的大幅增长，对于联合办公空间的市场需求也在逐年增加。目前，上海 People2 联合创业办公社打造的办公空间较小且较分散，独立且不互通。因此，随着人们对联合办公空间需求的增加以及企业自身发展的需求，上海 People2 联合创业办公社在打造精致办公空间的同时，空间的进一步规模化扩张也成为一个重要的问题。

（四）运营管理人才缺乏

短缺成熟的运营团队和专业运营人员，制约着企业的健康良性发展。

由于联合创业办公社的目标是以提供办公空间为载体，并专注于提供资源对接服务，因此这对于企业的运营、资源嫁接和专业服务能力提出了很高的要求。然而，目前上海 People2 联合创业办公社内短缺专业运营人员，这导致运营组织模式简单，缺少对资金、资源和团队等的总体规划和顶层设计。并且，由于人才流动较大，优秀人才也会跳槽，造成管理上的混乱，许多管理规定也会常常更改。

（五）服务网络尚未形成

方便快捷的服务网络能为入驻企业与服务商节省办公时间，提供更好的办公体验。但是，目前上海 People2 联合创业办公社初期仅限于线下发展，入驻企业与服务商只能在办公楼里交谈、协商谈判与办公。在线服务仅限于公众号等，没有形成专门的 App 服务，不能为入驻客户提供高质量的线上产品服务与线上交流。上海 People2 联合创业办公社还应该充分运用互联网的优势，扩展微云台服务，开发设计小程序等，为用户提供方便快捷的服务。这些都是上海 People2 联合创业办公社在未来需要进一步完善的发展方向。

五、对策建议

（一）探索多样化的盈利方式

企业的最终目的是获得利益，只有盈利的企业才能实现其更多的社会价值。单纯地依靠租金收益无法维持企业生存，上海 People2 联合创业办公社要积极探索多样化营利方式。一方面，通过投资入驻创业团队取得股份获取收益。联合创业办公社里聚集了众多优秀的创业团队，可以在提供增值服务的同时，深入了解一些创业团队项目的详细内容，评价项目的可行性，从中选取有发展潜力的创业团队，以投资方式为创业公司注入资金。这样不仅能为入驻的企业减轻一定的资金压力，而且获得的相应比例的股份将在该公司快速发展后获得长期利润。另一方面，通过与其他行业合作实现双赢的局面。除了与开发商的跨界合作外，还可以与其他企业合作。例如开发与培训机构、物流、金融企业的合作模式，这样既能找到为入驻在空间里的企业专门处理事务、提供员工培训服务等的公司，也能为双方带来一定的收益。

（二）拓展空间规模

整个中国联合创业办公室行业处在快速发展阶段，行业也处在进行优胜劣汰的抉择和兼并中。联合办公行业面临运营模式简单、品牌过度同质化、营利模式单一化等各种挑战。这意味着如果企业不扩大规模，注定要被淘汰。因此，上海 People2 联合创业办公社在追求打造空间品质的同时，也要继续扩大自身规模。一方面，拓宽经营场所，利用闲置工业厂房、物流仓库、商业建筑等，将其进行设计改造，合理控制办公空间的成本，节约开拓更多空间；另一方面，支持共享办公空间的联合、联盟，鼓励有实力的平台企业进行投资并购和股权合作，尽快形成品牌辐射和规模效应。

（三）培养专业空间运营人才

成熟的运营团队和专业运营人员是企业进一步发展的桥梁，能够为企业创造更大的价值。上海 People2 联合创业办公社要更加注重专业的空间运营管理人才的招聘和培养。一方面，需要招聘那些具有丰富房地产行业经验的人才。因为这样的人才在合作模式的制定、物业管理模式的指导、房地产资源的整合等方面具有较强的能力。另一方面，注重培养专业的空间运营管理人才。企业要定期对员工进行专业培训，培养具备极强的企业运营能力、资源嫁接和专业服务能力的人才。此外，培养空间运营者的创新意识和服务能力，注重服务功能整合，为入驻企业提供最优质的服务，而不是以经营面积、入驻企业数量作为企业发展的指标。

（四）完善线上线下服务网络

除了要大力发展线下业务，为入驻企业提供良好的办公体验外，上海 People2 联合创业办公社还应当积极拓展完善线上业务，为客户提供更便捷的服务，更好地完善线上、线下服务网络。上海 People2 联合创业办公社在开发初期局限于线下发展，入驻企业与服务商只能在高大的办公楼里进行死板的洽谈、协商与枯燥的办公。但是，随着互联网经济的快速发展，上海 People2 联合创业办公社应积极连接全国范围内的用户。通过官方微博、公众号与应用服务，用户可以在线上注册、线下进行使用，使用户在互联网上形成一个群体，形成一个更开放、更强大的合作空间。通过线上的开发，丰富服务类型，让入驻客户和其他非入驻客户在使用或享受线上产品服务的过程中增加入驻客户的联系，并增加非入驻客户成为入驻客户的可能性。线上、线下服务网络的不断发展，可以为企业带来更大的发展。

马克思主义学院　　僧颖蒙　刘珂岩

打造优质会展服务 引领文化企业发展

一、行业概况

随着经济的发展与科学的进步，各个行业对会展服务的需求不断深化，推动我国会展行业的快速发展。目前，我国会展业已初具规模，专业展览馆数量及可租用面积增加，会展基础设施条件得到改善，会展业发展方式发生质的飞跃，由数量扩张型向质量提升型内涵发展转变。

随着会展行业快速发展，会展企业赴境外自主办展、赴境外参加国际展会所要求的条件及层次更高。根据不完全统计，2016 年全国 97 家组展单位共赴 63 个国家组织参展 1492 项，较上年增长 7%；展出面积为 83.5 万平方米，较上年增长 14%；参展企业数为 5.84 万家，较上年增长 12%[①]。

从会展组展单位性质来看，国内组展单位可划分为党政机关、行业协会、外资企业和国内企业四大类型。按照贸促会的统计，2016 年全国会展行业办展主体中共有国内企业 1406 家，较 2015 年增加 80 家，占比 57.13%；共有行业协会 863 个，较 2015 年增加 424 家，占比 35.07%；共有 151 个党政机关，较 2015 年增加 9 家，占比 6.14%；共有 41 个外资企业，较 2015 年减少 37 个，占比 1.67%[②]。

中企万博公司以国际大事件为契机，整合国内外重点城市的经贸文化

---

① 郭牧. 2016 中国会展产业年度报告发布 [R]. 杭州：浙江大学出版社，2016.
② 郭牧. 2016 中国会展产业年度报告发布 [R]. 杭州：浙江大学出版社，2016.

合作资源，展开国际活动运营、公关咨询、商贸投资、展览展示、文化交流等服务，助力中国企业走出去。

二、文化走出去的运作实践

（一）企业概况

中企万博（集团）公司（China Corporate United Pavilion Group，简称 CCUP）源于 2010 年上海世博会，是一家集国际活动运营、公关咨询、商贸投资、展览展示、文化交流于一体的服务型企业。在国家"一带一路"倡议背景下，整合全球相关城市的经贸文化资源，以"中国企业联合馆"为品牌和载体，服务中国优秀企业参与国际顶级展会、赛事和相关活动的运营，汇聚 166 个国家及近百个国际组织、机构合作关系，为中国企业走出去搭建共享平台。

中企万博公司在 2015 年成功建设和运营米兰世博会中国企业联合馆后，于 2017 年运营迪拜中国企业联合馆和伦敦中国企业联合馆等海外平台。2018 年，中企万博公司运营俄罗斯世界杯中国企业联合馆，同年担任首届中国国际进口博览会市场开发咨询顾问机构、官方衍生产品服务商，以及 2018 年中国技能大赛——第 45 届世界技能大赛全国选拔赛总运营方及世界城市日全球主场活动总运营方，中国（上海）国际技术进出口交易会 3+365 联盟秘书处单位。2019 年，担任北京世界园艺博览会植物馆联合招商运营方，2020 年成为迪拜世博会中国国家馆唯一市场开发合作伙伴。

中企万博公司的企业联合馆不仅是中国优秀企业走出去及国际品牌引入中国的桥梁，还是促进中国企业与海外企业的合作共享平台，同时承担了上海和其他相关城市服务举办展览的任务。

（二）助推企业参加国内外高端会展

尽管近年来经济全球化的发展出现了新情况，但中企万博公司抓住国内外举办大事件的机遇，积极为企业提供国内外展示与共享的平台，做好展前、展中和展后服务，带动文化企业走出去。

　　2015 年，在米兰世博会上，中企万博公司在贸促会和上海市人民政府的领导下，筹办了中国企业联合馆来展示中国优秀企业。在建设联合馆前，中企万博公司前往米兰进行实地考察调研，确定场馆的地理位置、面积及风格设置，依据当地特色的文化与需求，定位国内参展企业的标准与要求，并根据国内参展企业的品牌理念和特色产品设计与之对应的展馆策划方案。展会中通过设置活动周、馆日、论坛、一日一品等活动形式，全方位展示中国优秀企业的风采，灵活地运用多种活动方式，快速有效地协调展会中的问题，极大地发挥展馆的效用，更好地向世界展示中国优秀企业。其中，五粮液集团通过中国企业联合馆的参展在世博会上大放光彩，荣获 2015 年米兰世博会上"世博金奖产品""百年世博、百年金奖""最受海外华人喜爱白酒品牌"称号，并在 2017 年成为阿斯塔纳世博会官方指定白酒。在此次世博会上，中国企业联合馆还向世界展示了国产自主知识产权的高铁和 C919 商用大飞机，让"中国速度"和"中国名片"逐渐被世人认识和了解。展会结束后，中企万博公司及时做好跟踪服务，给所有参加展会的参展商发送展览评估资料，根据本次展会客户的实际情况，及时准确地更新客户数据库，并根据客户信息的变化，及时调整客户工作的方式和方向，继续保持与客户的关系，继续加强与客户的交流与沟通，发展与巩固客户关系，为下一次企业参展做好准备。此外，中企万博公司于 2019 年在北京携手万科集团，共建 2019 年北京世园会植物馆；中企万博公司还协助中国上海成功申办了 2021 年世界技能大赛。

（三）推动与"一带一路"国家文化交流

　　中企万博公司拥有独特的国外市场与活动资源并能够有效地整合国内外城市的经贸文化合作资源，根据展会需求寻找国内合适的企业，进行国际活动运营、公关咨询、商贸投资、展览展示、文化交流等服务，促使国内知名品牌静态落地，展示中国特色文化和产品，促进经济文化交流。

　　2017 年 11 月，中企万博公司在上海国际贸易中心召开的中哈经贸投资交流会上与哈萨克斯坦资本集团和上海虹桥经济技术开发区联合发展有限公司签署战略合作协议，进一步推动和支持中哈经贸投资促进中心的落地和发展，通过此平台推进哈萨克斯坦与中国的经贸文化交流。2018 年 7 月 20 日，在阿拉伯联合酋长国驻上海总领馆发起下，中企万博公司与中东知名工程建设与贸易公司 VMC 集团牵头，联合众多已经或有意参与阿拉伯国家经贸文化投资交流的企业组建了阿联酋—中国经贸文化促进中心，为国内企业及城市搭建快捷便利且有效的快车道进入阿拉伯市场，推动与"一带一路"国家的文化交流。

2018—2019 年是中俄两国元首确立的"地方合作交流年"，恰逢万众瞩目的 2018 年足球世界杯 6 月 14 日在俄罗斯开赛，中企万博公司于 7 月 2 日在俄罗斯莫斯科红场古姆国家商务中心，参与"2018 年俄罗斯世界杯'一带一路'中俄国家品牌合作论坛"，并为中俄国家品牌合作中心揭牌。中企万博公司在中国驻俄罗斯联邦大使馆、中诚通国际投资有限公司、中国上海市国际技术进出口促进中心以及俄中实业家委员会的支持下，参与建设与运营 2018 年俄罗斯中国企业馆。企业馆将中国优秀品牌连接"一带一路"，为中国企业拓展在俄业务、促进中俄经贸合作提供绿色通道，为中国品牌布局俄罗斯搭建桥梁，帮助企业在俄罗斯通过会展形式宣传展示自身品牌形象。同时，向俄罗斯推荐中国的优质品牌，对接俄罗斯的市场需求，为中俄经贸合作交流提供共享平台，为两国企业牵线搭桥、提供有效服务，为中俄企业与品牌合作交流打开新渠道。

（四）搭建共享平台，展示中国特色产品

随着上海"2018—2020 老字号推广计划"的实施，上海建立了一个全市各方力量共同参与的老字号促进体系，打造上海老字号品牌展团，参与重点省市的重大会展，并将老字号作为"一带一路"宣传推广工作的重要内容。中企万博公司利用国内外经贸文化资源，为上海老字号品牌搭建国内外展示平台进行重点推广，向世界展示上海老字号的独特魅力。2018 年 11 月在上海举行的首届中国国际进口博览会上，大白兔奶糖、百雀羚护肤品等一批上海老字号品牌在展会上进行日常展示。上海的老字号品牌不仅是上海城市的一张名片，更拥有传统文化的内涵，也让更多的外来游客对上海老品牌有了崭新的认识。新上海老字号的原创品牌也在陆续地建立与

筛选中，力图将虚拟文化与实际产品相结合，综合提高产品的价值，展示中国特色系列，在国内外市场上树立品牌形象。

三、企业发展的成功经验

（一）以国际大事件为契机，紧跟时代潮流

中企万博公司密切关注国际大事件举办的时间和地点，借助国际大事件进行品牌营销和宣传，利用当地政府、商协会、企业、媒体等资源，快速高效地寻找合作单位、代理机构等，承接中国优秀企业参与国际顶级展会、赛事和活动的运营，以服务中国优秀企业的国际化、对接国际品牌和本土资源及整合全球经济文化重点城市的合作交流。抓住"一带一路"建设机遇，与"一带一路"沿线国家开展文化交流。

（二）组建企业核心团队，善用优秀人才

团队是创造组织绩效、提升组织核心竞争力的重要组织形式与实现手段。高效能团队对于任何一个企业来说都是至关重要的，它可以将整个企业牢牢地捆在一起，更好地发挥整体效能。要想拥有一支高效能团队，首先要从挑选团队成员开始，不仅要看其技能与学识，更重要的是要考虑团队的整体效能，把团队成员选择问题转化为一个组合优化问题。

中企万博团队源于 2010 年上海世博会，全程参与上海世博会申办，把世博带到中国，参与上海世博会运营，为上海世博会的成功做出突出贡献。团队以国际大事件为平台，助力中国企业、中国城市品牌走向世界为目标，搭建团队的优良架构，善用优秀人才，合理设置人员岗位，优化 30人的核心团队，增强团队工作效率，提升团队凝聚力。

（三）发挥办展优势，为企业搭建展销服务平台

中企万博公司拥有现代化的专业会展配套设施，丰富的会展场馆运营管理经验，国内外知名会展企业参与会展设施经营管理及专业支持，较高的会展综合服务水平，在城市与地区充分利用当地政府、商协会、企业、

媒体等资源，快速高效地寻找合作单位、代理机构等，为中国企业搭建展示舞台。

中企万博公司充分发挥在手工业产品类、艺术收藏品类、酒类等产业发展方面的优势，于 2018 年策划组织了中国国际进口博览会——国际名酒签约对接大会。中企万博公司作为推销产业发展走向国内外市场的展销服务平台，为制造商与采购商和消费者搭建了最直接的信息交流和交易平台，在对接大会上促进国内交易团与德国、澳大利亚、法国酒商集体落地采购签约，实现采购金额 2.5 亿元。对接大会借助进口博览会得天独厚的资源优势，精准对接参会展商，采取与中国名酒结对姐妹酒、大单签约采购等形式迅速提高参展名酒在中国的知名度，打开中国消费市场，带动酒类产业发展，进一步扩大全球酒产业和文化的交流融合。

四、企业发展面临的问题

（一）会展产业链不完整

会展产业链不完整，其产业链上各环节凝结的价值是不同的，通常附加值高的环节由掌握核心技术的企业占据，缺少核心技术的企业则主要在附加值低的环节。上海目前位于产业链上游的企业较少，大部分企业以布展搭建、招商代理、广告策划、设备租赁、礼仪服务等配套企业为主，整个产业链偏于下游，缺乏标杆性企业，行业影响力不够。虽然光大会展、国家会展中心等常年举办各种国际性展会与国家级活动，但行业影响力的范围和作用有待提高。产业和行业之间的联动不足，在区域商业贸易、信息服务、旅游等服务业方面未能形成联动发展，会商旅文体产业联动效应不强。目前，还局限于局部地区的会展会务、商务会议，以及展出时期的商业，未能充分实现会展平台对上海市经济的带动效应和辐射效应。

（二）中西文化上的差异

不同的文化背景和文化传统使中西方在语言、思维方式、价值观念和行为准则等方面存在相当大的文化差异。由于语言的不同，在沟通交流过程中传达着各自不同的想法，给企业在国外市场活动中的沟通带来了不便。此外，中西方对文化和艺术品的理解上也有所不同，外国人不了解中国的艺术品类的匠心堆砌的精神，不理解中国艺术家们想要通过艺术品传达的价值理念，对在国外市场活动中展示的中国特色产品和文化缺少兴趣，尤其是手工艺术品类，认为小小的手工艺品的价值与其价格严重不符，价格过高等。中西文化差异在一定程度上影响着国外消费者对于文化产品的认同。

（三）现场突发事件的处理

在展览会现场参展时会发生很多意想不到的突发事件，尤其是在国外展会活动现场，语言沟通的不便加上文化上的差异增加了现场突发事件处理的难度。因此，在展会开始前要为可能发生的突发事件做好准备工作，事前充分地考虑好遇到各种突发事件的应对办法，只有这样才能做到突发事件真的出现后不惊慌，并能够冷静妥善的处理，尽量将紧急突发事件发生后的损失降到最低。

五、对策建议

（一）延长产业链，提升企业品牌知名度

会展业的发展需要打造具有一定规模和影响力的产业功能平台，形成以产业功能平台为主体的多点支撑、复合性增长的产业发展格局，因此需要延长产业链，加大会展企业培育力度。会展产业链是一条以价值为核心的会展产品价值链条，创意研发和品牌营销处于价值链的上游，具有高附加值。产业规模化以后，在其产前、产中、产后都会有许多产业和其发生关联效应，从而推动区域经济的极大发展。上海以各大会展中心为核心，推动周边商业、办公、酒店等配套业态全面发展，积极办好旅游、购物、艺术节等重大区级节庆赛事。中企万博公司要深挖会展旅游资源，打造会展旅游衍生产品，扩大"会展+"效应，深化会商旅文体联动，加快对商业商贸、文旅健康等产业联动，最大限度地放大会展平台的产业带动效

应，促进中企万博公司形成较为完善的会展配套服务产业体系。

（二）强化相关培训，提高从业人员的水平

会展业属于现代服务业，关键是人才、客户和服务，对人的素质要求较高。对会展组织者来说，既要掌握熟练的外语，又要掌握如公关、广告、策划、礼仪、谈判、展台设计等方面的知识与技能。全面和系统地培养专业的会展人员，根据会展举办国家与城市特色，及时组织举办展览专业人员的培训与讲座，从而加强规划、优化会展业区域布局和产业结构。

中企万博公司在国外市场活动中因中西方文化差异，出现语言、理解上的偏差，从而影响中国特色文化的传播和产品的展销。企业根据会展举办国家的风土人情和文化特色，组织相关培训，加深对当地特色文化的了解，尊重不同的文化，提高从业人员各方面水平，更好地解说和展示中国文化和产品。

（三）建立完善的应急预案，快速应对突发事件

应急预案是为了规范企业安全生产事故应急管理，提高处置安全生产事故能力，在事故发生后，能迅速有效、有序地实施应急救援，保障参展企业财产安全，减少损失。组织参展的企业应根据预测危险源、危险目标可能发生事故的类别、危害程度来制定事故应急救援方案，要充分考虑现有物质、人员及危险源的具体条件，及时、有效地统筹指导事故应急救援行动，确保在国外复杂环境下的人员和财产安全。

马克思主义学院　李春霞

参考文献

[1] 王永亮. 中国现当代文学的海外出版之旅——聚焦读者的文化意识及翻译作品出版的营销策略 [J]. 出版发行研究，2018（4）：74-78.

[2] 田小军. 柏玉珊. 我国网络版权制度演化的现状、挑战与应对 [J]. 中国版权，2016（3）：31-34.

[3] 郑晓红. 吴文辉. 网络文学商业模式开创者 [J]. 中国版权，2016（6）：13-17.

[4] 黄嘉慧. 黄汉章. 平台生态时代的网络版权治理新规则 [J]. 出版发行研究，2017（1）：31-34.

[5] 田小军. 夏宜君. 王洋. 网络文学走出去的时代机遇现实困境与发展建议 [J]. 中国版权，2017（1）：31-34.

[6] 王璐璐. 全球文化消费视角下中国网络文学海外传播研究——以 Wuxiaworld 为例 [J]. 出版发行研究，2018（1）：74-78.

[7] 宋学清. 吴昊. 中国网络小说走出去的文化反思 [J]. 哈尔滨师范大学社会科学学报，2018（1）：120-124.

[8] 鲍娴. 当下网络文学出海中的问题及对策 [J]. 中国出版，2018（10）：32-35.

[9] 曾照智. 文化共生与中国"网文出海"的困境 [J]. 广西师范学院学报（哲学社会科学版），2018（4）.

[10] 马季. 网络文学走出去，让流行文化走出国门 [EB/OL]. (2017-01-13) http://share.gmw.cn/wenyi/2017-01/23/content_ 26935041.htm.

［11］许运庚，曹三省. 移动互联网：让我们拭目以待［J］. 中国传媒科技，2013（23）：20-21.

［12］艾瑞，汇量科技. 中国移动互联网出海环境全揭秘 2018 年［A］.（2018-04-18）. 艾瑞咨询系列研究报告.

［13］AppsFlyer 官网：https：//www.appsflyer.com

［14］站长之家. 将以色列创新精神融于血液　移动营销公司 AppsFlyer 的火箭成长史［EB/OL］.（2018-12-25）. http：//www.techweb.com.cn/digitallife/2018-12-25/2718291.shtml.

［15］Suky. AppsFlyer 重磅发布《广告平台综合表现报告》［EB/OL］.（2019-09-25）. http：//www.techweb.com.cn/internet/2019-09-25/2756158.shtml.

［16］Suky. 移动归因 AppsFlyer 分享中国营销市场现状［EB/OL］.（2019-07-08）. http：//www.techweb.com.cn/internet/2019-07-08/2743547.shtml.

［17］AppsFlyer. 反作弊实战——AppsFlyer 帮助客户打击移动作弊［EB/OL］.（2019-09-14）. https：//mp.weixin.qq.com/s/XlynzQEIJjU-x21vjoNGtQ.

［18］AppsFlyer. AppsFlyer 携手 Google Play 合作研发提升检测数据精准性的新方式［EB/OL］.（2017-11-23）. https：//mp.weixin.qq.com/s/JoP-EeFcLQbvNRZ5213Ot9A.

［19］宿艺. 中国移动互联网第二轮出海：从工具入口到内容变现［EB/OL］.（2017-09-26）. https：//baijiahao.baidu.com/s? id = 1579571888677471746.

［20］AppsFlyer. AppsFlyer 发布《2019 上半年全球移动游戏市场数据报告》，助力移动游戏产业全球化发展［EB/OL］.（2019-08-06）. https：//www.prnasia.com/story/253983-1.shtml.

［21］范周，杨乔. 改革开放 40 年中国文化产业发展与成就［J］. 社会科学文摘，2018（11）：115-117.

［22］谢孟军. 文化走出去的投资效应研究：全球 1326 所孔子学院的

数据［J］. 国际贸易问题，2017（1）：39-49.

［23］李凤亮，宇文曼倩."一带一路"对文化产业发展的影响及对策［J］. 同济大学学报（社会科学版），2016，27（5）：48-54+60.

［24］蔡尚伟，车南林."一带一路"上的文化产业挑战及对中国文化产业发展的建议［J］. 西南民族大学学报（人文社科版），2016，37（4）：158-162.

［25］李伟荣. 中国文化走出去的外部路径研究——兼论中国文化国际影响力［J］. 中国文化研究，2015（03）：29-46.

［26］吴群锋，蒋为. 全球华人网络如何促进中国对外直接投资？［J］. 财经研究，2015，41（12）：95-106.

［27］杨利英. 新时期中国文化走出去战略的意义［J］. 人民论坛，2014（23）：186-188.

［28］欧阳雪梅. 中华文化国际影响力的现状及制约因素［J］. 毛泽东邓小平理论研究，2014（03）：68-74+92.

［29］胡晓明. 如何讲述中国故事？——"中国文化走出去"的若干理论与实践问题［J］. 华东师范大学学报（哲学社会科学版），2013，45（5）：107-117+155.

［30］高奋."现代主义与东方文化"的研究进展、特征与趋势［J］. 浙江大学学报（人文社会科学版），2012，42（3）：31-39.

［31］崔保国. 2014年：中国传媒产业发展报告［M］. 北京：社会科学文献出版社，2014.

［32］商务部. 我国文化产品及服务进出口状况年度报告（2009）［A］. 2009.

［33］司若. 中国影视产业发展报告（2017）［M］. 北京：社会科学文献出版社，2017.

［34］刘金典. 互联网+电影业：电影业产业链优化升级之路［J］. 中国集体经济，2016（24）.

［35］朱新梅，彭安妮. 2017年中国广播影视国际传播概述［J］. 现代视听，2018（1）.

[36] 何晓燕. 全球化语境下中国电视剧的跨文化传播研究 [D]. 北京：中国艺术研究院, 2012.

[37] 赵晖. 论中国电视剧走出去策略 [J]. 现代传播（中国传媒大学学报）, 2011 (7)：158-160.

[38] 董文杰. 中国电视剧的对外传播 [D]. 济南：山东大学, 2011.

[39] 涂彦, 郑荞. 推进国产电视剧出口 提升中国文化软实力 [J]. 中国电视, 2010 (8)：15-20+1.

[40] 春梅. 中国电视剧产业竞争力研究 [D]. 上海：上海交通大学, 2008.

[41] 贾佳. 我国电视剧出口的 SWOT 分析及其战略对策 [J]. 中国电视, 2012 (7)：56-60.

[42] 陈清洋, 黄瑞璐. 市场细分与渠道拓展：中国电视剧海外市场化推广布局研究（2013—2018）[J]. 中国电视, 2019 (7)：65-72.

[43] 谢晓菁. 文化翻译观视角下的《末代皇帝》字幕翻译研究 [D]. 荆州：长江大学, 2014.

[44] "华策频道"海外落地 国际实验区动工建设 [EB/OL]. (2014-05-29). https://ent.qq.com/a/20140529/037374.htm.

[45] 影视作品海外播出国际合作接连不断华策走出去风生水起 [EB/OL]. (2015-10-28). http://zjnews.zjol.com.cn/system/2015/10/28/020889973.shtml.

[46] 文化出海的黄金时代时代来了，我们跟华策聊了聊海外发行的故事 [EB/OL]. http://www.sohu.com/a/148936412_226897.

[47] 华策影视财报："SIP"战略坚定，电影业务与海外布局强势加码 [EB/OL]. https://www.jiemian.com/article/2083341.html.

[48] 华策影视升级影视国际合作全新平台 [EB/OL]. (2017-10-17). https://stock.jrj.com.cn/2017/10/17135323245007.shtml.

[49] 专访丨华策赵依芳：一路前行，一路转型 [EB/OL]. http://ent.ifeng.com/c/7nnAgxTuzVn.

[50] 电视剧行业的掣肘之源与发展之道：对华策影视的思考 [EB/

OL]．（2018－11－01）．http：//business．sohu．com/20181101/n554053555．shtml．

［51］华策影视发力海外，国产剧出口售价或有 10 倍提升［EB/OL］．（2018－03－20）．http：//company．stcn．com/2018/0320/14040645．shtml．

［52］上海话剧艺术中心官网：http：//www．china-drama．com．

［53］刘雷．国际文化交流我们输出了什么，又能输入什么？——记《蛇诗慢》韩国巡演［J］．话剧，2010（2）：50-52．

［54］王永恩．中国话剧走出去的现状与思考［J］．对外传播，2015（08）：53-55．

［55］任仲发．多媒体话剧《白蛇传》土耳其国际戏剧节赞誉归来［EB/OL］．（2011－05－12）．［2019－10－06］．http：//news．cntv．cn/20110512/101246．shtml．

［56］钱跃．多重融合　魅力独特——多媒体音乐话剧《白蛇传》赏析［EB/OL］．（2018－06－19）．［2019－10－06］．http：//art．ifeng．com/2016/0426/2859121．shtml．

［57］诸葛漪．音乐话剧《白蛇传》在越南河内红了［EB/OL］．（2016－12－06）．［2019－10－06］．https：//www．jfdaily．com/news/detail?id=38433．

［58］国家艺术基金传播交流资助项目《白蛇传》2017 澳洲巡演满载而归，中华经典神话故事历久弥新！［EB/OL］．（2017－04－10）．［2019－10－06］．http：//www．sohu．com/a/133268807_522891．

［59］张乔楠．汉堡剧院上演《乌合之众》中国话剧再次荣登莱辛戏剧节［EB/OL］．（2016－02－05）．［2019－10－06］．http：//www．oushinet．com/news/europe/germany/20160205/220418．html．

［60］郭洋．中国话剧《乌合之众》欧洲首演获赞［EB/OL］．（2016－02－05）．［2019－10－06］．http：//www．81．cn/gjzx/2016－01/29/content_6880860．htm．

［61］刘琼．中国话剧《乌合之众》秘鲁首演受赞誉［EB/OL］．（2016－05－13）．［2019－10－06］．http：//www．xinhuanet．com/world/2016－05/13/c_1118864211．htm．

［62］诸葛漪．上海话剧在秘鲁连演三十二场　中国戏走出国门［EB/OL］．（2016-05-13）．［2019-10-06］．http://sh.sina.com.cn/news/g/2016-05-22/detail-ifxsktkp9119344.shtml.

［63］上海话剧艺术中心．话剧《乌合之众》献演罗马尼亚　受邀参加第 25 届锡比乌国际戏剧节［EB/OL］．（2018-06-19）．［2019-10-06］．http://www.sohu.com/a/236633090_ 740643.

［64］潘妤．"聚焦中国"项目亮相爱丁堡，《惊梦》等 7 部剧展演［EB/OL］．（2017-08-07）．［2019-10-06］．http://www.thepaper.cn/baidu.jsp?contid=1754036.

［65］潘妤．从爱丁堡到奥克兰，中西合璧的《惊梦》让中国作品走得更远［EB/OL］．（2019-03-22）．［2019-10-06］．https://www.thepaper.cn/newsDetail_ forward_ 3181523.

［66］闫岩．文化贸易：走出去的不仅仅是节目［J］．时代经贸，2013（1）：22-25.

［67］谢晓娟．文化走出去战略的历史借鉴［J］．学校党建与思想教育：理论（中旬），2011.

［68］阮耀华．海外中国文化中心运行模式、困境与发展对策研究［D］．北京：对外经济贸易大学，2015.

［69］刘靖，山东师范大学传媒学院．浅议国产电影走出去的困境与途径［J］．中国高等院校影视学会第十四届年会暨第七届"中国影视高层论坛"，2012.

［70］张颖．中华文化走出去的意义与策略研究［J］．山东省社会主义学院学报，2018（4）：22-29.

［71］慕玲．中国文化走出去战略布局的五个维度［J］．中国出版，2018，436（11）：66-70.

［72］夏建辉．关于中华文化走出去的思考［J］．孔学堂，2015（2）：8-10.

［73］杨宏华．中国加快文化走出去的现实困境与有效途径［J］．中国商贸，2013.

[74] 陈玉国，杨曦. 中小出版企业走出去的困境与路径选择 [J]. 科技与出版，2011（12）：24-26.

[75] 陈晓华，朱璐，许月丽. 浙江文化型企业走出去的经验与困境——以义乌华鸿集团为例 [J]. 浙江经济，2014（4）：27-28.

[76] 孙艳蕾. 我国企业走出去面临的知识产权困境分析 [J]. 金卡工程：经济与法，2008.

[77] 吴承忠，马慧. 中国文化企业海外投资经营现状与政策支持 [J]. 文化产业导刊，2018，（4）：73-78.

[78] 王丽君. 中国文化产业走出去的困境与策略分析——以 A 集团并购 AMC 为例 [J]. 福建质量管理，2017（10）.

[79] 雍刚. 北京中发创客文化传媒有限公司创新与发展战略研究 [D]. 西安：西北大学，2018.

[80] 时雨. 2012 年中德关系大事记 [J]. 德国研究，2013，28（1）.

[81] 佚名. 聚焦"丝绸之路经济带"企业家沙龙近期举行 [J]. 环球市场信息导报，2015（16）.

[82] 肖岩. 文化贸易：走出去的不仅仅是节目 [J]. 中国经贸，2013（3）.

[83] 王林申."流"与"形"：大都市区外围城市中心的生成机理与规划控制 [D]. 天津：天津大学，2017.

[84] 吴江. 默克尔"4.0 时代"德国对华政策展望 [J]. 理论视野，2017（11）.

[85] 苏妍. 欧元债务危机背景下的中德经济合作关系 [J]. 国际人才交流，2011（12）.

[86] 范瑞利.《最后的棒棒》："渝派"现实主义题材纪录片的回归与突围 [J]. 电影新作，2019（1）.

[87] 刘浩田. 新世纪电视纪录片塑造国家形象策略与方法研究 [D]. 扬州：扬州大学，2014.

[88] 陈正. 跨文化传播中的德国受众心理和应对策略研究 [J]. 对外传播，2013（10）.

[89] 高琴. 李子柒野食系短视频的内容生产和传播策略探析 [J]. 河北民族师范学院学报, 2019 (3).

[90] 林姗. 浅谈人文社会纪录片的大众化传播 [J]. 今传媒, 2014 (9).

[91] 明安香. 全球传播格局 [M]. 北京: 社会科学文献出版社, 2006.

[92] 陶丹丹. "一带一路" 中国戏剧跨文化传播: 问题与进路 [J]. 绍兴文理学院学报 (人文社会科学), 2020, 40 (1): 56-59.

[93] 程靖淇. 市场经济下戏剧产业化发展研究 [J]. 戏剧之家, 2019 (22): 233.

[94] 李嫣然. 我国戏剧文化传播的策略思考 [J]. 艺术评鉴, 2019 (12): 170-172.

[95] 赵恒武. 文化自信背景下的当前戏剧创作之思考 [J]. 戏剧之家, 2018 (33): 42.

[96] 王小知. 新媒体时代中国戏剧文化传播的问题与对策 [J]. 传媒, 2018 (12): 79-80.

[97] 刘冬梅, 张宏. 中国戏剧走出去的困境分析与路径思考 [J]. 戏剧文学, 2018 (5): 46-51.

[98] 周夏奏. 中国戏剧跨文化表达的途径 [J]. 中国文艺评论, 2016 (7): 71-79.

[99] 李英. 对跨文化戏剧表演的思考 [J]. 艺术评论, 2015 (8): 23-29.

[100] 温松峰. 中外戏剧交流中的文化隔阂及其破解 [J]. 戏剧文学, 2015 (3): 145-148.

[101] 芦柳源. 文化全球化视野下的中国戏剧 [J]. 戏剧之家, 2010 (1): 50-52.

[102] 广伸. "俏佳人" 打造老电影工程 [J]. 大众电影, 2002 (20): 30.

[103] 黄伟. 让世界分享国粹——访广州俏佳人文化传播有限公司董

事长李燕 [J]. 中华武术，2002（10）：42-43.

[104] 杨宏华. 中国加快文化走出去的现实困境与有效途径 [J]. 中国商论，2013（8Z）：174-176.

[105] 郭强. 武术国际传播策略研究 [D]. 桂林：广西师范大学，2006.

[106] 广伸."俏佳人"打造老电影工程 [J]. 大众电影，2002（20）：30-30.

[107] 杨品."俏佳人"的激情岁月 [J]. 商界，2003（4）：54-55.

[108] 童乐. 俏佳人（快乐宝宝填色画）[M]. 重庆：重庆出版社，2007.

[109] 孙自婷. 从细妹"想喝粥"说起——评战争题材影片中的少年形象 [J]. 当代电影，2002（6）：101.

[110] 黄绪平，雷晴岚. 中国文化走出去的困境 [J]. 海外英语，2018（3）：147-148.

[111] 蒋云美，何三宁. 转型期传统文化走出去困境考量 [J]. 人民论坛，2013.

[112] 刘波，白志刚. 我国"文化走出去"的困境及其创新思路 [J]. 理论学习，2012（9）：29-31.

[113] 王碧薇. 中国文化走出去的现状、困境及对策建议 [J]. 学理论，2013（11）：150-151.

[114] 吴玫，朱文博. 中国文化走出去面临的国际舆论困境 [J]. 经济导刊，2017（11）：74-80.

[115] 刘利永. 我国文化走出去的困境与出路 [J]. 科技智囊，2015（3）.

[116] 时双弩. 论利玛窦在华传教策略对中国文化走出去的启示 [J]. 青年时代，2019（6）：16-19.

[117] 本刊讯. 深入挖掘敦煌文化内涵　推动敦煌文化走向世界 [J]. 甘肃科技，2020，36（11）：3.

[118] 胡逸卿，王斌. 敦煌旅游文创产品的设计方法和开发价值研究

[J]. 城乡建设, 2019 (23)：64-67.

[119] 金萱萱, 柳菁. 目的论视域下的敦煌文化术语翻译——以"数字敦煌"中的石窟建筑类术语为例 [J]. 科技视界, 2020 (12)：1-2.

[120] 吴雅罕, 高震, 郭天奇. 关于敦煌文创产品年轻化探索 [J]. 传媒论坛, 2019, 2 (13)：153-154.

[121] 夏艳婷. 立足本土视角　讲好敦煌故事——创新做好丝绸之路（敦煌）国际文化博览会宣传 [J]. 西部广播电视, 2019 (19)：73-74.

[122] 张硕勋, 史素雅. 论丝绸之路（敦煌）国际文化博览会品牌活动对甘肃地域形象的塑造与提升 [J]. 兰州文理学院学报（社会科学版）, 2020, 36 (2)：1-6.

[123] 田野. 国宝"京"粹：景泰蓝——北京市珐琅厂有限责任公司 [J]. 商业企业, 2018 (3)：44-45.

[124] 衣福成. 弘扬北京精神　振兴景泰蓝"京珐"品牌 [J]. 北京商业, 2012 (1)：19-20.

[125] 董波. 简论中国景泰蓝工艺传统 [J]. 苏州大学学报（工科版）(5)：5-7.

[126] 支春明. 手工神韵　巧夺天工景泰蓝——记中华老字号北京市珐琅厂有限责任公司 [J]. 中国品牌与防伪, 2007 (7)：36-39.

[127] 钟连盛. 景泰蓝的传承与发展 [J]. 文化月刊：文化产业（下旬刊）, 2014 (7)：15-17.

[128] 王志琴. 从皇家到民间的景泰蓝 [J]. 中国新时代, 2013 (9)：58-60.

[129] 黄文捷, 傅蓉蓉. 基于非物质文化遗产传承的当代设计探索——以景泰蓝制作技艺为例 [J]. 设计, 2015 (5)：90-92.

[130] 衣福成. 景泰蓝工艺的跨界融合与科技创新 [J]. 中国国情国力, 2016 (6)：38-39.

[131] 张恒军. "京珐"景泰蓝：见证"一带一路"建设的中华重器 [J]. 商业文化, 2018 (3)：22-27.

[132] 苑利. 非物质文化遗产传承人保护之忧 [J]. 探索与争鸣,

2007, 1 (7)：66-68.

[133] 北京市珐琅厂有限责任公司. 珐琅厂及京珐景泰蓝的发展变迁 [J]. 时代经贸, 2010 (6)：33-37.

[134] 潘晓曦. 北京市珐琅厂对景泰蓝技艺的相关保护及对"非遗"传承基地建设的启示 [D]. 北京：中国艺术研究院, 2016.

[135] 习近平. 决胜全面建成小康社会, 夺取新时代中国特色 社会主义伟大胜利——在中国共产党第十九次全国代表大会上的报告 [M]. 北京：人民出版社, 2017.

[136] 王文章. 非物质文化遗产概论 [M]. 北京：教育科学出版社, 2010.

[137] 金元浦. 文化创意产业概论 [M]. 北京：高等教育出版社, 2010.

[138] 梁英明. 东南亚史 [M]. 北京：人民出版社, 2010.

[139] 胡惠林. 关于文化产业发展若干问题的思考 [J]. 华中师范大学学报, 2016 (11)：63-74.

[140] 叶舒, 徐华炳. 中华传统文化在海外的移植与适应——以南洋"娘惹文化"为例 [J]. 国际传播, 2018 (6)：69-81.

[141] 李义杰. 推进区域"文化+制造业"融合发展研究 [J]. 文化艺术研究, 2019 (3)：32-40.

[142] 李建军. 中国传统文化现代转型的战略构建 [J]. 江西社会科学, 2013 (6)：73-84.

[143] 谢孟军. 中华文化走出去对我国出口贸易的影响研究 [J]. 国际经贸探索, 2017 (1)：32-46.

[144] 中共中央办公厅, 国务院办公厅. 关于实施中华优秀传统文化传承发展工程的意见 [Z], 2017.

[145] 陈纵. 博物馆公共服务空间的多元化设计研究 [D]. 广州：华南理工大学, 2013.

[146] 丁文. 走进中国航海博物馆 [J]. 中国水运, 2013 (12)：54-55.

[147] 葛偲毅. 国外博物馆文化产品开发与营销对我国的启示 [D]. 上海：复旦大学，2012.

[148] 胡成芳. 民办博物馆藏品属性问题探讨 [D]. 郑州：郑州大学，2015.

[149] 李晨聪. 关于我国博物馆创收问题研究 [D]. 长春：吉林大学，2007.

[150] 孟浣女. 数字媒体环境下博物馆的品牌塑造和发展趋势研究 [D]. 杭州：浙江理工大学，2017.

[151] 时平. 对中国航海日文化的几点思考 [J]. 珠江水运，2013 (12)：26-27.

[152] 王若谷. 博物馆与学校合作开展教育活动研究——立足于上海博物馆的工作实践 [D]. 上海：复旦大学，2014.

[153] 魏巍. 我国博物馆文物藏品利用研究 [D]. 济南：山东大学，2015.

[154] 杨宜勇. 推动社会力量积极参与社会事业发展 [J]. 宏观经济管理，2014 (5)：19-20.

[155] 张尧. 基于博物馆资源的文化创意产品开发设计研究 [D]. 苏州：苏州大学，2015.

[156] 黄艳. 中国皮影戏在各时期的发展特点研究 [J]. 兰台世界，2016 (12)：149-151.

[157] 刘强. 传统皮影艺术的审美特征与现代创新分析 [J]. 艺术评鉴，2018 (17)：154-155.

[158] 马越，刘芳. 陕西皮影造型元素在动画角色设计中的应用研究 [J]. 艺术科技，2017，30 (11)：237+256.

[159] 王炳社. 华州皮影艺术形式美撮论 [J]. 浙江树人大学学报（人文社会科学），2018，18 (6)：86-91.

[160] 王伟. "一带一路" 背景下陕西皮影艺术对外传播研究试论 [J]. 传播力研究，2018，2 (24)：29.

[161] 杨剑威，彭敏，王毅. 陕西皮影文化符号下的文创产品设计研

究［J］．包装工程，2019，40（4）：151-156.

［162］闫昆仑，袁静，张婧，李思明．2018 年中国互联网行业文化出海分析［J］．国外社会科学，2019（2）.

［163］邵玫．中国游戏加速出海［J］．沪港经济，2017（10）.

［164］田晖，蒋辰春．国家文化距离对中国对外贸易的影响——基于 31 个国家和地区贸易数据的引力模型分析［J］．国际贸易问题，2012（3）.

［165］方慧，尚雅楠．基于动态钻石模型的中国文化贸易竞争力研究［J］．世界经济研究，2012（1）.

［166］万伦来，高翔．文化、地理与制度三重距离对中国进出口贸易的影响［J］．国际经贸探索，2014（5）.

［167］曲如晓，杨修，刘杨．文化差异、贸易成本与中国文化产品出口［J］．世界经济，2015（9）.

［168］花建．文化产业竞争力的内涵、结构和战略重点［J］．北京大学学报（哲学社会科学版），2005.

［169］刘洪铎，李文宇，陈和．文化交融如何影响中国与"一带一路"沿线国家的双边贸易往来——基于 1995—2013 年微观贸易数据的实证检验［J］．国际贸易问题，2016（2）.

［170］陈昊，陈小明．文化距离对出口贸易的影响———基于修正引力模型的实证检验［J］．中国经济问题，2011 年（6）.

［171］王俊岭．中国游戏"出海"传递正能量［N］．人民日报（海外版），2017-06-13（006）.

［172］完美世界官网：http：//www.wanmei.com/

［173］王坤宁."完美世界"走出去渐入佳境　助推中国游戏"出海"［EB/OL］．（2018-07-03）．［2019-10-31］．http：//media.people.com.cn/n1/2018/0703/c40606-30106181.html.

［174］王玉娟．完美世界：让世界感受中国文化影响力［EB/OL］．（2012-01-18）．［2019-10-31］．http：//www.cnpubg.com/export/2012/0118/9675.shtml.

［175］文化产业案例研究课题组. 带领中国网游走向国际舞台中央——三大创新助力完美世界的全球化布局［J］. 科技智囊，2017（08）：67-72.

［176］莫郅骅，赵紫原. 基于游戏完美世界全球化浅析传媒走出去［J］. 新闻研究导刊，2017，8（12）：96-97.

［177］程雪晴. 完美世界：追求走"完美"的全球化之路［J］. 南方企业家，2016（10）：120-121.

［178］萧泓. 以全球视角讲好中国故事［J］. 可持续发展经济导刊，2019（Z2）：91.

［179］孙冰. 专访完美世界CEO萧泓：网游已成为中国文化产业出口的绝对主力［J］. 中国经济周刊，2013（16）：70-71.

［180］吴芳. 文化内核打造精品　完美世界游戏出展2019 TGS［J］. 计算机与网络，2019，45（18）：22-23.

［181］孙岩. 完美世界影视　恪守初心打造精品［N］. 中国新闻出版广电报，2020-01-08（006）.

［182］中国移动游戏出海行业研究报告［C］. 艾瑞咨询系列研究报告，2019：328-383.

［183］成锦鸿. 一带一路机遇下中国游戏出海势头强劲［J］. 商业观察，2020（1）：90-91.

［184］莫笑. 出海游戏浪潮起，市场花落谁家？［J］. 互联网周刊，2017（22）：44-45.

［185］闫昆仑，袁静，张婧，等. 2018年中国互联网行业文化出海分析［J］. 国外社会科学，2019（2）：105-111.

［186］于靖园. 游戏出海：哪条路线可以成功？　［J］. 小康，2018（33）：68-70.

［187］邹丽媛. 中国移动游戏出海发展现状及趋势研究［J］. 智库时代，2020（7）：157-158.

［188］成锦鸿. 一带一路机遇下中国游戏出海势头强劲［J］. 商业观察，2020（1）：90-91.

［189］刘静忆，李怀亮. 全球游戏市场格局演进视域下的中国游戏走出去机遇与策略分析［J］. 文化产业研究，2019（4）：221-236.

［190］丁弋弋. ChinaJoy：从中国风到全球视野［J］. 上海信息化，2019（9）：38-41.

［191］文化走出去须注重"互联网+中国元素"［J］. 电子技术与软件工程，2019（13）：12-13.

［192］窦蕊. 影响中国游戏产品出口因素的研究［D］. 北京：首都经济贸易大学，2019.

［193］蔡凯龙. 互联网巨头出海搁浅引发反思［J］. 企业观察家，2019（6）：102-104.

［194］刘旭. 中国武侠类网络游戏在越南的跨文化传播研究［D］. 南宁：广西大学，2019.

［195］翁福龙. 游戏产品出海营销策略研究［D］. 厦门：厦门大学，2019.

［196］余丽. 出海印尼手游市场　本土合作至关重要［J］. 中国对外贸易，2018（8）：72-73.

［197］单娜. 我国移动游戏品牌在国外社交媒体上的品牌传播研究［D］. 武汉：华中科技大学，2018.

［198］邵玫. 中国游戏加速出海［J］. 沪港经济，2017（10）：20-25.

［199］汪莹. 水土不服难"出海"［N］. 人民日报（海外版），2016-05-30（009）.

［200］蒋多，杨乔. 中国自主研发网络游戏走出去价值链攀升研究［J］. 国际贸易，2015（7）：40-46.

［201］张蔚. 中国书店落地海外 文化走出去新路径——以浙江出版联合集团走出去为例［J］. 出版广角，2018（1）：53-55.

［202］张攀，刘姗姗. 中国书店走出去密钥何在［N］. 中国出版传媒商报，2013-09-10.

［203］曾锋. 中国书店人要向茑屋书店学什么［N］. 中国文化报，2018-04-14.

[204] 陈生明. 中文出版物的海外市场——从海外中文书店说起 [J]. 出版广角, 2003 (5)：69-72.

[205] 张国栋. 实体书店转型，打造沉浸式阅读空间很关键 [N]. 中国旅游报, 2019-08-21.

[206] 李丹. 我国实体书店的发展策略分析——以钟书阁为例 [J]. 视听, 2019 (7)：244-245.

[207] 于君英, 洪小添. 体验主导下传统民营实体书店营销转型策略——从"图书售卖"向"文化体验"转型 [J]. 时代金融, 2018 (24)：194-196.

[208] 赵伟晶, 王丽莎. 西西弗书店体验营销研究——基于体验媒介角度 [J]. 市场周刊, 2019 (7)：66-67.

[209] 于涛. 我国传媒出版集团驻外机构建设初探 [J]. 中国出版, 2010 (1)：30-33.

[210] 路玥. 中国出版走出去提质增效的路径探索——以中少总社对外出版成果及资助项目出版图书为例 [J]. 出版广角, 2020 (12)：39-41.

[211] 刘莹晨. 讲好"一带一路"故事，推动出版国际化发展——我国新闻出版向"一带一路"沿线国家走出去的情况分析 [J]. 出版广角, 2019 (22)：6-9+17.

[212] 刘晓. 讲好中国故事 引领出版业国际化发展 [J]. 中国出版, 2020 (5)：65-68.

[213] 张静. 我国图书出版走出去模式研究 [D]. 苏州：苏州大学, 2013.

[214] 陈静. 我国博物馆商店联盟运营模式研究 [D]. 济南：山东大学, 2014.

[215] 崔愷, 曹晓昕. 品鉴上海当代艺术博物馆 [J]. 建筑技艺, 2013 (1)：36-37.

[216] 冯林英. 关于博物馆商店的思考 [J]. 中国博物馆, 2003 (1)：45-47.

［217］侯勇. 作为世界非物质文化遗产的"中国篆刻"［J］. 书法赏评，2014（1）：76-78.

［218］谭锦叶. 博物馆的宣传教育职能的思考［J］. 人力资源管理，2014（6）：315.

［219］刘迪. 关于未来中国博物馆发展的几点预测［J］. 博物馆研究，2013（1）：3-9.

［220］刘蕾. 上海都市博物馆旅游影响因素分析［D］. 上海：华东师范大学，2008.

［221］刘伟华，许静华. 图书馆非物质文化遗产保护研究［J］. 图书馆工作与研究，2016（7）：27-30.

［222］石佳. 消费时代下博物馆艺术衍生品的研究［D］. 北京：中央美术学院，2016.

［223］欧艳. 博物馆对外宣传工作［J］. 博物馆研究，2013（4）：55-58.

［224］王晓妮. 新形势下山东地区文物系统中小型博物馆现状及发展研究［D］. 济南：山东大学，2010.

［225］张姿，章明. 上海当代艺术博物馆的文化表述［J］. 时代建筑，2013（1）：120-127.

［226］胡惠林. 国家文化安全学［M］. 北京：清华大学出版社，2016.

［227］王婧. 国际文化贸易［M］. 北京：清华大学出版社，2015.

［228］王一川，等. 中国文化软实力发展战略综论［M］. 北京：商务印书馆，2015.

［229］民盟中央. 中国文化产品要走出去更要"走进去""留得住"［N］. 中国艺术报，2019-03-13.

［230］周升起，吕文慧. 我国文化产品贸易国际竞争力及其影响因素研究——基于供给和需求视角［J］. 价格月刊，2019（7）：51-59.

［231］敬露阳. 跨文化交流应彰显自信与开放［J］. 人民论坛，2018（20）：130-131.

[232] 严燕蓉，韦路. 中国文化走出去：研究现状与核心议题 [J]. 新闻与写作，2018，408 (6)：30-35.

[233] 慕玲. 中国文化走出去战略布局的五个维度 [M]. 中国出版，2018 (11)：66-70.

[234] 李景源. 认清中国文化走出去的必要性和现实路径 [J]. 学术界，2017.

[235] 谢伦灿. "一带一路" 背景下中国文化走出去对策研究 [J]. 现代传播，2017.

[236] 王琴. 联合办公空间的盈利模式分析及优化建议 [J]. 现代商贸工业，2019 (10).

[237] 李志刚，许晨鹤. 酷窝：联合办公新模式 [J]. 企业管理，2017 (5).

[238] 石海娥. 低成本创业模式一：联合办公 联合办公的倍数效应 [J]. 光彩，2018 (3).

[239] 王晶，甄峰，冯静. 信息时代联合办公空间的发展及其对创新的影响研究 [J]. 西部人居环境学刊，2015 (6).

[240] 袁家菊. 我国文化创意产业集聚区空间演化的动力和策略 [J]. 社会科学家，2014 (10).

[241] 段楚婷，贾薇. 共享经济下共享办公空间的运营——以我国众创空间为例 [J]. 城市开发，2018 (03).

[242] 李孝敏. "一带一路" 背景下我国文化产业拓展探析 [J]. 求实，2016 (7).

[243] 代文倩. 联合办公在中国的发展现状研究 [J]. 大众文艺，2015 (4).

[244] 刘鹏. 文化软实力竞争与我国文化软实力建设的路径选择 [J]. 中共浙江省委党校学报，2011 (5).

[245] 张玉明，毛静言. 共享办公空间商业模式创新及成长策略研究——以优客工场为例 [J]. 科技进步与对策，2017 (17).

[246] 郭牧. 2016 中国会展产业年度报告发布 [R]. 杭州：浙江大学

出版社，2016

[247] 杨顺勇，任晓师. 经济新常态下我国制造业产品的推广效果研究——基于会展活动的视角 [J]. 科技管理研究，2017，37（2）：215 -221.

[248] 王尚君. IPA 模型下的展览会服务体系与质量评估——基于观众感知视角 [J]. 商业经济研究，2018（1）：178-182.

[249] 申强，王军强，徐莉莉，等. 会展服务供应链创新设计与系统构建——基于"互联网+"和"云"计算角度 [J]. 商业经济研究，2017（24）：175-177.

[250] 李真，杜泽文，扈硕麟，等. 会展企业开放式创新社区的构建 [J]. 经济师，2019（1）：68-69.

[251] 卢新新. 基于参会者视角的会议接待服务满意度研究 [J]. 产业创新研究，2019（3）：82-83.

[252] 王思颖，王杏丹. 提升成都品牌展会服务质量的对策探索——以成都建博会为例 [J]. 产业与科技论坛，2018，17（9）：246-247.

[253] 魏沁怡，谢思璐，韦懿琮，等. 技术驱动的会展服务创新 [J]. 环渤海经济瞭望，2018（3）：199-200.

[254] 苏洁，张泽琨. 会展业对城市服务业经济影响的研究 [J]. 科教导刊（下旬），2018（7）：156-157.

[255] 高鹏. 基于 SWOT 模型的会展场馆优劣势分析——以厦门会展场馆为例 [J]. 科技经济导刊，2018，26（29）：190-191.

[256]《第 44 次中国互联网络发展状况统计报告》，中国互联网络信息中心，2019 年 8 月。

[257]《2019 年 1—6 月中国游戏产业报告》，中国音数协游戏工委（GPC），2019 年 8 月。

[258]《2019 Twitter 中国品牌出海影响力报告》，2019 年 5 月。

[259]《2019—2020 年度国家文化出口重点企业名单》，2019 年 9 月。

[260]《芜湖顺荣三七互娱网络科技股份有限公司 2018 年年度报告全文》，2019 年 4 月。